Geraldo de Barros

1923–1998

Fotoformas

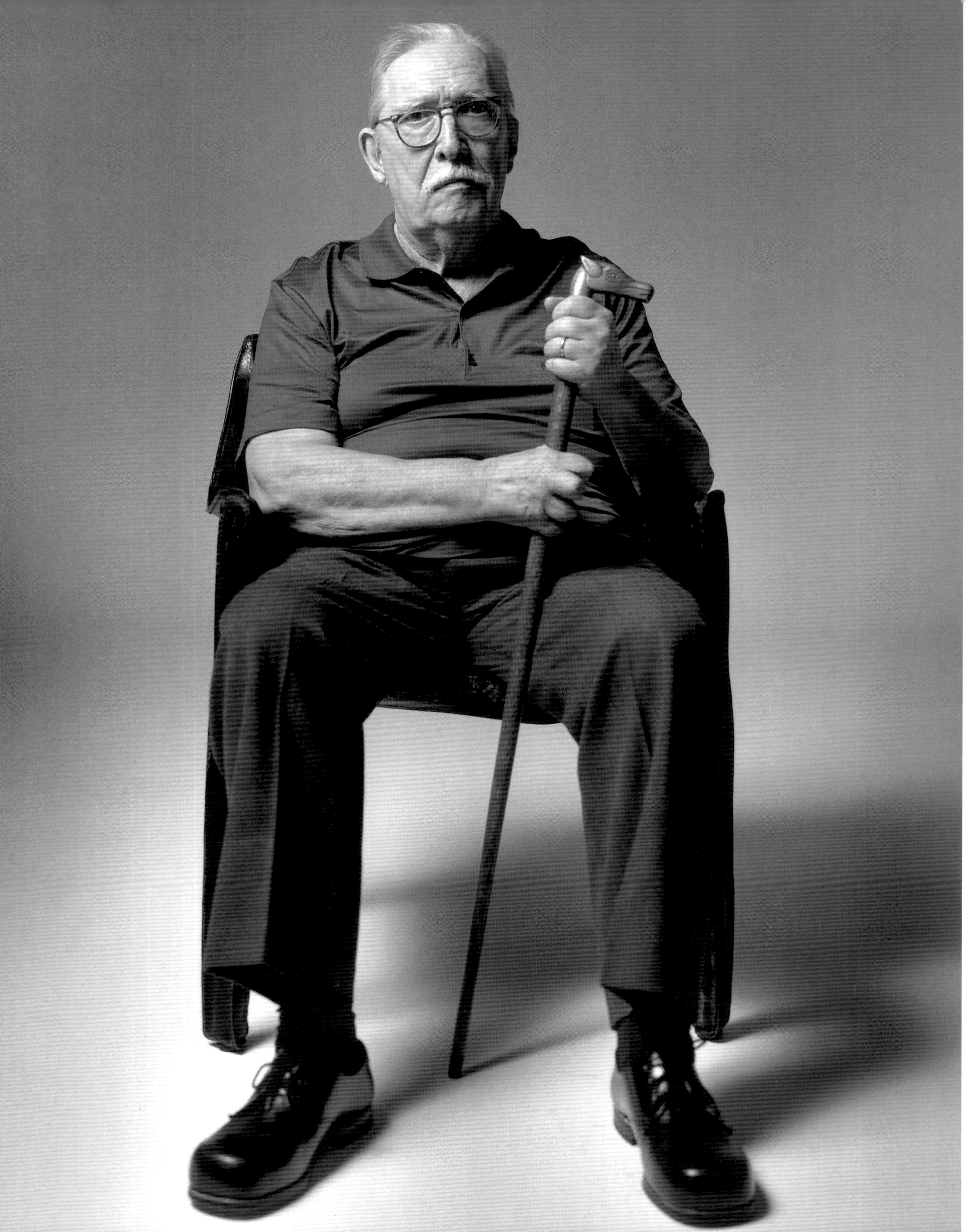

Geraldo de Barros 1923–1998
Fotoformas

Edited by / Editado por / Herausgegeben von

Reinhold Misselbeck

With essays by / Com textos de / Mit Beiträgen von

Marcos Augusto Gonçalves
Daniel Girardin
Michel Favre
Reinhold Misselbeck

Prestel Munich · London · New York

This book was published on the occasion of the exhibition *Geraldo de Barros: Fotoformas*, held at the institutions listed below.

Este livro foi publicado por ocasião da exposição *Geraldo de Barros: Fotoformas*

Dieses Buch erschien anläßlich der Ausstellung ›Geraldo de Barros – Fotoformas‹

Museum Ludwig, Köln
(26.8.1999 – 25.1.2000),
SESC Pompéia, São Paulo
(3.11. – 3.12.1999),
Musée de l'Elysée, Lausanne
(July – Sept. 2000)

Die Dt. Bibliothek – CIP-Einheitsaufnahme
Geraldo de Barros: Fotoformas [›Geraldo de Barros: Fotoformas‹ im Museum Ludwig, Köln (26.8.1999 – 25.1.2000), SESC Pompéia, São Paulo (3.11.– 3.12.1999), Musée de l'Elysée, Lausanne (Juli – September 2000)] / hrsg. von Reinhold Misselbeck mit Beiträgen von Michel Favre...
München · London · New York: Prestel, 1999
  ISBN 3-7913-2189-7
Library of Congress Catalog Card Number: 99-63869

Acknowledgments / Nossos agradecimentos a / Dank

Galeria Brito Cimino, São Paulo
Gabinete da Imagem, Lily Sverner, São Paulo
TV Senac
Goethe Institut, São Paulo
Consulat Général de Suisse, São Paulo
Sergio Batistelli, Ana Dip, Eduardo Brandão
Frederico Duque Estrada Meyer, Nizan Guanaes
Sesc São Paulo – Brazil

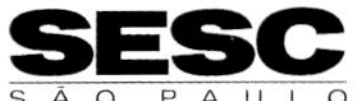

© Prestel Verlag
Munich · London · New York 1999

Prints made from the original negatives

Ampliações de fotos a partir dos negativos originais

Abzüge nach den Originalnegativen

Ariane Bonzon/Christophe Brandt,
La Chambre Claire, Neuchâtel, 1998/99

Cover / Capa / Auf dem Umschlag

Fotoforma, Pampulha, Belo Horizonte, 1951

Frontispiece / Frontispício / Frontispiz

Geraldo de Barros, 1998
(Photo: Bob Wolfenson)

Prestel Verlag
Mandlstrasse 26 · 80802 Munich
Tel. (089) 381709-0
Fax (089) 381709-35

4 Bloomsbury Place · London WC1A 2QA
Tel. (0171) 323–5004, Fax (0171) 636–8004

16 West 22nd Street · New York, NY 10010
Tel. (212) 627–8199, Fax (212) 627–9866

Translations / Traduções / Übersetzungen

John W. Gabriel, Mark Hutchinson,
Cecilia Leuenberger, Liliam Lopes,
Angela Meermann, Nikolaus G. Schneider

Design and Typesetting / Design e criação gráfica por / Gestaltung und Satz

WIGEL@xtras.de

Lithography / Fotolito / Lithographie

Repro Bayer, Munich

Coordination and organisation
Coordenação e organização
Koordination und Organisation

Fabiana de Barros,
Claudio Kahns (São Paulo)

Printed and bound by / Impresso e encadernado / Druck und Bindung

Sellier Druck GmbH, Freising

Printed in Germany on acid-free paper
ISBN 3-7913-2189-7

(Edition in English / Portuguese / German)

Copyedited by / Editado por / Redaktion

Peter Stepan, Jane Milosch, and Liliam Lopes

Preface

Geraldo de Barros was one of the major representatives of Modern art in Brazil. He adopted the principles of the Ulm College of Design in Germany, brought these ideas to South America, and encouraged numbers of his colleagues to join the movement known as Concrete Art. He maintained contacts with the European avant-garde, and, in his own home country, was an untiring initiator who occasionally explored quite different approaches, such as Happenings and Pop Art. These forays into territory far from Concrete Art were only brief episodes in his oeuvre, but they reflect de Barros's open-mindedness vis-à-vis, current vital trends in art.

They also explain the diversity of his oeuvre, which ranges from stringent, geometric works in the media of painting and laminated-wood relief—through furniture designs in the wake of Bauhaus ideas and Suprematism that combine fine and applied art—to photographic experiments in which cropping and multiple exposure are used to create constructivist abstractions, or manual incursions lead to a painterly alienation of the photo image.

It is truly exciting to trace the developments that emerged in de Barros's late work, which is marked by a free and occasionally well-nigh expressionist approach and which, in its re-employment of earlier negative and positive material, established a link with the work of younger contemporaries without following the trend to the large photographic format. De Barros remained true to himself to the end and once again confirmed his unerringly avant-garde stance.

A year after de Barros's death the Museum Ludwig, Cologne, has curated a retrospective exhibition of his photographic work, and, in close collaboration with the Musée de l'Elysée, Lausanne, and the Sesc São Paulo – Brazil, has

Prefácio

Geraldo de Barros é um dos maiores representantes do modernismo no Brasil. Ele assimilou os princípios da Escola Superior de Design de Ulm (Alemanha), trouxe-os para a América do Sul e incentivou muitos de seus colegas a se unirem ao movimento da arte concreta. Ele cultivou contatos com a vanguarda artística européia e, no Brasil, foi um estimulador incansável e pioneiro, tendo experimentado novas tendências, como o happening e a arte pop. Embora tais incursões fora do âmbito da arte concreta mostrem-se apenas como episódios ocasionais em sua obra, elas demonstram a sua mente aberta a novas tendências artísticas e esclarecem a diversidade de sua criação.

A extensão da obra de Geraldo de Barros abrange o trabalho de artista concretista, que criava obras rigidamente geométricas pintadas ou feitas de laminado de madeira, passa pelo design de móveis na trilha do estilo Bauhaus e dos suprematistas que aliavam a arte aplicada com a arte elevada, chegando aos experimentos fotográficos em que os recortes e a múltipla exposição criavam efeitos de abstrações construtivas; como também a alienação da imagem fotografada, através de intervenções manuais ou pintadas.

Ainda hoje é surpreendente o desenvolvimento crescente de sua obra tardia, que vive da criação livre e às vezes expressiva. Com a técnica de reutilização de antigos negativos e positivos, criou um elo com o trabalho de artistas contemporâneos mais jovens, contudo sem ter se ligado à tendência para o grande formato na fotografia: Geraldo de Barros permaneceu fiel a si mesmo e confirmou, mais uma vez, sua posição como vanguardista.

Vorwort

Geraldo de Barros ist einer der großen Repräsentanten der Moderne in Brasilien. Er griff die Prinzipien der Ulmer Hochschule für Gestaltung auf, brachte sie nach Südamerika und regte zahlreiche seiner Kollegen an, sich dieser Bewegung anzuschließen. Er pflegte die Kontakte zur europäischen Avantgarde und war in seiner Heimat ein beständiger Anreger und Initiator, der sich mitunter auch ganz anderen Ideen, wie dem Happening oder der Pop Art, zuwandte. Solche Ausflüge in der Konkreten Kunst fremde Sphären blieben in seinem Werk nur Episoden, zeigen jedoch seine Aufgeschlossenheit gegenüber einer lebendigen Kunst und erklären letztlich auch die Breite seines Schaffens: vom konkreten Künstler, der streng geometrische Arbeiten auf dem Gebiet der Malerei oder mit Hilfe von montierten laminierten Hölzern schuf, bis hin zum Möbelentwerfer, der in der Nachfolge der Bauhaus-Künstler und der Suprematisten angewandte Kunst mit hoher Kunst verband, bis hin zum Foto-Experimentator, der durch Ausschnittwahl und Mehrfachbelichtungen konstruktive Abstraktionen aus seinen Bildern filterte, aber auch durch manuelle, malerische Eingriffe Verfremdungen vornahm. Erstaunlich dabei ist noch heute die Entwicklung hin zu seinem Spätwerk, das von freier, mitunter expressiver Gestaltung lebt und mit dem Prinzip der Wiederverwertung alter Negativ- und Positivmaterialien den Anschluß an die Gegenwartskunst, an jüngere Generationen fand, ohne dabei dem Trend zum Großformat in der Fotografie zu folgen. Bei diesem Weg blieb er sich selbst treu und belegt aufs Neue seine Position als Avantgardist.

Das Museum Ludwig hat ein Jahr nach dem Tod von Geraldo de Barros eine retrospektive Ausstellung seines fotografischen Werks erarbeitet und in enger Kooperation mit dem Musée de l'Elysée,

organized a travelling exhibition which, for the first time, does full justice to the artist's extensive oeuvre.

We are very grateful to de Barros's family for their support of this project, especially his daughter, Fabiana de Barros, and her husband, Michel Favre, for their wonderful cooperation and generosity. We sincerely hope that the exhibition tour will lead to a heightened awareness of the significance of Geraldo de Barros and his important contribution to contemporary art.

Um anos após a sua morte, o Museu Ludwig (Colônia), apresentou uma retrospectiva da obra fotográfica de Geraldo de Barros e organizou uma tournée, num trabalho conjunto com o Museu de l'Elysée - Lausanne e o Sesc São Paulo - Brasil, a qual pela primeira vez fez jus à extensão de sua obra.

Agradecemos à família de Barros pelo seu apoio a este projeto, especialmente à filha de Geraldo, Fabiana de Barros e ao seu esposo Michel Favre, por sua maravilhosa colaboração e generosidade. Esperamos que esta exposição e tounée, contribuam para dignificar o significado de Geraldo de Barros e sua contribuição para a arte contemporânea.

Lausanne, und Sesc São Paulo Brasil eine Tournee zusammengestellt, die sein großes Œuvre erstmals umfassend würdigt.

Wir danken der Familie de Barros für die Unterstützung bei diesem Projekt, insbesondere der Tochter des Künstlers Fabiana de Barros und deren Mann Michel Favre, für ihre wunderbare Kooperation und Großzügigkeit. Wir hoffen, daß diese Ausstellung und Tournee dazu beitragen, die Bedeutung von Geraldo de Barros und seinen Beitrag zur Gegenwartskunst zu würdigen.

Jochen Poetter
Museum Ludwig, Köln

William Ewing
Musée de l'Elysée, Lausanne

Danilo Santos de Miranda
SESC São Paulo – Brasil

Marcos Augusto Gonçalves

Modernity Off Centre

On a sunny afternoon in Venice in 1986, I told Geraldo de Barros how much I liked one of the pictures he had created for the Biennale—a six-sided plastic figure completely white, except for a tiny black dot in the middle.

He smiled, and in his brittle voice (which was already effected by his sickness) explained to me that the dot was actually not in the exact center of the picture. He had placed it a few millimetres off dead center—not enough for the naked eye to notice, but just enough to subvert the geometrical severity with a touch of irony.

Even though it did occur to me that I, too, might have been the victim of Geraldo de Barros's fine sense of irony, I was never sceptical or patient enough to actually measure the exact placement of the dot. This would have been easy enough for me to do as the picture belongs to the de Barros's who live in São Paulo, as I do.

But this is not so important. What really matters about this story is that it can serve as a metaphorical key to Brazilian culture and to the sweeping and self-contradictory modernization process which prevailed during Geraldo de Barros's creative years.

Over the centuries, the typical European has come to think of Brazil as a kind of tropical paradise with lush vegetation, spectacular beaches, and a population of bronzed and beautiful music lovers, poor but cheerful.

This image has undergone some modification in recent years to include football, violence, ecological breakdown, and street children.

Although these preconceptions all have a certain validity, they describe only the extremes of a cliché. According to

O Moderno Fora do Centro

Em 1986, numa ensolarada tarde de Veneza, disse a Geraldo de Barros que havia gostado de um de seus novos quadros, feito especialmente para a Bienale. Era um hexágono em laminado de plástico, inteiramente branco, com um pequeno ponto negro ao centro.

Ele sorriu e, com aquela voz atrapalhada pelos problemas de saúde, disse-me que o ponto, na verdade, não estava no centro da figura. Ele o teria deslocado alguns milímetros. O suficiente para que o olhar não percebesse, mas o bastante para que o rigor geométrico fosse ironicamente subvertido.

Embora tenha-me ocorrido que eu, inadvertidamente, pudesse estar sendo a vítima da fina ironia de Geraldo, nunca senti-me suficientemente cético e paciente para verificar, de fato, o lugar do ponto, o que não seria difícil, já que o quadro permanece com a família de Barros, em São Paulo, onde moro.

Mas não importa. O que interessa nessa história é que ela pode ser uma boa metáfora inicial para quem pretende entender a cultura brasileira e o processo de modernização por que passou o país, de forma acelerada e contraditória, nos anos em que Geraldo de Barros viveu e produziu.

Ao longo dos séculos, o Brasil tem sido associado, no imaginário europeu, a uma espécie de paraíso tropical, de natureza exuberante, belas praias e um povo pobre, mas alegre, musical, sinuoso e moreno.

Mais recentemente, essa imagem tem sido compartilhada com a do país do futebol e, também, da violência, da degradação ambiental, das crianças abandonadas nas ruas.

Nada disso é mentira, nada disso, contudo, tal como se apresenta, supera

Die Moderne abseits vom Zentrum

Im Jahr 1986 an einem sonnigen Nachmittag in Venedig sagte ich Geraldo de Barros, wie sehr mir eines seiner Bilder gefalle, das er eigens für die Biennale geschaffen hatte. Es handelte sich um ein Sechseck aus Kunststoff, vollkommen in Weiß gehalten, mit nur einem kleinen schwarzen Punkt in der Mitte. Er lächelte, und mit brüchiger Stimme, die schon von Krankheit gezeichnet war, erklärte er mir, der Punkt befände sich eigentlich nicht ganz in der Bildmitte. Er habe ihn um einige Millimeter verrückt, gerade so viel, um es mit bloßem Auge nicht zu bemerken, aber doch weit genug, um die geometrische Strenge ironisch zu unterlaufen.

Auch wenn mir gelegentlich der Gedanke kam, vielleicht ein Opfer der feinen Ironie von de Barros geworden zu sein, so war ich doch nie skeptisch oder geduldig genug, um die Plazierung des Punktes zu überprüfen, was ein Leichtes gewesen wäre, befindet sich das Bild doch im Besitz der Familie de Barros, die wie ich in São Paulo lebt. Aber das ist nicht so wichtig. Entscheidend an dieser Geschichte ist, daß sie für den, der die brasilianische Kultur und den rasanten und in sich widerspruchsvollen Prozeß der Modernisierung während der Jahre von de Barros' Schaffenszeit besser verstehen will, ausgesprochen symbolisch gesehen werden kann.

In der europäischen Vorstellung verbindet sich Brasilien seit Jahrhunderten mit einer Art tropischem Paradies, mit üppiger Natur, wunderschönen Stränden und einem armen, aber fröhlichen, musikliebenden, wohlgeformten und braungebrannten Volk.

Diesem Bild traten in jüngerer Zeit weitere Aspekte hinzu: ein Land des Fußballs, der Gewalt, des ökologischen

this widely held stereotype every cultural product emanating from Brazil is expected to possess a little local character—a bit of fantastic nature, a dash of exotic color, a pinch of effervescent lust for life—to evoke the mystery and the sensuality of the tropics, and to fulfil the expectations. If this is not the case, the work should at least display social criticism and engagement, attacking the burning of the Amazon rain forest, for example, or addressing the problems of the landless peasants in their struggle to gain property.

Unfortunately (or fortunately) Brazil is much more complex than one would conclude from these generalisations. There is a parallel with Geraldo de Barros's picture shown in Venice which, according to the stereotype, has nothing Brazilian about it—although it is, in fact, very Brazilian. Similarly in Brazilian history there has always been a dialogue, a moving away from the center.

Brazil is the offspring of a country on Europe's outermost Atlantic edge, molded not only by Iberian culture and incursions by the Dutch and French, the presence of Africa and the existence of the Indios, but also, after the abolition of slavery, by great waves of immigration from the Old World. This vast country—the only one in South America where Portuguese is spoken—is a rich and unique cultural melting pot.

This special historical situation is further underscored by events little known in Europe which led to this country's independence. In contrast to other colonies, it was the son of the king of Portugal, from the very country which had colonized the land in the first place, who made the independence of the new nation of Brazil possible. This paradoxical situation had its roots in the nineteenth century, when the Portuguese court took flight from the depredations of French invaders and sought refuge in its colony. Thus, for the first time in history, a gigantic and distant South American

as fronteiras estreitas do clichê. Nos limites desse grande estereótipo, espera-se sempre de manifestações culturais brasileiras algum sabor local: alguma natureza surpreendente, alguma cor exótica, alguma alegria saltitante que evoque os mistérios e a sensualidade dos trópicos e confirme o conceito prévio que se tem do país. Se não for assim, que seja ao menos uma obra de conteúdo social, uma obra engajada, que denuncie as queimadas da Amazônia ou os problemas de camponeses em busca de terras.

Infelizmente (ou felizmente) o Brasil é bem mais complexo do que se pode inferir dessa imagem consagrada. Como no quadro exposto por Geraldo em Veneza – que, nesse sentido estereotipado, nada tem de "brasileiro", embora tenha muito – a história do Brasil é uma história de diálogo e deslocamento em relação ao centro.

Filho de uma Europa periférica e atlântica, marcado pela cultura ibérica, por incursões holandesas e francesas, pela presença africana e indígena, mas também, após a escravidão, por levas de imigrantes do velho continente, esse único e grande país americano de língua portuguesa é um rico e original caldeirão cultural.

Essa originalidade histórica é sublinhada por circunstâncias não muito conhecidas na Europa, como aquelas que levaram à independência do país. No Brasil, diferentemente de outras colônias, a própria monarquia colonizadora, na figura do filho do rei de Portugal, esteve à frente do nascimento da nova nação.

Esse paradoxo começa a ser arquitetado no início do século XIX, quando a Corte portuguesa, fugindo de ameaças da França, deslocou-se para sua colônia. De forma inédita, uma vasta e longínqua terra sul-americana passou a ser sede de uma monarquia européia.

Auxiliado pela Inglaterra, o rei d. João VI deixou Lisboa acompanhado

Zusammenbruchs, der Straßenkinder. Obwohl dies alles auch zutrifft, so bleiben diese Vorstellungen doch in den engen Grenzen des Klischees. Innerhalb dieses gängigen, stereotypen Bildes wird von jedem künstlerischen Werk, das aus Brasilien kommt, ein bißchen Lokalkolorit erwartet, ein Stückchen fantastische Natur, ein Tupfer exotische Farbe, eine Prise überschäumende Lebenslust, um die Geheimnisse und die Sinnlichkeit der Tropen zu evozieren und die vorgefaßte Meinung über dieses Land zu bestätigen. Wenn das alles nicht vorkommt, dann sollte es sich zumindest um ein Werk mit sozialkritischem Inhalt und Engagement handeln, das die Brandrodung des Regenwaldes im Amazonasgebiet anprangert oder die Probleme der landlosen Bauern in ihrem Kampf um Bodenbesitz.

Unglücklicherweise (oder glücklicherweise) ist Brasilien sehr viel komplexer, als es diese pauschale Vorstellung zuläßt. Wie das in Venedig ausgestellte Bild von de Barros, das dem Stereotyp entsprechend nichts ›Brasilianisches‹ an sich hat – obwohl es sehr viel davon besitzt –, geht es in der Geschichte Brasiliens stets um einen Dialog, ein Abrücken vom Zentrum. Nachfahre einer Nation am äußersten Rand Europas im atlantischen Raum, geprägt von der iberischen Kultur, von holländischen und französischen Einfällen, von der Gegenwart Afrikas und der Indios, aber auch, nach Aufhebung der Sklaverei, von den großen Einwanderungswellen aus den Alten Welten, stellt dieses weitläufige Land, in dem als einzigem in ganz Südamerika Portugiesisch gesprochen wird, einen reichen und einmaligen kulturellen Schmelztiegel dar. Diese historische Besonderheit wird durch die in Europa wenig bekannten Ereignisse, die zur Unabhängigkeit des Landes geführt haben, nochmals unterstrichen. Im Unterschied zu anderen Kolonien ermöglichte dieselbe Monarchie, die das Land kolonialisiert hatte, in Gestalt des Thronfolgers

country became the seat of a European monarchy.

With the help of England, João VI sailed from Lisbon with 20,000 countrymen to take up residence in Rio de Janeiro, then a city of 60,000 inhabitants. In 1815 Brazil was declared a kingdom and Rio was named capital of Portugal and all its African and Asian possessions. After João VI subsequently returned to his homeland, his son, Pedro I, remained in the new country. After a series of events which cannot be related here, he declared the independence of Brazil in 1822 and became its first emperor.

Married to Maria Leopoldina of Habsburg, Archduchess of Austria and daughter of Franz I, Emperor of Austria, Pedro I was forced to return to Portugal after some years, where he reigned as Pedro IV. His son, Pedro II, remainded in the former colony and ascended the throne when he came of age, thus becoming the first monarch born on Brazilian soil.

Pedro II proved to be an educated man who, in many respects, had a progressive attitude towards modern developments. He devoted himself to various scholarly disciplines including astronomy and medicine. He spoke various languages—Hebrew among them—and translated classical texts. He was one of the pioneers in the field of photography. He travelled throughout Europe and supported the work of musicians, poets, and painters. In this way, Pedro II wanted to show the world that the remote Brazilian empire was ready to assume its role as a great nation and was entirely capable of keeping apace with the newest art trends and technical developments.

To this purpose he returned to Europe and visited the United States, where in 1876 he arranged for a Brazilian exhibit at the Philadelphia International Fair. On this occasion he made the acquaintance of Graham Bell, whom he assured that Brazil would be among the first buyers

de 20 mil compatriotas, instalando-se no Rio de Janeiro, cidade que contava, à época, com apenas 60 mil habitantes. Em 1815, o Brasil tornou-se reino e o Rio passou a ser a capital de Portugal e de suas possessões na África e na Ásia.

Com o posterior retorno de d. João VI a seu país, ficou na nova terra seu filho, d. Pedro I. Foi ele quem, em 1822, em meio a uma série de circunstâncias que não cabe relatar aqui, proclamou a independência do Brasil e tornou-se seu primeiro imperador.

Casado com d. Maria Leopoldina de Habsburgo, arquiduquesa da Áustria e filha de Francisco I, imperador austríaco, o imperador d. Pedro I também viu-se obrigado, anos depois, a retornar a Portugal, onde reinou como Pedro IV.

Seu filho, d. Pedro II, o esperado primeiro monarca nascido em solo brasileiro, permaneceu na antiga colônia, à espera da idade para assumir o trono.

Quando o fez, revelou-se um rei ilustrado e, em muitos sentidos, modernizador. Dedicou-se a diversas disciplinas, da astronomia à medicina. Conhecia linguas – entre elas o hebraico – e traduzia textos clássicos. Foi um dos pioneiros mundiais da fotografia, pagou viagens à Europa e incentivou o trabalho de músicos, poetas e pintores. D. Pedro II queria mostrar a todos que o periférico império do Brasil estava preparando-se para ser uma grande nação, conectada com as novidades estéticas e técnicas do mundo.

Para tanto, ele mesmo percorreu Europa e Estados Unidos, tendo montado um stand brasileiro na Exposição Internacional da Filadélfia, em 1876. Nessa ocasião, conheceu Graham Bell e disse-lhe que o recém-inventado telefone teria no Brasil um de seus primeiros compradores, tão logo o invento fosse comercializado. Convidado por Bell a falar ao aparelho, saiu-se com a famosa frase de Hamlet: "To be or not to be"…

Culto e nobre, filho de uma Habsburgo, casado com uma Bourbon

von Portugal die Entstehung der neuen Nation.

Diese paradoxe Situation hat ihre Wurzeln in den Anfängen des 19. Jahrhunderts, als der portugiesische Hof auf der Flucht vor den Pressionen Frankreichs in seine Kolonie übersiedelte. So wurde, was ein vollkommenes Novum war, ein riesiges und fernes südamerikanisches Land zum Sitz eines europäischen Königshauses. Mit Hilfe Englands verließ João VI. in Begleitung von 20 000 Landsleuten Lissabon, um sich in Rio de Janeiro, einer Stadt mit damals nur 60 000 Einwohnern, niederzulassen. Im Jahr 1815 wurde Brasilien zum Königreich ausgerufen und Rio zur Hauptstadt Portugals und seiner Besitztümer in Afrika und Asien.

Bei der späteren Rückkehr Joãos VI. in seine Heimat blieb sein Sohn Pedro I. in dem neuen Land. Er war es, der 1822 durch eine Serie von Umständen, die hier nicht weiter ausgeführt werden können, die Unabhängigkeit Brasiliens ausrief und erster Kaiser des Landes wurde. Verheiratet mit Maria Leopoldina von Habsburg, Erzherzogin von Österreich und Tochter Franz I., des österreichischen Kaisers, sah sich Kaiser Pedro I. Jahre später gezwungen, nach Portugal zurückzukehren, wo er als Pedro IV. regierte. Sein Sohn Pedro II., der ersehnte erste Monarch, der auf brasilianischem Boden geboren wurde, verblieb in der ehemaligen Kolonie, um bei seiner Volljährigkeit den Thron zu besteigen. Nachdem er die Regentschaft übernommen hatte, erwies sich Pedro II. als gelehrter Mann, der in vielfacher Hinsicht modernen Errungenschaften gegenüber sehr aufgeschlossen war. Er studierte verschiedene wissenschaftliche Fächer, darunter Astronomie und Medizin. Er beherrschte mehrere Sprachen – unter anderem Hebräisch – und übersetzte Texte der klassischen Antike. Er gehörte zu den Pionieren auf dem Gebiet der Fotografie, unternahm Reisen nach Europa und förderte Musiker,

of the recently invented telephone as soon as it came on the market. When Bell encouraged him to speak into the telephone he quoted the immortal words of Hamlet: "To be or not to be …"

Pedro II was married to the daughter of the French Queen and sister of the King of Naples, the Sicilian branch of the Bourbons. Like the dot in Geraldo de Barros's picture he was apparently in the center. Regrettably, however, this drive for progress was also a form of compensation for the reality of a problem-ridden country in which slavery was still practiced, and which possessed neither history nor tradition.

This enthusiasm for modernization embodied by the emperor has actually become a characteristic of the country. Even if this is not the case for society as a whole, it applies to the educated elite and that segment of the population with sufficient imagination. In this conjunction, it can be seen as symbolic that the first samba recorded by a black Brazilian, early in this century, was entitled "On the Telephone."

More than two decades after the proclamation of the republic, when the royal family was already in exile, Brazil experienced a decisive moment in its endless striving for modernity. In 1922, a century after the declaration of independence, the *Semana de Arte Moderna*, the Week of Modern Art, was opened in São Paulo.

During this time completely new forms of artistic expression, from painting to poetry, were presented to the public in the flamboyant Teatro Municipal. This strident and iconoclastic event was the explosive beginning of the so-called Modernist Movement which was supposed to deeply influence the entire cultural product of the country. In the words of one of its leaders, its goal was to push the hands of the national clock forward to conform to those of actual history. Inspired by the European avant-garde, the *Modernistas* declared war on

das Duas Sicílias, sobrinha da rainha francesa e irmã do rei de Nápoles, o imperador brasileiro, como o ponto do quadro de Geraldo de Barros, poderia parecer que estava no centro. Mas, miseravelmente, o esforço de mostrar-se avançado não deixava de ser uma forma de compensar a difícil realidade de um país escravocrata, sem história e tradição.

Esse espírito modernizante, encarnado pelo imperador, de alguma forma acabou tornando-se uma característica do país – senão dele como uma totalidade orgânica, ao menos de setores mais cultivados das elites e mais imaginosos do povo. Não deixa de ser curioso e simbólico que o primeiro samba gravado por um negro brasileiro, no início do século, tenha recebido o título de "Pelo Telefone" …

Mais de duas décadas após a proclamação da República, já com a família real no exílio, o Brasil viveria um momento crucial nessa perseguição de uma face contemporânea: a Semana de Arte Moderna, que teve lugar em São Paulo, em 1922, um século após a independência.

A Semana reuniu, no solene Teatro Municipal da cidade, uma série de manifestações artísticas, da pintura à poesia. O evento, estridente e iconoclasta, foi o detonador de um movimento modernista que marcou profundamente a produção cultural do país neste século. Tratava-se, mais uma vez, para usar a expressão de um de seus líderes, de acertar os ponteiros do país com a história: inspirados nas vanguardas européias, os modernistas investiram contra a herança lusitana conservadora, contra o parnasianismo e o beletrismo, procurando lançar as bases de uma cultura brasileira capaz de incorporar a complexa e contraditória realidade do país sem abrir mão, no entanto, do espírito inovador, da experimentação e do diálogo com as tendências estéticas internacionais.

Dichter und Maler. Pedro II. wollte damit der Welt beweisen, daß das entlegene Reich Brasilien bereit war, sich auf seine Rolle als große Nation vorzubereiten, durchaus imstande, kulturell und technisch mitzuhalten.

Zu diesem Zweck durchreiste er Europa und die Vereinigten Staaten, wo er auf der Weltausstellung Philadelphia 1876 einen eigenen brasilianischen Stand errichten ließ. Bei dieser Gelegenheit machte er die Bekanntschaft von Graham Bell, dem er versicherte, in Brasilien fände das soeben erfundene Telefon einen seiner ersten Käufer, sobald die Erfindung auf dem Markt sei. Von Bell aufgefordert durch den Telefonapparat zu sprechen, zitierte er die geflügelten Worte Hamlets: »To be or not to be …«

Nobel und gebildet, Sohn einer Habsburgerin, verheiratet mit einer Bourbon der beiden Sizilien, Nichte der französischen Königin und Schwester des Königs von Neapel, befand sich der Kaiser, gleich dem Punkt auf dem Bild von de Barros, scheinbar im Zentrum. Doch bedauerlicherweise war dieser Wille zum Fortschritt eben auch eine Form der Kompensation angesichts der problematischen Wirklichkeit eines Landes, in dem noch die Sklaverei herrschte und das nach europäischen Maßstäben weder Geschichte noch Tradition besaß. Dieser Modernisierungseifer, den der Kaiser verkörperte, ist schließlich zu einer Art Charakteristikum des Landes geworden. Auch wenn dies nicht auf die Gesellschaft als Ganzes zutrifft, so doch auf die gebildeten Kreise der Eliten und jenen Teil der Bevölkerung mit genügend Fantasie. Eine Kuriosität und in diesem Zusammenhang fast schon wieder ein Symbol ist die Tatsache, daß der erste Anfang dieses Jahrhunderts von einem Schwarzen auf Platte aufgenommene Samba den Titel *Am Telefon* trägt.

Mehr als zwei Jahrzehnte nach Ausrufung der Republik – die königliche Familie war bereits im Exil – fand für Brasilien in seinem beharrlichen Streben

the conservative Portuguese heritage and the prevailing literary tendencies, and dedicated themselves to the search for the roots of an authentic Brazilian culture which would express the complex and contradictory realities of this country, without renouncing the spirit of innovation, the artistic experiment, or the exchange of ideas with international aesthetic movements.

In 1928 the *Modernista* Oswaldo de Andrade published his *Manifesto Antropófago* in which he restates Hamlet's dilemma which Pedro II had quoted in Philadelphia, this time, however, in the Brazilian version: "Tupi or not Tupi …" (The Tupi are a large native tribe who inhabited Brazil's coastal regions before the arrival of European colonialists.)

The *Modernistas* demanded an end to the trivialization of European art in their country, to the imitation of foreign models, and the blind devotion to them. The relationship to the center should from now on be inspired by the cannibalistic Indios: kill the conquerer, devour him, digest him and assume his virtues.

The Modernist Movement of 1922 redeclared independence and became the starting point for a new, important self-consciousness: now we can be ourselves, even if we live on the periphery and are not perfect, we are still modern, creative, and cosmopolitan. Only in the light of the new intellectual horizons which the *Modernistas* created in the vital metropolis of São Paulo, can de Barros's work be properly understood.

Between 1930 and 1945 Brazil experienced a period of sweeping changes which were partly due to the economic crisis of 1929. Under a dictatorial regime, initially modeled on Italy and Germany, the so-called *Estado Novo* began to promote industrialization and urbanization. The state started to invest in economically strategic areas, to pass labor laws, and to found syndicates like those in Mussolini's fascist Italy.

Em 1928, o poeta modernista Oswaldo de Andrade publicou o "Manifesto Antropófago", no qual recolocava o dilema de Hamlet, lembrado em Filadélfia por Pedro II, porém agora em termos brasileiros: "Tupi or not tupi …" Tupi era o nome de um grande grupo indígena que habitava o litoral do Brasil antes da chegada dos colonizadores europeus.

Na fórmula do modernista, o Brasil deveria repelir o caráter ornamental que a cultura européia adquirira entre nós, rejeitar a cópia e a atitude reverencial. A relação com o centro deveria inspirar-se, simbolicamente, nos índios canibais: matar o colonizador, degluti-lo e incorporar suas virtudes.

O movimento de 22 foi um segundo grito de independência, o ponto de partida de uma nova consciência: podíamos ser nós mesmos, periféricos e imperfeitos, mas sermos também modernos, criativos, cosmopolitas. É a partir desse novo horizonte mental, moldado pelos modernistas da pujante metrópole de São Paulo, que o trabalho de Geraldo de Barros pode ser melhor compreendido.

Entre 1930 e 1945, o Brasil, também sob impacto da crise de 29, passa por um período de intensas mudanças. Sob um regime ditatorial, inicialmente de inspiração italiana e germânica, o "Estado Novo", o país prepara-se para ingressar no mundo da urbanização e da indústria. Investimentos estatais passam a ser feitos em áreas estratégicas, criam-se leis trabalhistas e sindicatos assemelhados aos do fascismo de Mussolini.

É um período de grande agitação política. O Partido Comunista, também criado em 1922, com crescente adesão de intelectuais, chegou a tentar um golpe, em 1935, mas fracassou. Não obstante, pressionado pelos Estados Unidos e por setores da opinião pública nacional, o ditador populista Getúlio Vargas viu-se na contigência de

nach Modernität ein bedeutendes Ereignis statt: In São Paulo wurde 1922, ein Jahrhundert nach der Unabhängigkeit des Landes, die ›Semana de Arte Moderna‹ eröffnet. In dieser Zeit wurden dem Publikum im prunkvollen Teatro Municipal von der Malerei bis zur Poesie völlig neue künstlerische Formen vorgestellt. Die Veranstaltung, schrill und bilderstürmerisch, war Auftakt der Moderne, die das gesamte Kulturschaffen dieses Landes tiefgreifend beeinflussen sollte. Das Ziel bestand – mit den Worten eines ihrer Verfechter – darin, die Uhrzeiger des Landes mit der aktuellen Geschichte gleichzustellen. Angeregt durch die europäische Avantgarde, erklärten die ›Modernistas‹ dem konservativen lusitanischen Erbe, den vorherrschenden parnassischen und belletristischen Strömungen den Kampf, um sich auf die Ursprünge einer authentischen brasilianischen Kultur zu besinnen. Man suchte den adäquaten Ausdruck für die komplexe und widersprüchliche Wirklichkeit dieses Landes, was nicht den Verzicht auf Innovation, künstlerisches Experiment oder einen Austausch mit internationalen Tendenzen bedeutete.

Im Jahre 1928 veröffentlichte der Modernist Oswaldo de Andrade sein ›Manifesto Antropófago‹ (›Menschenfresserisches Manifest‹), in dem er das Dilemma Hamlets erneut ansprach, das einst Pedro II. in Philadelphia aufgegriffen hatte, diesmal allerdings in der brasilianischen Version: »Tupi or not tupi …« Tupi ist der Name eines großen Eingeborenenstammes, der vor dem Einfall der europäischen Kolonisten die Küstengebiete Brasiliens bewohnte. Die ›Modernistas‹ forderten, die zur gefälligen Bedeutungslosigkeit verkommene Rezeption europäischer Kunst in diesem Land abzulehnen und die Nachahmung ausländischer Modelle sowie die ehrfurchtsvolle Haltung ihnen gegenüber aufzugeben. Die Beziehung zum Zentrum sollte sich fortan metaphorisch vom menschenfressenden Indio inspirieren

It was a time of great political upheaval. The Communist Party was also founded in 1922. With its growing membership mainly from intellectual circles, it tried to foment a revolution in 1935, which failed. The populist dictator, Getúlio Vargas, was forced to enter World War II because of pressure both from the United States and from public opinion. Brazilian troops fought under North American command and, in 1945, after the end of the war, the country returned to a democratic form of government.

At the end of the 1940s, when Geraldo de Barros was conducting his first experiments in abstract photography, three institutions were founded which would be of crucial significance to Brazilian art: the Museu de Arte de São Paulo, in 1947, the Museu de Arte Moderna de Rio, and the Museu de Arte Moderna de São Paulo, both in 1948. Brazil now stood at the threshold of a new utopian decade.

In Brazilian history the 1950s did indeed represent an exceptional period. In this decade the foundation for the automobile industry was laid, with Volkswagen at the vanguard. Incomes in cities surpassed those in rural areas for the first time. Urbanization and industrialization made giant strides forward.

The president, Juscelino Kubitschek de Oliveira, became a symbolic figure for this area. He promised to synchronize Brazil's clock with current history, just as another Brazilian had done earlier. He presented a development program called *50 anos em 5* (50 years in 5), which he believed would succeed because of the special vocation of the population for modernization. His most famous undertaking was the fantastic project to create a new city out of nothing in the savage wilderness of the interior. This city was to be the capital of a "Land of the Future"—an epithet which would accompany Brazil throughout the second half of the century.

Today, there is much criticism of the city of Brasília, designed by Oscar

ingressar na Segunda Guerra Mundial ao lado dos aliados. Tropas brasileiras combateram na Itália sob o comando norte-americano e, com o fim do conflito, em 1945, o país redemocratizou-se.

Em finais da década de 40, quando Geraldo de Barros realiza suas primeiras experiências fotográficas abstratas, surgem três importantes instituições voltadas para a arte: o Museu de Arte de São Paulo (Masp, 1947), o Museu de Arte Moderna do Rio e o Museu de Arte Moderna de São Paulo (ambos em 1948). O Brasil chega, neste momento, à ante-sala de uma década utópica.

De fato, os anos 50 são um período muito particular da história brasileira. Nesse decênio instala-se a indústria automobilística em São Paulo (a Volkswagen é uma das pioneiras), a renda urbana supera a rural e o processo de urbanização e industrialização avança de forma acelerada.

Símbolo maior do período, o presidente Juscelino Kubitschek de Oliveira promete, mais uma vez, acertar os relógios do Brasil com a história. Lança um plano desenvolvimentista chamado "50 anos em 5" e aposta na vocação moderna do país. Sua obra mais conhecida é o projeto mágico de erguer do nada, no meio do interior selvagem, uma nova cidade, planejada para ser a capital do "país do futuro" – epíteto que tem acompanhado o Brasil nesta segunda metade do século XX.

Hoje, muitas críticas são feitas à Brasília, desenhada por Oscar Niemeyer, e aos arroubos desenvolvimentistas e inflacionários de JK. Mas quando o país decide retirar a sede dos poderes da República de sua mais famosa e cantada cidade, o Rio de Janeiro, e transferí-la para um desabitado Planalto Central, escolhendo o projeto futurista de um discípulo de Le Corbusier, é porque algo de efervescente está acontecendo.

Realmente, poucas vezes o país pôde contar com tantos movimentos de idéias, com tantos homens de espírito

lassen: den Eroberer töten, ihn verschlingen und verdauen und sich seine Tugenden einverleiben. In der modernistischen Bewegung von 1922 wurde die Unabhängigkeit zum zweiten Mal ausgerufen, Ausgangspunkt eines neuen Selbstbewußtseins: Wir konnten jetzt wir selbst sein, zwar an der Peripherie lebend und nicht vollkommen, aber doch auch modern, schöpferisch, kosmopolitisch. Erst vor diesem neuen geistigen Horizont, den die ›Modernistas‹ der vitalen Metropole São Paulo eröffnet hatten, ist die Arbeit von de Barros richtig zu verstehen.

Zwischen 1930 und 1945 erlebte Brasilien auch infolge der Wirtschaftskrise von 1929 eine Periode einschneidender Veränderungen. Unter einer diktatorischen Herrschaft, die sich anfänglich am italienischen und deutschen Regime orientierte, schickte sich der ›Estado Novo‹ an, die Industrialisierung und Urbanisierung voranzutreiben. Der Staat begann in wirtschaftlich strategische Bereiche zu investieren, Arbeitsgesetze zu verabschieden, Syndikate in Anlehnung an das faschistische Modell Mussolinis zu gründen. Es war eine Zeit großen politischen Aufruhrs. Die Kommunistische Partei, ebenfalls 1922 gegründet, mit einer wachsenden Mitgliederzahl aus Intellektuellenkreisen, versuchte 1935 eine Revolution anzuzetteln, die jedoch scheiterte. Dessenungeachtet sah sich der populistische Diktator Getúlio Vargas auf Druck der Vereinigten Staaten und der öffentlichen Meinung gezwungen, auf Seiten der Alliierten in den Zweiten Weltkrieg einzutreten. Brasilianische Truppen kämpften unter nordamerikanischem Kommando, und nach Kriegsende kehrte das Land zu einer demokratischen Regierungsform zurück.

Ende der 40er Jahre, in einer Zeit, als de Barros seine ersten abstrakten Fotoexperimente unternahm, wurden drei Institutionen ins Leben gerufen, die für die bildende Kunst in Brasilien

Niemeyer, and of the high-flown ideas of progress presented by Juscelino Kubitschek. When, however, the decision was reached to move the capital of the republic from the famous and fabled city of Rio de Janeiro to the uninhabited region of the Planalto Central, and a futuristic model of a Le Corbusier disciple was selected, it was a sign that great things were happening in this country.

In fact, Brazil had seldom experienced so many different sources of inspiration, so many people imbued with

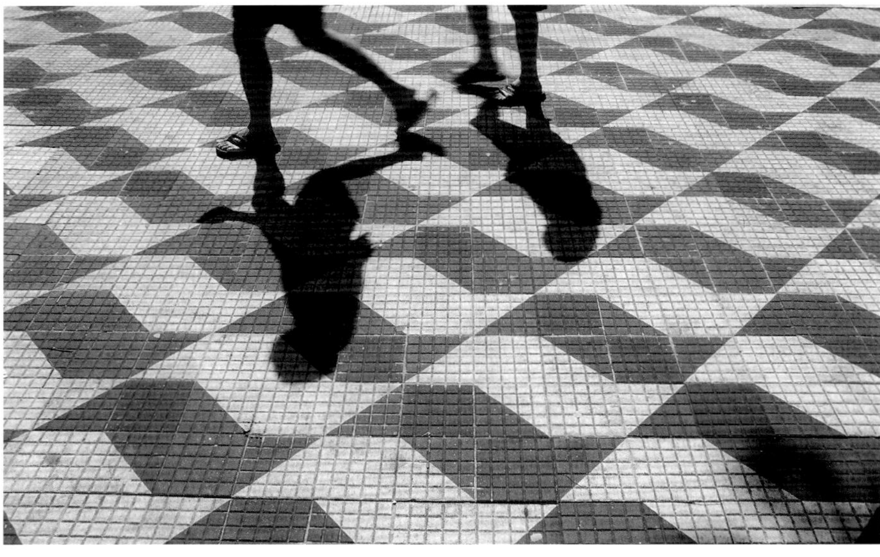

A sidewalk in São Paulo

Gehweg in São Paulo
(Photograph: Eder Chiodetto, 1999)

innovative spirit and the motivation to change things. The architecture of Niemeyer, the Cinema Novo, the Bossa-Nova, the new directions in art and poetry, as well as lively dialogues in politics and at universities combined to form a collective vision: Brazil should be young, modern, and upright.

In this atmosphere many different avant-garde movements flourished, among them Concrete Art. Influenced

inventivo e vontade transformadora como naquele período. Na arquitetura de Niemeyer, no Cinema Novo, na bossa-nova da música popular, nas vanguardas das artes plásticas e da poesia, no acalorado debate político e universitário, o Brasil dos anos 50 cultivou uma utopia coletiva: ser jovem, moderno e justo.

Nesse ambiente, floresceram diversas tendências vanguardistas, entre elas, a pintura concreta. Em diálogo com o construtivismo europeu, interessados nas lições da Bauhaus e de

Ulm, influenciados por Max Bill, o grande premiado da primeira Bienal Internacional de Arte de São Paulo (1951), jovens artistas paulistas lançaram, em 1953, o manifesto Ruptura, apregoando uma nova pintura, menos hedonista e mais "objetiva".

Entre eles estava Geraldo de Barros, cujas experiências pioneiras com a fotografia já revelavam uma notável vocação criativa e anticonvencional.

von entscheidender Bedeutung waren: das Museu de Arte de São Paulo Assis Chateaubriand (1947), das Museu de Arte Moderna do Rio de Janeiro und das Museu de Arte Moderna de São Paulo (beide im Jahr 1948 gegründet). Brasilien stand nunmehr an der Schwelle zu einer neuen, utopisch anmutenden Dekade. Tatsächlich stellten die 50er Jahre in der Geschichte Brasiliens eine außergewöhnliche Periode dar. In diesem Jahrzehnt wurde der Grundstein für die Autoindustrie gelegt – Volkswagen gehörte zu den Pionieren. Die Einkommen aus den urbanen Gebieten überstiegen zum ersten Mal die der ländlichen Bereiche; Urbanisierung und Industrialisierung des Landes entwickelten sich in rasantem Tempo. Präsident Juscelino Kubitschek de Oliveira wurde zur Symbolfigur dieser Periode. Er versprach wie ein anderer vor ihm, die Uhren Brasiliens mit der aktuellen Geschichte gleichzustellen. Er legte den Entwicklungsplan vor, ›50 anos em 5‹ (›50 Jahre in 5‹), bei dem er auf die besondere Begabung der Bevölkerung im Umgang mit fortschrittlichen Unternehmungen rechnete. Sein bekanntestes Werk ist das fantastische Projekt, aus dem Nichts, inmitten der Wildnis im Landesinneren eine neue Stadt zu errichten, als Hauptstadt eines ›Landes der Zukunft‹ geplant – ein Beiname, der Brasilien in der zweiten Hälfte des 20. Jahrhunderts begleiten wird.

Das von Oscar Niemeyer entworfene Brasília sowie die hochfahrenden Fortschrittsideen von Juscelino Kubitschek sind heutzutage vielfacher Kritik ausgesetzt. Als jedoch der Beschluß gefaßt wurde, den Sitz der Republik von der berühmten und vielbesungenen Stadt Rio in die völlig unbewohnte Region des Planalto Central zu verlegen und man dafür das futuristische Modell eines Anhängers von Le Corbusier auswählte, war dies ein Zeichen, welches das Land brodeln ließ. In der Tat hat Brasilien kaum je so viele neue Ideen, so viele

by the European Constructivists, the teachings of the Bauhaus and the Ulm School, and Max Bill, the famed prize-winner at the first *Bienal Internacional de Arte de São Paulo* (1951), a group of young São Paulo artists published a manifesto entitled *Ruptura* (Rupture) in 1953, in which they espoused a new form of painting which was to be less hedonistic and more "objective."

Their number included Geraldo de Barros, whose pioneering experiments in photography had already demonstrated an unusually creative and unconventional talent.

As a *Paulista,* Geraldo de Barros had been infected first hand by the dynamic fluidity of this great industrial metropolis and, seduced by the idea of collectivism, he saw a unique historical opportunity in Concrete Art: the creation of a new art for a new society. It is thus only natural that his career led from photography through engraving to paint-ing, and finally to industrial design. His goal was the improvement of the aesthet-ic quality of mass-produced articles, the propagation of quality, and the pop-ularization of an aesthetic which was

Paulista, contaminado pelo am-biente dinâmico do grande centro industrial e seduzido por ideias cole-tivistas, Geraldo encontrava no concre-tismo uma oportunidade histórica: criar uma nova arte para uma nova socieda-de. É natural que da fotografia tenha passado à gravura e à pintura – e dessa ao design industrial: tratava-se de elevar a qualidade dos objetos em série, de massificar a qualidade, de ampliar o al-cance social de uma estética não mais feita para salões e galerias, mas sim para o homem que trabalhava.

Mais uma vez, o país de Geraldo de Barros parecia, naqueles anos, estar no centro. Uma ilusão desfeita em 1964, com a eclosão de um movimento militar que, sob a alegação de proteger as instituições da "ameaça comunista", eliminou a recém conquistada demo-cracia, instaurou, a partir de 1968, uma rígida censura contra as artes e um púmbleo silêncio político.

O regime militar interrompeu um processo crescente de pressões popu-lares com vistas a conquistas sociais e aprofundou o mal maior da moderni-zação brasileira: a incapacidade de

Menschen mit innovativem Geist, beflü-gelt vom Willen zur Veränderung, erlebt wie in jener Zeit. Die Architektur Nie-meyers, das Cinema Novo, der Bossa Nova, die Avantgarde der bildenden Kunst und der Poesie, die hitzigen Debatten in der Politik und an den Universitäten ließen im Brasilien der 50er Jahre eine kollektive Vision entstehen: Es sollte jung sein, modern und aufrecht.

In dieser Atmosphäre entstanden mannigfaltige avantgardistische Strö-mungen, darunter auch die der Kon-kreten Malerei. Im Dialog mit den euro-päischen Konstruktivisten, interessiert an den Lehren des Bauhauses und der Ulmer Schule und beeinflußt von Max Bill, dem vielgerühmten Preisträger der ersten ›Bienal Internacional de Arte de São Paulo‹ (1951), ergriffen junge Paulistaner-Künstler im Jahre 1953 in ihrem Manifest ›Ruptura‹ (›Der Bruch‹) Partei für eine neue Malerei, die weniger hedonistisch und mehr ›objektiv‹ sein wollte. Unter ihnen befand sich auch de Barros, des-sen bahnbrechende fotografische Ex-perimente bereits ein bemerkenswert schöpferisches und unkonventionelles Talent offenbart hatten.

Als Paulistaner hatte auch ihn die Dynamik dieser großen Industriemetro-pole angesteckt. Begeistert von der Idee des Kollektivs, sah de Barros in der Konkreten Kunst eine einmalige hi-storische Chance: die Erschaffung einer neuen Kunst für eine neue Gesellschaft. So ist es nur eine natürliche Konse-quenz, daß er seinen Weg von der Foto-grafie über die Grafik zur Malerei und schließlich zum Industriedesign fand: ging es doch um die ästhetische Aufwer-tung von Serienprodukten, um die Ver-breitung von Qualität sowie um die Po-pularisierung einer Ästhetik, die nicht mehr allein für die Salons und Galerien

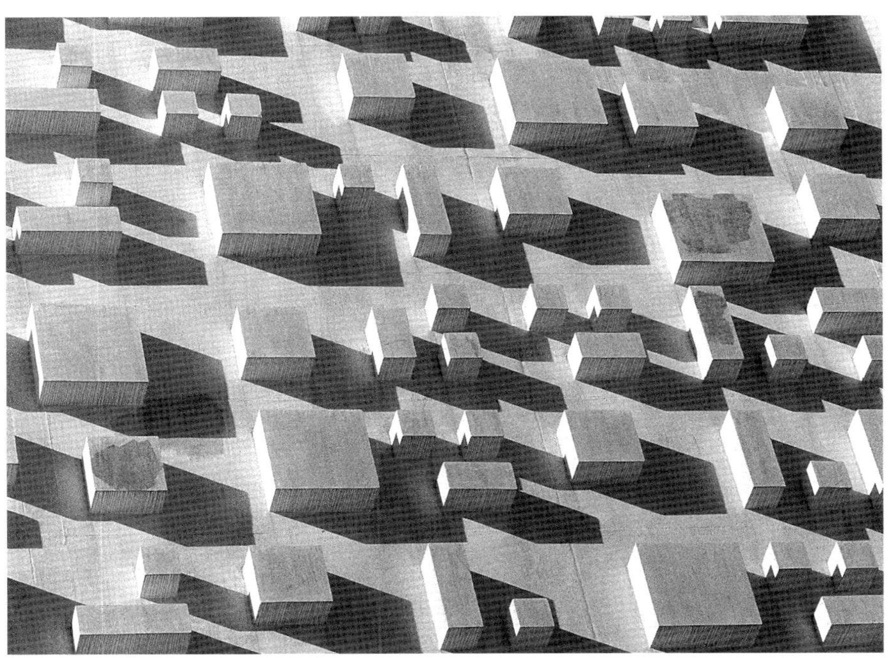

Teatro de Brasília
(Photograph: Imagem Folha, SP)

no longer meant for the salons and galleries but for the working man.

Once again Geraldo de Barros's country seemed to be at the center. This illusion was destroyed in 1964, however, when the military seized power under the pretext of protecting the nation's institutions from the "communist danger." They abolished the newly won democracy and, in 1968, they imposed a grim political silence through a strict censorship of all areas of artistic creativity.

The military regime interrupted a process set in motion by popular pressure which had promised new horizons and social perspectives and thereby aggravated the biggest problem in the development of Brazil: the inability to include the masses in any form of progress. An economist once coined the famous remark that Brazil is a "Belíndia," a land divided. One half represents Belgium—the rich and Europeanized Brazil and the other half India—the Brazil of the poor and dispossessed. As long as this situation continues the dot will remain off center.

Translated from the Portuguese by
Angela Meermann

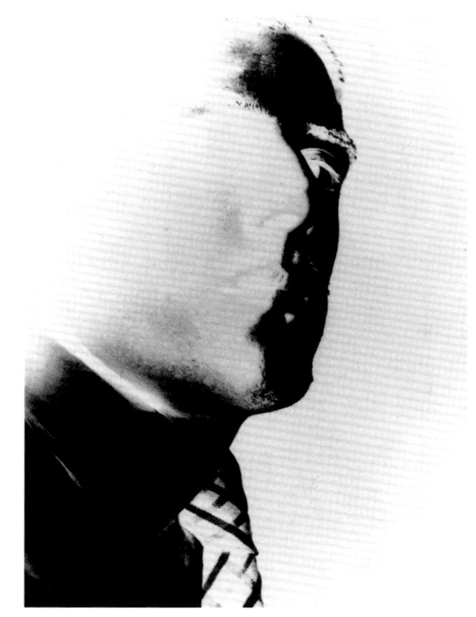

Geraldo de Barros
Self-Portrait, 1950
Auto-Retrato, 1950
Selbstbildnis, 1950

incorporar as grandes massas ao desenvolvimento. Diz uma famosa e antiga expressão, cunhada por um economista, que o Brasil é uma "Belíndia", um pais dividido. É metade Bélgica (o Brasil rico e "europeu"), e metade Índia (o Brasil das populações pobres e excluídas).

Enquanto essa situação perdurar, o ponto continuará fora do centro.

bestimmt war, sondern auch dem arbeitenden Menschen zugänglich sein sollte.

Wieder einmal schien sich das Land von de Barros im Zentrum zu befinden. Eine Illusion, die 1964 zunichte gemacht wurde, als die Militärs unter dem Vorwand, sämtliche Institutionen vor der ›kommunistischen Gefahr‹ zu schützen, die eben erst gewonnene Demokratie aus den Angeln hoben und ab 1968 durch eine strenge Zensur in allen Bereichen des künstlerischen Schaffens bleiernes politisches Schweigen herstellten.

Das Militärregime unterband einen Prozeß, der auf Druck der Bevölkerung in Gang gesetzt worden war und neue Hoffnungen und gesellschaftliche Perspektiven versprach, womit das Grundübel der Entwicklung Brasiliens vergrößert wurde: die Unfähigkeit, die großen Massen am Fortschritt teilhaben zu lassen. In einem berühmten Ausspruch, den ein Wirtschaftswissenschaftler geprägt hat, heißt es, Brasilien sei ein ›Belíndia‹, ein geteiltes Land. Die eine Hälfte repräsentiert Belgien – das reiche und ›europäische‹ Brasilien, die andere Hälfte Indien – das Brasilien der Armen und Ausgegrenzten. Solange diese Situation anhält, bleibt der Punkt vom Zentrum abgerückt.

Übersetzung aus dem Portugiesischen
von Angela Meermann

Daniel Girardin

From Abstraction to the Essence of Form: A Photographic Adventure in Modern Brazil

Geraldo de Barros, a talented young twenty-three-year-old painter from Brazil, discovered photography in 1946 while in the midst of his training as an artist. He was astonishingly quick to grasp the great formal and experimental wealth of the medium, which he immediately related to the knowledge of modern art he had picked up during his studies, and later at the municipal library of São Paulo. Numerous discussions with European intellectuals exiled in Brazil during and after World War II enabled him to tie in the issues of international art with his own tastes, his personal experience, and the culture of his own country—that of modern, postwar Brazil.

It was undoubtedly around this time that he discovered the experiments made in the twenties and thirties by the photographers of the European and American avant-garde. From *Neues Sehen* (New Vision) to Surrealism, from photomontage to the theories and teachings of the Bauhaus, the avant-garde had radically transformed the status of photography, turning the medium into a creative, rather than a documentary, art.

Photography had become a creative medium on a par with painting, sculpture, collage, engraving or film and was widely circulated in Europe and the United States in the form of exhibitions, journals, books, and catalogues. The formal principles of the avant-garde were taken up in areas as different as design or political propaganda.

Close-ups, high- and low-angle shots, fragmentation, metallic structures and industrial artefacts are frequent in the photographic work of the interwar period.

Da abstração ao sentido da forma, uma experiência fotográfica excepcional no Brasil moderno

Geraldo de Barros, jovem e talentoso pintor de 23 anos, descobre a fotografia em 1946, em pleno período de formação artística. Com surpreendente rapidez, ele capta as riquezas formais e experimentais da fotografia que logo relaciona aos seus conhecimentos de arte moderna, adquiridos nos cursos e mais tarde na Biblioteca Municipal de São Paulo. Numerosos debates e contatos com os intelectuais europeus, exilados no Brasil durante e após a Segunda Guerra Mundial, contribuem para que ele faça o vínculo entre as problemáticas artísticas internacionais e seus gostos, sua experiência profissional e sua própria cultura – a do Brasil moderno do pós-guerra.

Certamente neste período, Geraldo de Barros descobre as experiências feitas nos anos 20 e 30 pelos numerosos fotógrafos da vanguarda europeia e americana. Da "Nouvelle Vision" ao surrealismo, da fotomontagem às teorias e ensinamentos da Bauhaus, os fotógrafos levaram a fotografia para o campo artístico, transformando radicalmente seu status documentário em criativo. A fotografia passou a ser uma forma de criação como a pintura, a escultura, a colagem, a gravura ou o cinema. Através de numerosas exposições, revistas especializadas, livros e catálogos, a fotografia daquele período foi amplamente difundida na Europa e nos Estados Unidos. Os princípios formais da vanguarda são utilizados em áreas tão diversas como o desenho ou a propaganda política.

O close, as tomadas a partir de um ponto acima ou abaixo do objeto, a

Von der Abstraktion zum Sinn der Form – eine außergewöhnliche fotografische Erfahrung im modernen Brasilien

1946 entdeckt Geraldo de Barros ein talentierter brasilianischer Maler von dreiundzwanzig Jahren, der sich mitten in seiner künstlerischen Ausbildung befindet, die Fotografie. Erstaunlich schnell begreift er, welchen formalen Reichtum und welches Experimentierfeld sie ihm eröffnet, und verbindet dies alsbald mit seinen Kenntnissen der modernen Kunst, die er sich im Rahmen seiner Studien und später in der Stadtbibliothek von São Paulo erwarb. Diskussionen mit europäischen Intellektuellen, die während und nach dem Zweiten Weltkrieg nach Brasilien emigriert waren, erlauben es ihm, eine Verbindung zwischen internationalen Fragen der Kunst, seinen Vorlieben, persönlichen Erfahrungen und seiner eigenen Kultur – der des modernen Brasilien der Nachkriegszeit – herzustellen.

In dieser Zeit dürfte er auch Bekanntschaft mit jenen Experimenten gemacht haben, die in den zwanziger und dreißiger Jahren zahlreiche Fotografen der europäischen und amerikanischen Avantgarde durchführten: vom ›Neuen Sehen‹ zum Surrealismus, von der Fotomontage zu den Theorien und Lehren des Bauhauses, die die Fotografie in die Domäne der Kunst überführten und ihren Status von einem dokumentarischen in einen kreativen verwandelt haben.

Die Fotografie ist zum Mittel künstlerischen Schaffens geworden wie die Malerei, die Skulptur, die Collage, die Grafik oder der Film. Durch zahlreiche Ausstellungen, Fachzeitschriften, Bücher und Kataloge erlangt die Fotografie jener Zeit in Europa und den USA weite Verbreitung. Die Formprinzipien der Avant-

Research into the nature and perception of form were likewise a major concern, both in painting and photography. The artistic ideology embraced by Geraldo de Barros in the forties can be defined as a search for the "concrete," as it was called, and forms part of a broad trend that has deep roots in European abstract art of the twenties.

His meeting in 1948 with Mário Pedrosa, a brilliant intellectual who had returned to Brazil from political exile, led to his discovering Gestalt theory, a method for analysing forms that stems from psychology. This theory of the logic and rationality of visual perception, much discussed in abstract art circles, inspired the search for a new aesthetic and the exploration of the effects of optical illusions.

Josef Albers (1888–1976), a student, and later a teacher, at the Bauhaus, created his own theoretical system which draws on Gestalt theory, as do the theories of Swiss artists Max Bill (1908–1994) and Richard Paul Lohse (1902–1988). The latter two are considered to have been the founders of the Concrete Art movement in 1936, a concept based on mathematical principles set out by Theo van Doesburg in 1930.

These were the different paths that led Geraldo de Barros to formulate a photographic language that was abstract and partly new, influenced by experiments carried out in painting, sculpture, and architecture. It was here, in a very short space of time, that he was to prove genuinely innovative, since by 1951, he had abandoned photography for the time being.

In 1948, after setting up a photographic laboratory and trying his hand at the medium, Geraldo de Barros joined the Foto Cine Club Bandeirantes, where he could show his work, discuss it, and expose it to criticism. In Brazil, the radical nature of his aesthetics, combined with the common-sense paradox of his abstract approach to what is in

fragmentação, a estrutura metálica, o objeto industrial, por exemplo, tornaram-se, no período entre as duas guerras, temas comuns da fotografia. As pesquisas sobre a natureza da forma e a sua percepção passam também a ser, tanto na pintura quanto na fotografia, uma preocupação maior. A ideologia artística de Geraldo de Barros situa-se, a partir dos anos 40, numa área de pesquisa denominada "concreta" e identifica-se com uma corrente de profundas raízes na abstração européia dos anos 20.

O encontro, em 1948, com Mário Pedrosa, intelectual brilhante de retorno ao Brasil após um exílio político, faz com que Geraldo descubra a *Gestalt Theorie* – uma análise das formas extraída da psicologia científica. Esta teoria da percepção visual, de sua lógica e racionalidade, muito debatida pelas correntes de arte abstrata inspirou a pesquisa de uma nova estética e levou à exploração dos efeitos de ilusão de ótica.

Josef Albers (1888–1976), estudante e mais tarde professor do Bauhaus, faz referência à *Gestalt Theorie*, bem como os suíços Max Bill (1908–1994) e Richard Paul Lohse (1902–1988). Estes são considerados os fundadores da "arte concreta" em 1936, conceito formulado a partir de princípios "matemáticos" enunciados por Theo van Doesburg em 1930.

Por estas diferentes vias, Geraldo de Barros foi levado a formular, na fotografia, uma linguagem abstrata e parcialmente nova, influenciada pelas experiências que haviam sido praticadas nas áreas da pintura, escultura e arquitetura. Aí está a sua verdadeira inovação, num curto espaço de tempo, posto que logo em 1951 ele abandonará provisoriamente a fotografia.

Depois de instalar um laboratório de fotografia e tentar suas primeiras experiências, Geraldo de Barros torna-se membro, em 1948, de um círculo de fotógrafos – o *Foto Cine Club*

garde werden in so unterschiedlichen Bereichen wie dem Design oder der politischen Propaganda aufgegriffen.

Großaufnahmen, Ansichten aus der Vogel- und Froschperspektive, Fragmentierung, metallische Strukturen und Industrieobjekte etwa sind in den Jahren zwischen den Kriegen gängige Sujets der Fotografie geworden. Auch Untersuchungen zur Natur der Form und der Wahrnehmung werden in der Malerei wie in der Fotografie ein zentrales Thema. Die künstlerische Auffassung von de Barros ist in den vierziger Jahren in eine als ›konkret‹ bezeichnete Suche eingebettet und schließt an eine Strömung an, die in der Abstraktion der zwanziger Jahre ihre Wurzeln hat.

1948 lernt er durch seine Begegnung mit Mario Pedrosa, einem brillanten Intellektuellen, der aus dem politischen Exil nach Brasilien zurückgekehrt ist, die Gestalttheorie kennen, eine aus der wissenschaftlichen Psychologie hervorgegangene Formenanalyse. Diese Theorie der visuellen Wahrnehmung, ihrer Logik und Vernunft, die in den Kreisen der abstrakten Kunst diskutiert wurde, inspirierte die Suche nach einer neuen Ästhetik und führte zur Untersuchung der Wirkung optischer Täuschungen.

Josef Albers (1888–1976), erst Student, dann Lehrer am Bauhaus und Schöpfer eines eigenen theoretischen Systems, bezieht sich ebenso auf die Gestalttheorie wie die Schweizer Max Bill (1908–1994) und Richard Paul Lohse (1902–1988). Letztere gelten als Begründer der ›Konkreten Kunst‹, ein 1936 formuliertes Konzept, das auf die 1930 von Theo van Doesburg verkündeten ›mathematischen‹ Prinzipien zurückgeht.

Auf diesen unterschiedlichen Wegen kommt de Barros dazu, in der Fotografie eine abstrakte und teilweise neue Sprache einzuführen, die von den Erfahrungen in Malerei, Skulptur und Architektur beeinflußt ist. Hier ist er innerhalb einer kurzen Zeitspanne wirklich innovativ tätig, bevor er sich bereits

essence a realistic art, was the cause of much perplexity and criticism, even scandal.

Continuing along that road, he experimented with a variety of techniques, including the photogramme, solarization, manipulation of the image, drawing with India ink on negatives, and multiple exposure of the same negative. In 1949, he was invited to set up a laboratory at the Museo de Arte de São Paolo Assis Chateaubriand, where in 1950 he exhibited a series of photographs under the title

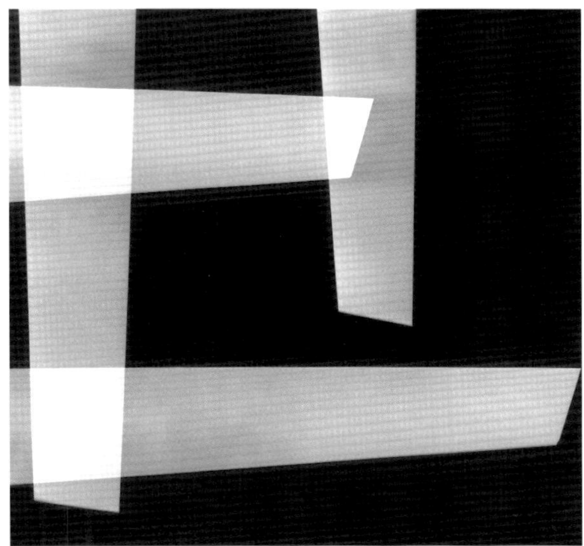

Geraldo de Barros
Fotoforma, São Paulo, 1950

Fotoformas, a photographic allusion to the theory of form.

The aesthetic concerns of Geraldo de Barros's work have remarkable affinities with those of a great many European and American artists. At exactly the same time, in 1950, the group *Fotoform* was founded in Germany, as well as the movement *Subjektive Fotografie*, as theorized by the photographer Otto Steinert (1915–1978). In his analysis of the different stages of photographic creation, from the straightforward copy to the abstract composition, Steinert considered the latter to be an absolute form of creation, which is the very

Bandeirantes onde pode mostrar seus trabalhos, discutir sobre eles e confrontá-los à crítica. No Brasil, a radicalidade formal de sua estética e sua percepção abstrata, paradoxos do sentido comum de uma arte essencialmente estética, provocam incompreensão, críticas e até mesmo escândalo.

Continuando na mesma direção, ele experimenta várias técnicas como o fotograma, o raiograma, a solarização, o desenho em nanquim sobre o negativo, a exposição repetida em um mesmo negativo, o corte, a manipulação das imagens. Em 1949, tendo recebido mandato para instalar um laboratório no Museu de Arte de São Paulo Assis Chateaubriand, Geraldo de Barros realiza uma série de fotografias que virá a expor em 1950 com o título de "Fotoforma", uma referência fotográfica à teoria da forma.

O trabalho de Geraldo de Barros mostra uma admirável semelhança com as preocupações estéticas de muitos artistas europeus e americanos. Exatamente na mesma época, em 1950, o fotógrafo Otto Steinert (1915–1978) cria na Alemanha o grupo Fotoform e

1951 vorläufig wieder von der Fotografie abwendet.

Nachdem er ein Fotolabor eingerichtet und seine ersten Experimente durchgeführt hatte, wurde de Barros 1948 Mitglied des Fotografenzirkels ›Foto Cine Club Bandeirantes‹, der es ihm ermöglicht, seine Werke Kollegen zu zeigen, mit diesen über sie zu diskutieren und der Kritik auszusetzen. In Brasilien stößt die Radikalität seiner Ästhetik und seines abstrakten Ansatzes, der dem gesunden Menschenverstand damals als paradox erscheint, da die Fotografie ihrem Wesen nach als realistische Kunst gilt, auf großes Unverständnis und heftige, bis Skandale provozierende Kritik.

Auf diesem Weg voranschreitend, experimentiert de Barros mit verschiedenen Techniken wie dem Fotogramm, der Solarisation, der manuellen Bildbearbeitung, Tuschzeichnung auf dem Fotonegativ sowie der Mehrfachbelichtung desselben Negativs. Nachdem er 1949 mit der Installation eines Fotolabors im Museu de Arte de São Paulo Assis Chateaubriand beauftragt wird, gelingt ihm dort eine Fotoserie, die er 1950 unter dem Titel ›Fotoforma‹ ausstellt – ein fotografischer Verweis auf die Gestalttheorie.

Im Werk von de Barros finden sich ästhetische Fragestellungen, mit denen sich auch zahlreiche europäische und amerikanische Künstler in ähnlicher Weise beschäftigt haben. Zur gleichen Zeit wird 1950 in Deutschland die Gruppe ›Fotoform‹ gegründet, und Otto Steinert (1915–1978) formuliert parallel dazu die unter der Bezeichnung ›Subjektive Fotografie‹ bekannte Richtung. Steinert analysiert die verschiedenen Stufen der fotografischen Gestaltung, von der einfachen Wiedergabe bis zur abstrakten Fotografie, und betrachtet letztere als eine Form der absoluten Gestaltung. Diese steht auch für de Barros in Brasilien im Mittelpunkt seiner Arbeit.

In den USA unterrichtet die von László Moholy-Nagy (1895–1946) gegründete

essence of the work done by Geraldo de Barros in Brazil.

In the United States, the Chicago Institute of Design, founded and run by László Moholy-Nagy (1895–1946) until his death, carried on some of the teachings of the Bauhaus. Photographers who taught there, such as Harry Callahan (b. 1912) and Aaron Siskind (1903–1991), were heavily influenced by abstract tendencies in art. Like Geraldo de Barros, Callahan made multiple exposures of the same negative, while Aaron Siskind sought to abstract rocks, debris, and graffiti from their general forms, and contexts.

In Switzerland and Germany, Max Bill (who had just turned down the directorship of the Chicago Institute of Design after the death of Moholy-Nagy) summed up his thoughts on the creation of forms in his book *Form: Eine Bilanz über die Formentwicklung um die Mitte des XX. Jahrhunderts*, published to accompany his exhibition on *gute Form* (good form) in 1951.[1]

In his *Fotoformas* exhibition, Geraldo de Barros presented a remarkably consistent selection of photographic works made in Brazil between 1949 and late 1950. At the time, he considered photographic technique to be similar to that of engraving, creating a photogram, one-off images made by inserting computer punch cards directly into the lens of the enlarger. Montages made with the aid of punch cards, geometric figures obtained in the laboratory, superimposed images of metallic structures photographed in the station of São Paolo, as well as organic materials, formed the basis of a highly original body of work, the lineage of which can be traced from Piet Mondrian to Paul Klee, from Moholy-Nagy to Man Ray, without forgetting the graffiti photographed by Brassaï, whom he would only meet, as it happens, two years later.

Though the exhibition was dedicated to Picasso, some of the allusions contained in the titles give a very good idea

teoriza uma corrente conhecida pelo nome de Subjektive Fotografie. Otto Steinert, ao analisar as diferentes etapas da criação fotográfica, da simples cópia à fotografia abstrata, considera esta última uma forma de criação absoluta. O que é a própria essência do trabalho de Geraldo de Barros no Brasil.

Nos Estados Unidos, o Institute of Design de Chicago, criado e dirigido por László Moholy-Nagy (1895–1946) até a sua morte, perpetua uma parte do ensinamento da Bauhaus. Fotógrafos como Harry Callahan (1912) e Aragon Sisking (1903–1991) que lá ensinam são muito influenciados pelo expressionismo abstrato. Assim como Geraldo de Barros, Harry Callahan pratica a exposição múltipla de um mesmo negativo, enquanto que Aaron Siskind procura abstrair de suas formas gerais e de seu contexto, rochedos, fragmentos ou grafites.

Na Suíça e na Alemanha, Max Bill (que acaba de recusar a direção do Institute of Design de Chicago depois da morte de Moholy-Nagy) publica vàrias reflexões sobre a criação das formas em seu livro *Form. Eine Bilanz über die Formentwicklung um die Mitte des XX Jahrhunderts*, publicação que acompanha sua exposição sobre a "gute Form" em 1951.[1]

Na mostra "Fotoformas", Geraldo de Barros apresenta um primeiro conjunto de obras fotográficas realizadas no Brasil, entre 1949 e fins de 1950 que é de uma grande coerência. Ele considera que a técnica fotográfica é um processo parecido com a gravura, realizando fotogramas, imagens únicas feitas a partir de cartões perfurados inseridos diretamente na lente do ampliador. Montagens a partir de cartões perfurados, figuras geométricas obtidas em laboratório, estruturas metálicas em exposição dupla na estação de São Paulo e matérias orgânicas constituem as bases de um trabalho de grande originalidade, numa filiação que

und bis zu seinem Tod von ihm selbst geleitete School of Design in Chicago nach der Bauhaus-Lehre. Fotografen wie Harry Callahan (geb. 1912) und Aaron Siskind (1903–1991), die dort unterrichten, sind stark von abstrakten Tendenzen beeinflußt. Wie de Barros praktiziert auch Callahan die Mehrfachbelichtung desselben Negativs, während Siskind um die Abstrahierung der allgemeinen Form und des jeweiligen Umfelds von Felsen, Schutt oder Graffiti bemüht ist.

In der Schweiz und in Deutschland veröffentlicht Max Bill, der es kurz zuvor abgelehnt hatte, nach dem Tod Moholy-Nagys die Leitung der School of Design zu übernehmen, in seinem Buch *Form – Eine Bilanz über die Formentwicklung um die Mitte des XX. Jahrhunderts*, 1951 anläßlich seiner Ausstellung über die ›gute Form‹ erschienen, eine Zusammenfassung seiner Überlegungen zur Gestaltung.[1]

In seiner Ausstellung ›Fotoformas‹ präsentiert de Barros im Dezember 1950 ein erstes, kohärentes Korpus fotografischer Werke, das er seit 1949 in Brasilien geschaffen hat. Er betrachtet die fotografische Technik als ein der Grafik verwandtes Verfahren und stellt Fotogramme her – Unikate, die er u.a. mit Hilfe von Lochkarten, direkt im Objektiv des Vergrößerungsgeräts plaziert, erzeugt. Geometrische, im Labor produzierte Figuren, doppelt belichtete, am Bahnhof von São Paulo aufgenommene Metallstrukturen sowie organische Materialien bilden die Grundlage eines Werks von großer Originalität, dessen Abstammungslinien von Mondrian bis Klee, von Moholy-Nagy bis Man Ray reichen dürften, die Graffiti von Brassaï nicht zu vergessen, die er allerdings erst zwei Jahre später kennenlernen wird.

De Barros widmet seine Ausstellung von 1950 Picasso, aber auch Verweise in den Titeln seiner Werke vermitteln eine gute Vorstellung von der allgemeinen kulturellen Orientierung des Fotografen. Wir finden eine Hommage an Paul Klee,

of the photographer's general cultural orientation—for example, those found with the tributes to Klee, to the composer Igor Stravinsky, and to Ezra Pound, a poet who influenced him through his writings on rhythm and sound. The group of photographs presented in December 1950 display formal concerns very similar to those of Max Bill in photography and of Concrete Art in painting and sculpture.

Geraldo de Barros, however, attaches more importance to the imagination than to the strict logic of forms and of mere optical illusions. His work, which is highly demanding and accomplished, also brings out the limits of Concrete Art when applied to photography, in so much as his compositions, while remaining abstract, are never strictly graphic or pseudo-mathematical. The subjective gaze, the narrative element or the contrasting play of shadow and light on matter are everywhere present and subtly reveal the trace of a referent underpinning the aesthetics of the whole, the abstraction of which is further underlined by the effects of black and white.

In February 1951, Max Bill presented a sculpture at the premiere *Bienal Internacional de Arte de São Paulo* and won the Grand Prix in what was to be the first of a long series of exchanges between Brazil and Europe in the form of visits, study grants, lectures, and exhibitions.

Geraldo de Barros himself received a grant from the French government for his outstanding photographic work in *Fotoformas*. As a student in Paris between 1951 and 1952, he met many important figures, including Brassaï and Cartier-Bresson, and showed his work at the Salon de Photographie in Paris and Nantes. He travelled through Europe, meeting Max Bill in Zurich, then later at Ulm, where Bill was rector of the newly founded Hochschule für Gestaltung. It was at this point that Geraldo de Barros developed a particular interest in modern industrial design.

poderia ir de Mondrian a Klee, de Moholy-Nagy a Man Ray, sem esquecer os grafites de Brassaï que, no entanto, ele só vai conhecer dois anos depois.

Se a exposição é dedicada a Picasso, certas referências encontradas nos títulos dão uma idéia muito boa da orientação cultural geral do fotógrafo. Assim é a homenagem a Paul Klee, ao compositor Igor Stravinski ou a Ezra Pound, poeta que o influenciou por seus escritos sobre o ritmo e a sonoridade. O conjunto de fotografias apresentadas em dezembro de 1950 mostra que as preocupações plásticas de Geraldo de Barros com a fotografia estão muito próximas das de Max Bill e da "arte concreta" na área da pintura e da escultura.

Mas Geraldo de Barros deixa muito mais espaço ao imaginário do que à lógica restrita das formas e das simples ilusões de ótica. Seu trabalho, muito exigente e acabado, mostra também os limites da aplicação da arte concreta na fotografia, na medida em que suas composições não são inteiramente gráficas ou pseudo-matemáticas mas sempre um pouco abstratas. O olhar subjetivo, o elemento narrativo ou o duplo jogo de sombra e de luz sobre a matéria estão muito presentes e revelam, sutilmente, a marca de um referencial que anima a estética do conjunto, cuja abstração fica ainda acentuada pelos efeitos do preto e do branco.

Em fevereiro de 1951, Max Bill apresenta uma escultura na primeira Bienal de São Paulo e recebe o primeiro prêmio que marca o princípio de uma longa série de intercâmbios entre o Brasil e a Europa, concretizada por visitas, bolsas de estudos, conferências e exposições.

Por sua vez, Geraldo de Barros recebe uma bolsa do governo francês pelo excepcional trabalho fotográfico "Fotoformas". Como estudante em Paris em 1951 e 1952, ele encontra várias personalidades, entre elas Brassaï e

an den Komponisten Igor Strawinski oder an Ezra Pound, einen Dichter, der ihn durch seine Texte über Rhythmus und Klang beeinflußt hat. Das Ensemble von Fotografien zeigt, daß die plastischen Fragestellungen von de Barros in der Fotografie denjenigen Max Bills und der Konkreten Kunst in Malerei und Skulptur verwandt sind.

Doch räumt de Barros dem Imaginären mehr Raum ein als der strengen Logik der Formen und schlichten optischen Illusionen. Sein anspruchsvolles und schlüssiges Werk veranschaulicht auch die Grenzen der Anwendbarkeit der Konkreten Kunst, insoweit als seine Kompositionen nie streng grafisch oder pseudo-mathematisch sind und dennoch abstrakt bleiben. Der subjektive Blick, das narrative Element oder das doppelte Spiel von Licht und Schatten auf der Materie sind stets präsent und enthüllen auf subtile Weise eine Ebene, welche die Ästhetik des Ganzen belebt und deren Abstraktion durch die Wirkung von Schwarz und Weiß zusätzlich unterstrichen wird.

Im Februar 1951 präsentiert Max Bill auf der ersten Biennale von São Paulo eine Skulptur und erhält dafür den ersten großen Preis dieses Kunstereignisses, das den Anfang eines umfangreichen Austauschs zwischen Brasilien und Europa markiert, der in gegenseitigen Besuchen, Stipendien, Konferenzen und Ausstellungen zum Ausdruck kommt.

Für sein Fotoprojekt *Fotoformas* erhält de Barros ein Stipendium des französischen Staates. Als Student in Paris lernt er in den Jahren 1951–52 zahlreiche Persönlichkeiten kennen, darunter Brassaï und Cartier-Bresson, und stellt im Salon de Photographie in Paris und in Nantes aus. Er bereist ganz Europa und trifft Max Bill, zunächst in Zürich, dann in der neuen Hochschule für Gestaltung in Ulm, deren erster Rektor Bill ist. Von nun an interessiert sich de Barros in besonderem Maße für das Industriedesign.

During his stay in Europe, Geraldo de Barros worked on a second series of abstract photographs. Made away from the laboratory, they lean more towards architecture in their handling of the theme of travel, and reveal the discovery of new forms and materials, as well as a marked influence of purist and graphic trends in European photography of the fifties.

On returning to Brazil, Geraldo de Barros helped found *Grupo Ruptura*, a Brazilian Concrete Art movement the existence of which legitimized a field in which he was a talented and creative pioneer. Geraldo de Barros then abandoned photography for almost forty years. Alone in postwar Brazil, but in touch with international trends in modern art, he was indisputably an innovator in a field in which he produced a remarkably original body of work.

Translated from the French
by Mark Hutchinson

1 See Hans Frei, Karin Gimmi, Stanislas von Moos, *Minimal Tradition, Max Bill und die "einfache" Architektur 1942–96*, XIX Milan Triennale, Bern 1996.

Cartier-Bresson e expõe no Salão de Fotografia de Paris e em Nantes. Viaja por toda a Europa e encontra Max Bill em Zurique, em Ulm e na recente Hochschule für Gestaltung da qual Max Bill é o primeiro reitor. A partir de então, Geraldo de Barros se interessa principalmente pelo desenho industrial.

Durante sua estadia na Europa, realiza uma segunda série de fotografias abstratas. Longe do laboratório, elas refletem o tema da viagem através de uma orientação mais arquitetônica, revelando a descoberta de formas e materiais novos e forte influência das tendências puristas e gráficas da fotografia européia dos anos 50.

De volta ao Brasil, Geraldo de Barros é um dos fundadores do "Grupo Ruptura", movimento brasileiro de arte concreta cuja existência legitima também uma prática da qual ele foi um pioneiro talentoso e criativo. A partir daí, abandona durante quarenta anos a fotografia, campo que com toda a certeza ele inovou, para produzir uma obra particularmente original, sozinho no Brasil moderno do pós-guerra, mas em nada isolado das grandes correntes internacionais da arte moderna.

Tradução do francês por
Cecilia Leuenberger

1 Ver Hans Frei, Karin Gimmi, Stanislas von Moos, *Minimal Tradition, Max Bill und die "einfache" Architektur 1942–96*, XIX Triennale de Milan, Bern 1996

Während seines Europaaufenthalts realisiert de Barros eine zweite Serie mit abstrakten Fotos. Fernab vom Fotolabor spiegeln sie durch ihre architektonische Ausrichtung das Thema Reise wider, enthüllen die Entdeckung neuer Formen und Materialien und lassen den unmittelbaren Einfluß puristischer und grafischer Tendenzen der europäischen Fotografie der fünfziger Jahre erkennen.

Bei seiner Rückkehr nach Brasilien wird de Barros zum Mitbegründer des ›Grupo Ruptura‹, der eine brasilianische Spielart der Konkreten Kunst vertritt, für die er Pionier gewesen ist. Von diesem Moment an verabschiedet sich de Barros fast vierzig Jahre lang von der Fotografie, einem Medium, in dem er ein höchst originelles Œuvre geschaffen hat, das im modernen Brasilien der Nachkriegszeit seinesgleichen sucht, ohne von den internationalen Strömungen der modernen Kunst abgeschnitten zu sein.

Übersetzung aus dem Französischen
von Nikolaus G. Schneider

1 Vgl. Hans Frei, Karin Gimmi, Stanislas von Moos, *Minimal Tradition, Max Bill und die ›einfache‹ Architektur 1942–96*, XIX. Triennale Mailand, Bern 1996.

Fotoformas

1946–1951

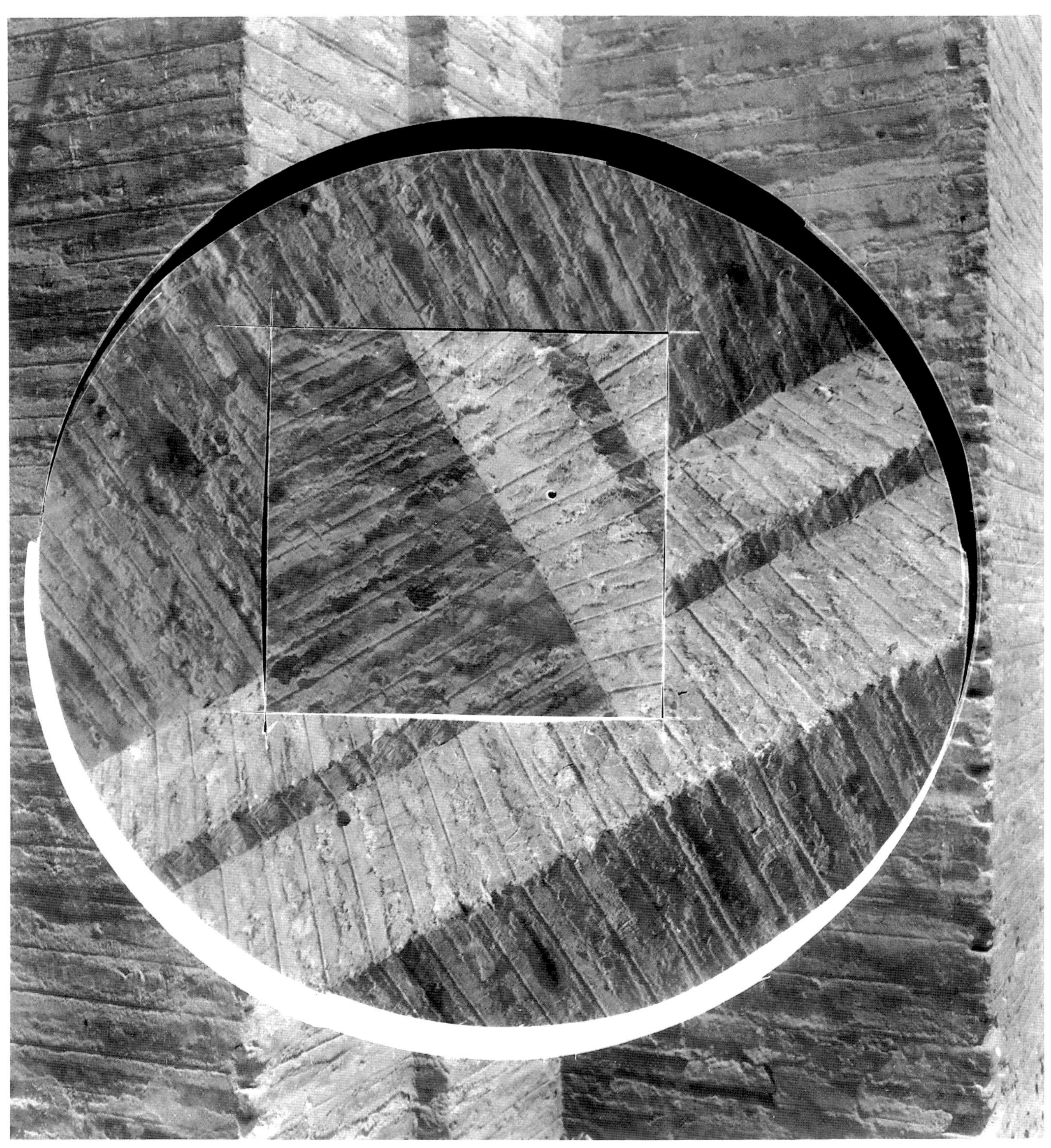

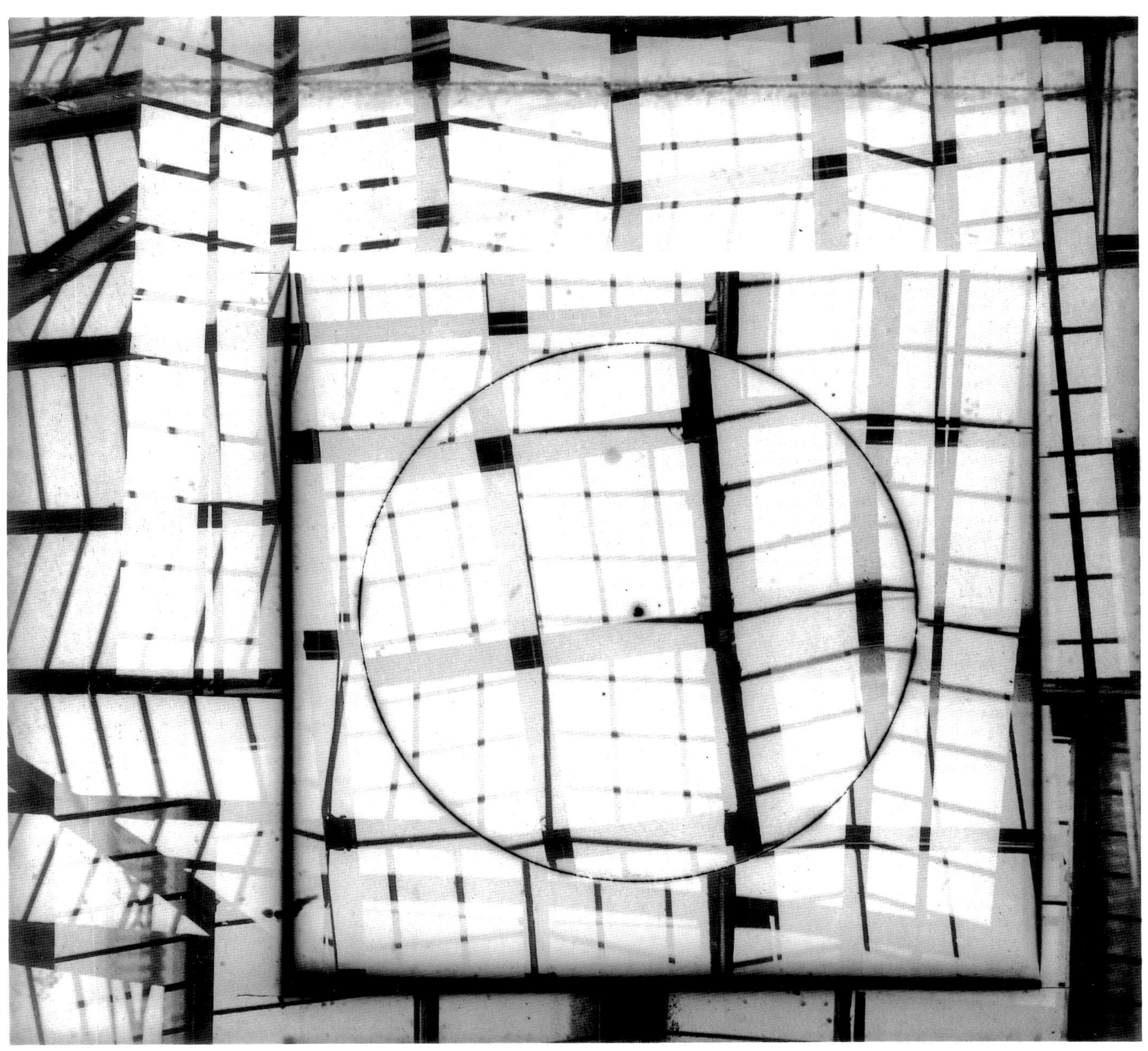

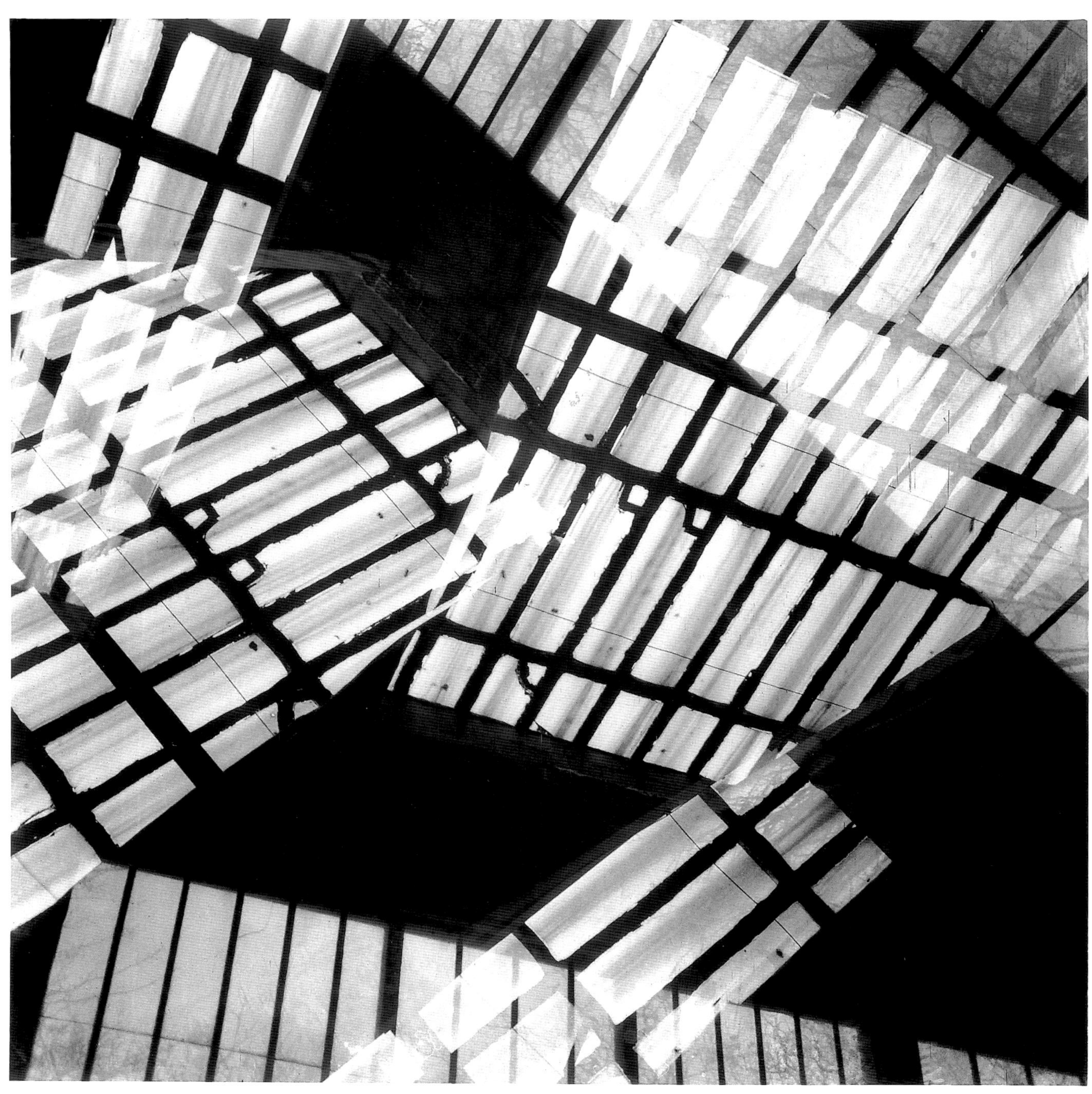

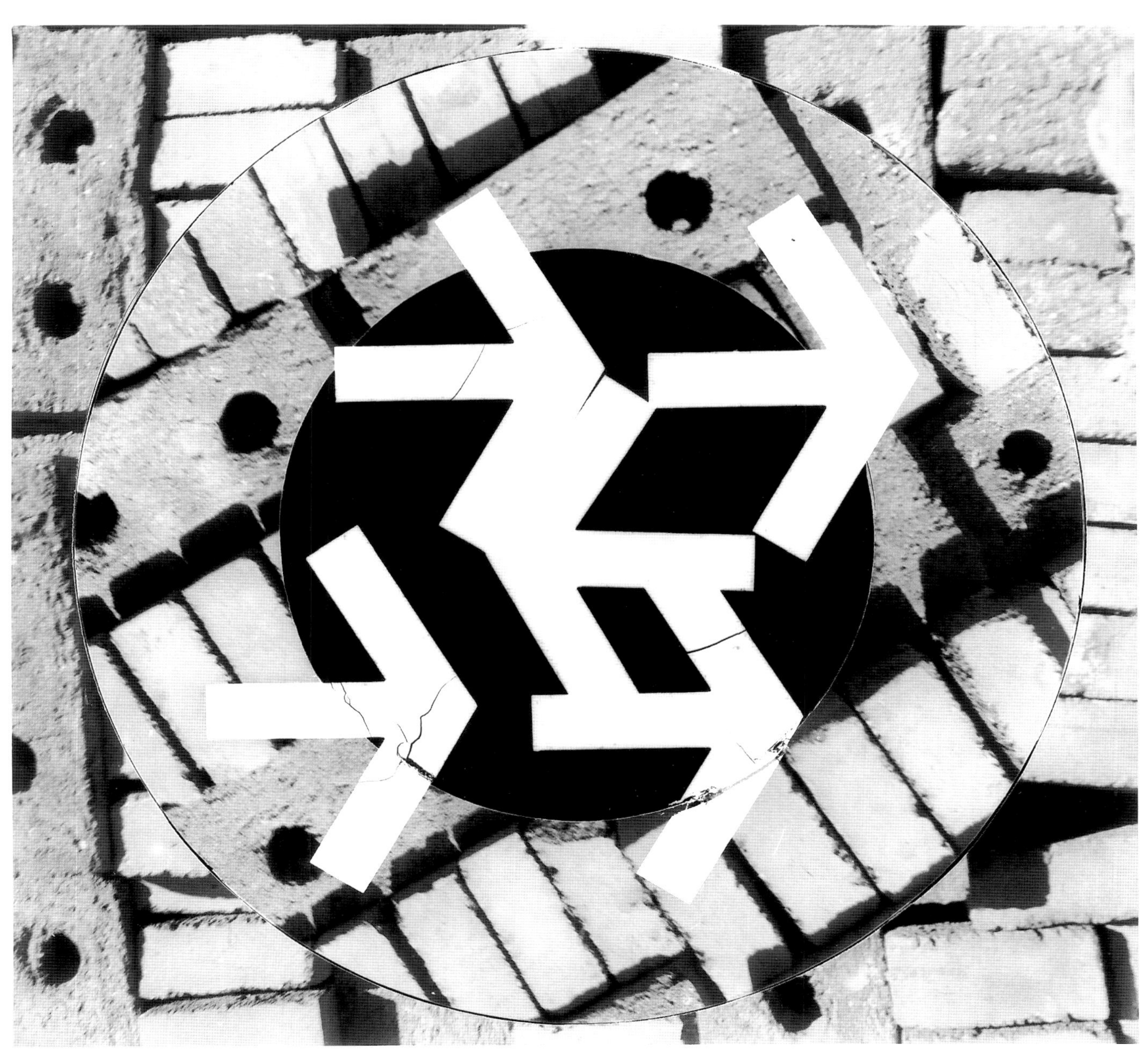

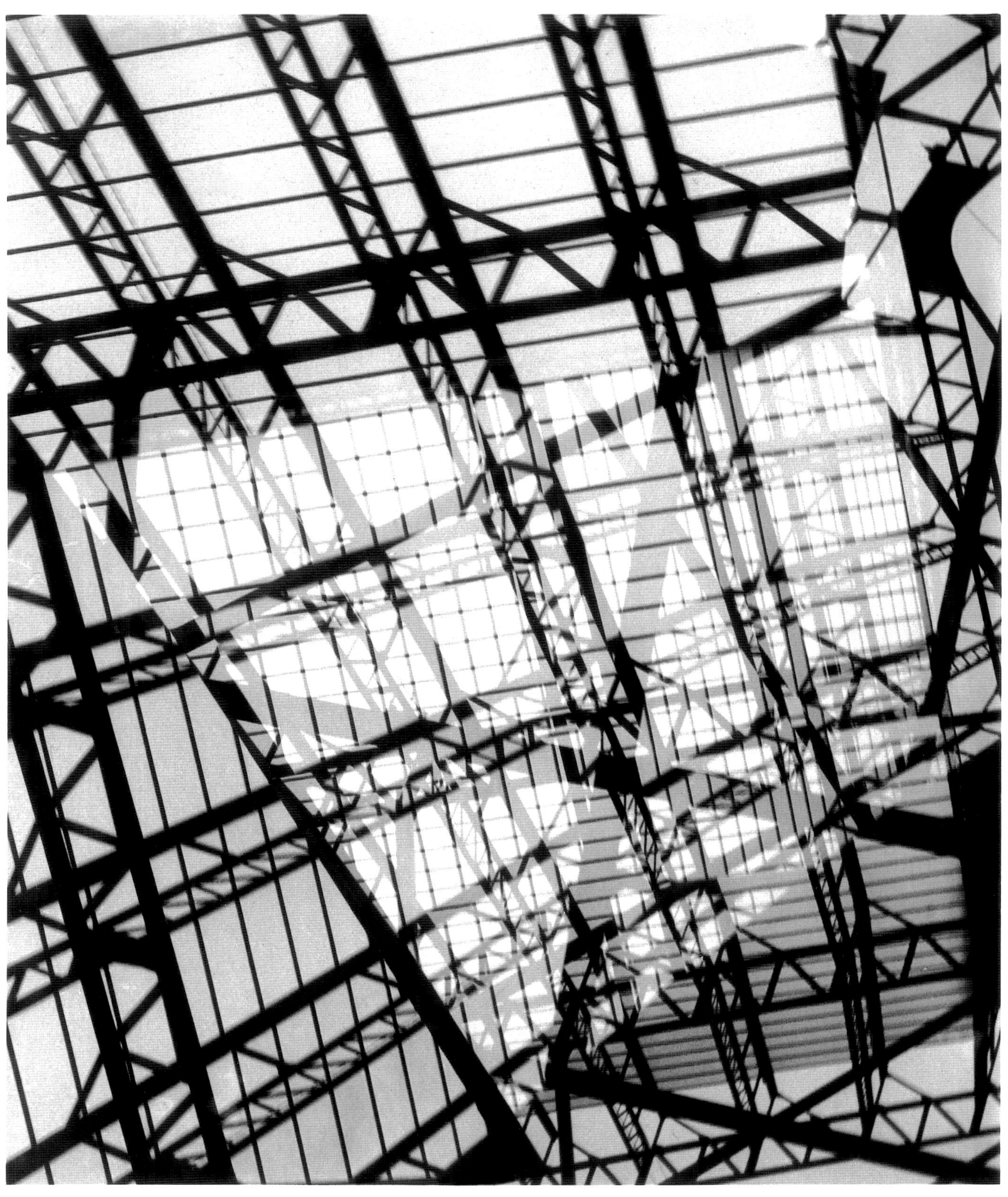

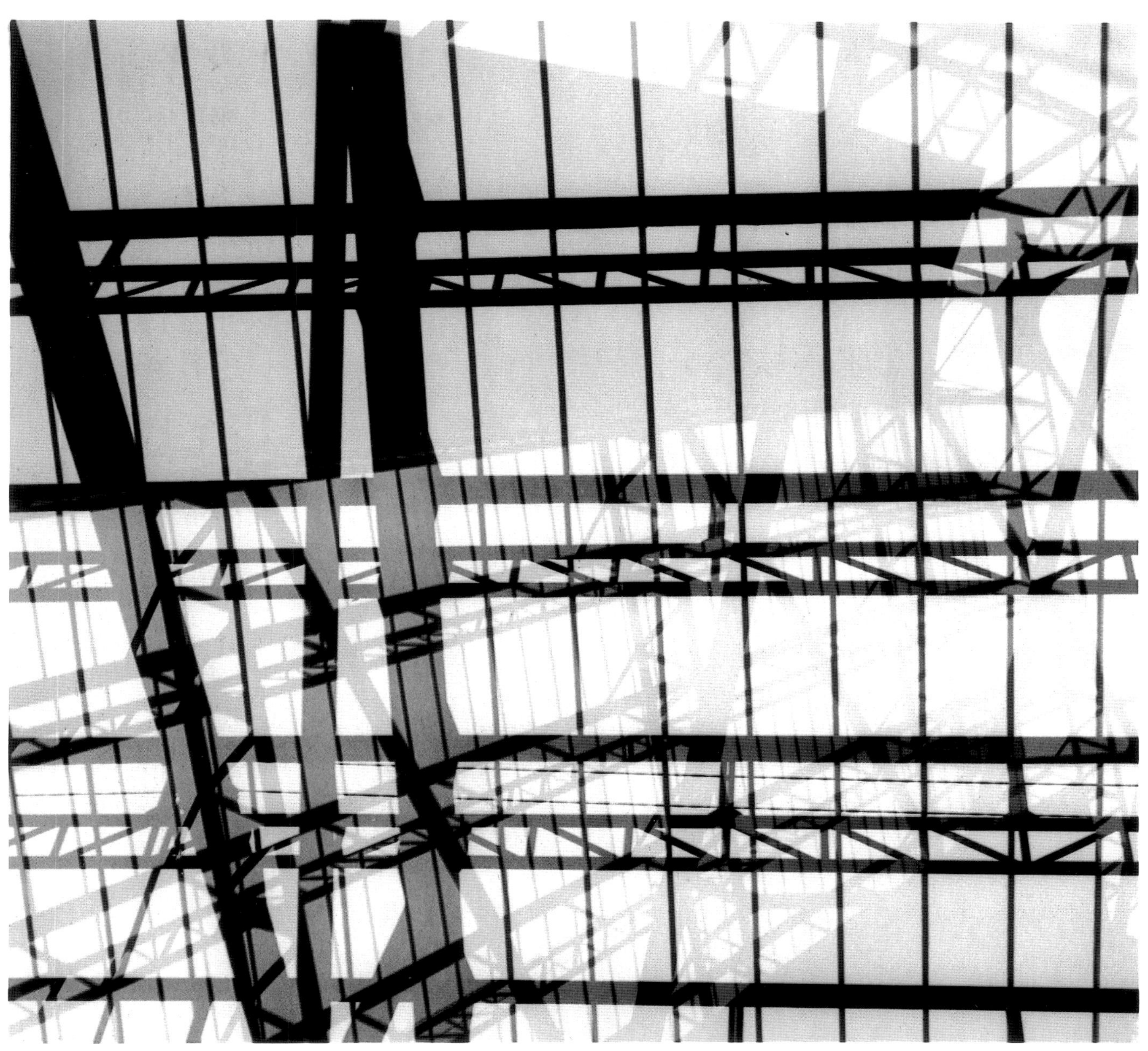

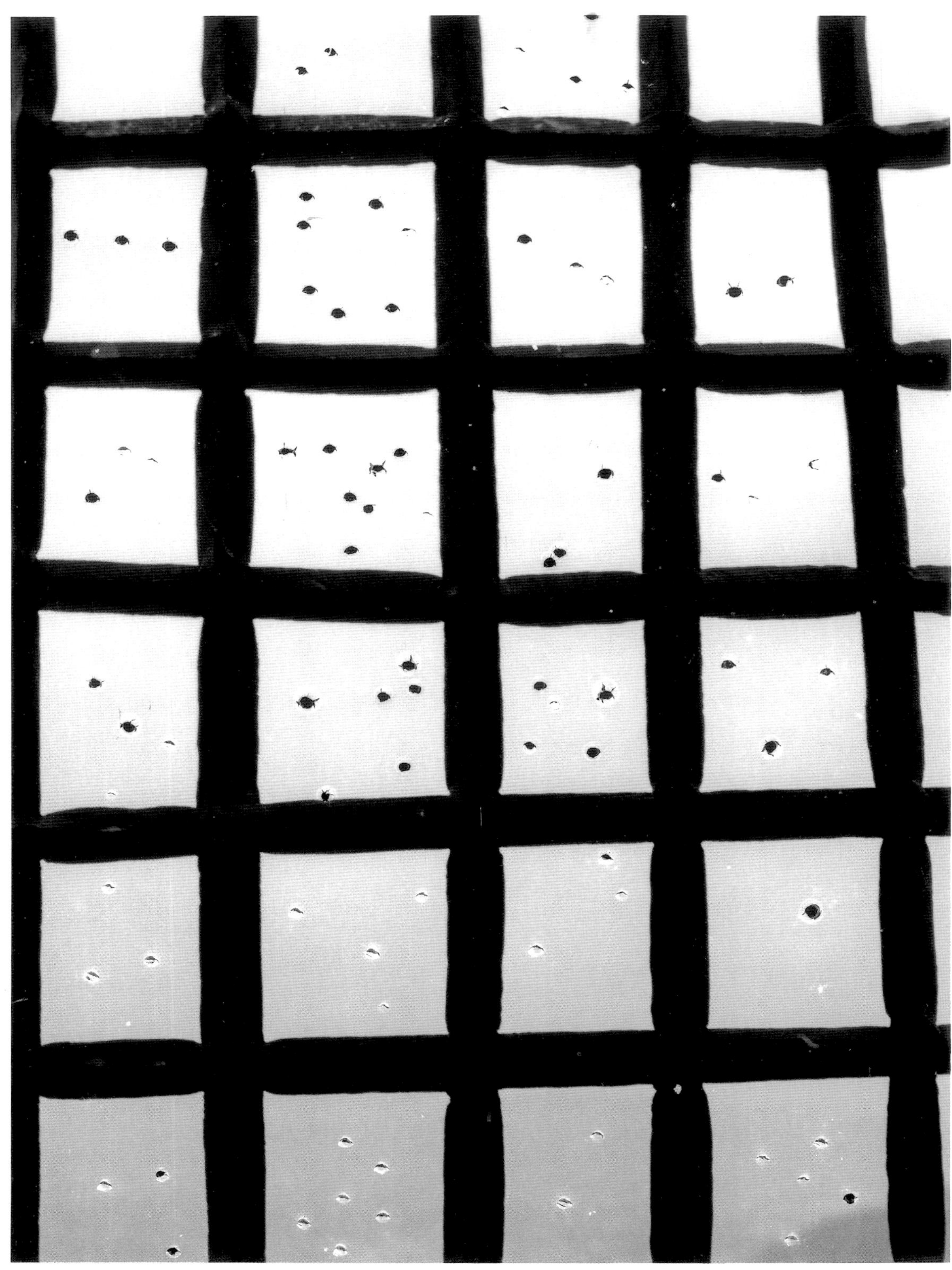

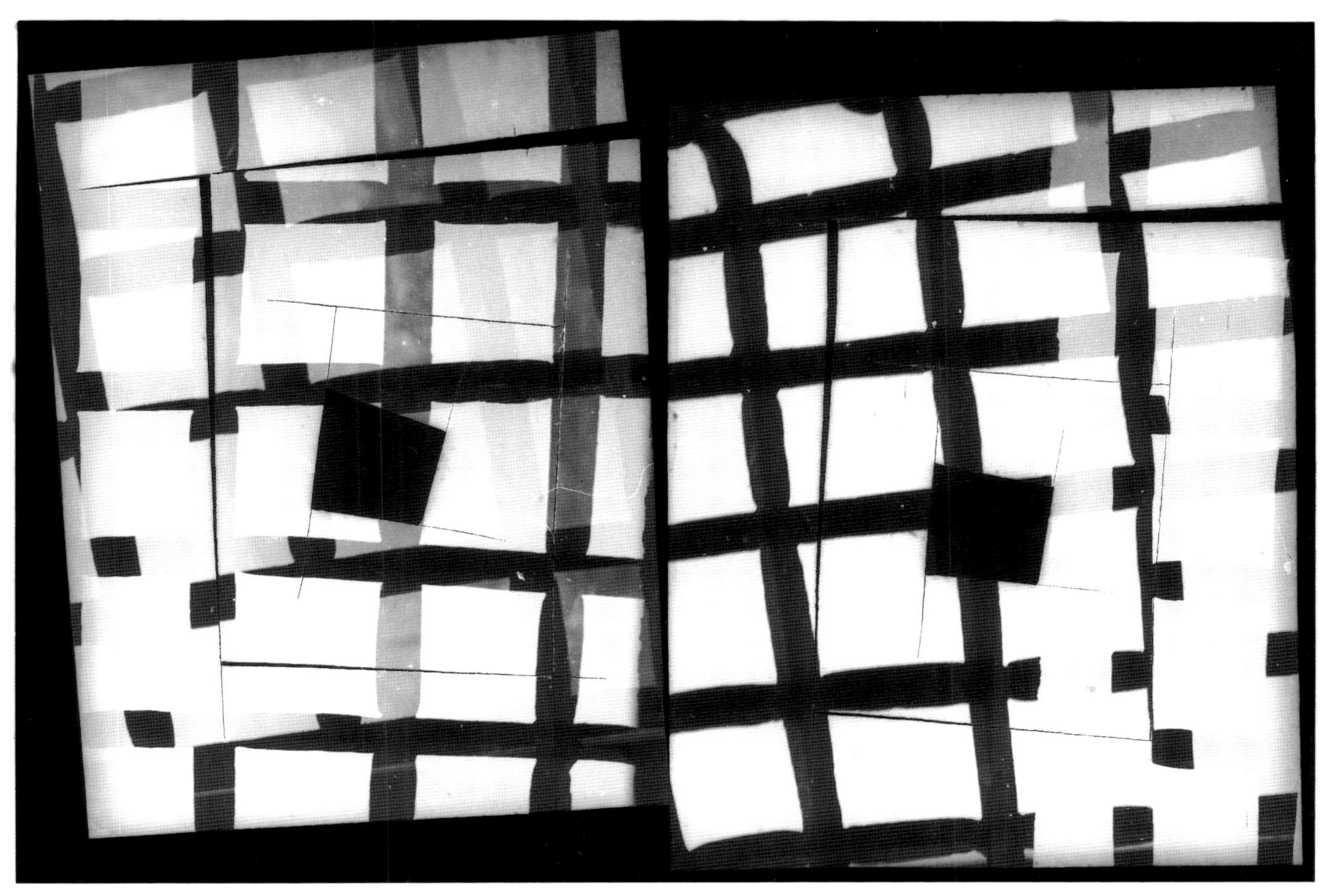

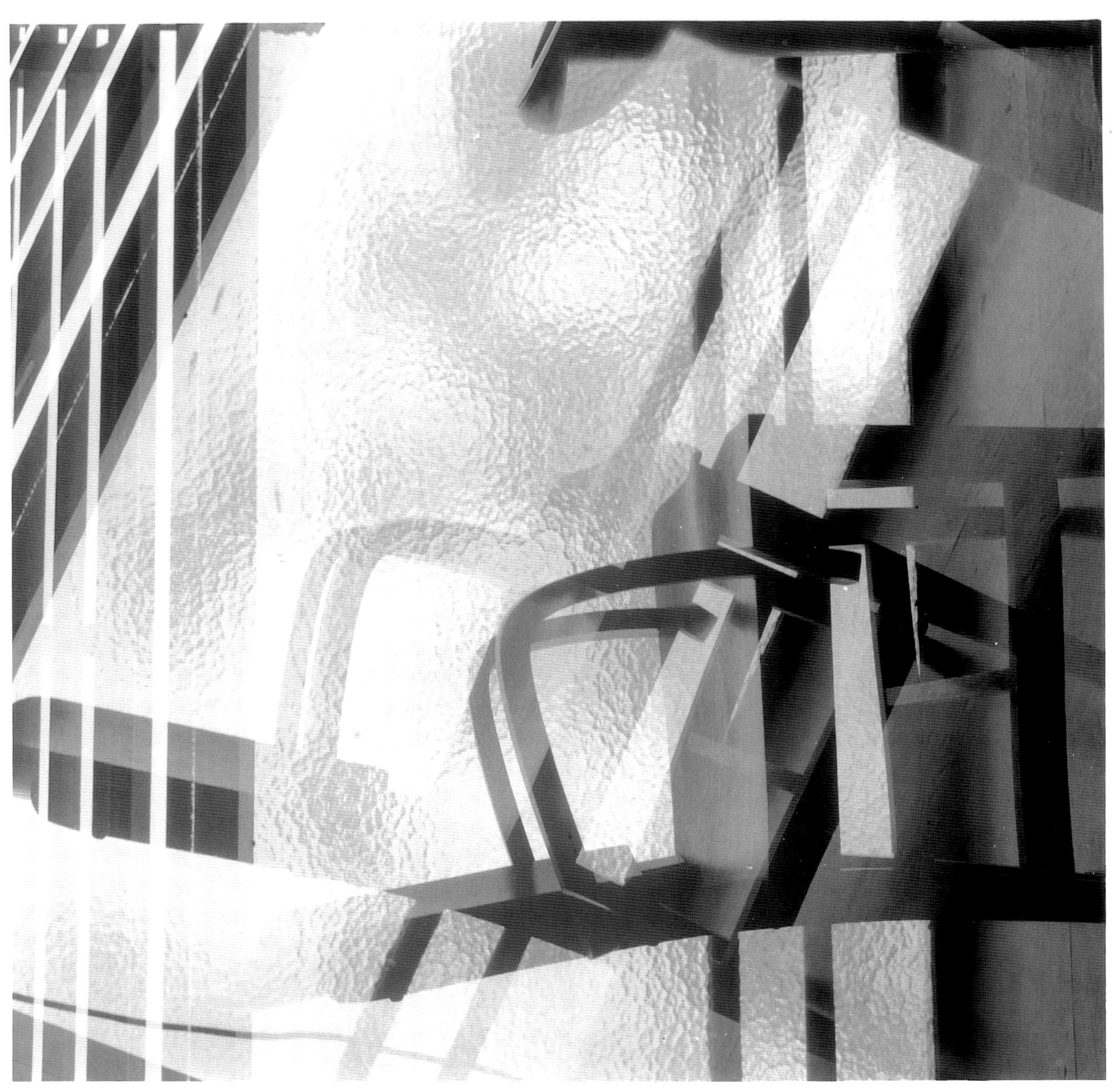

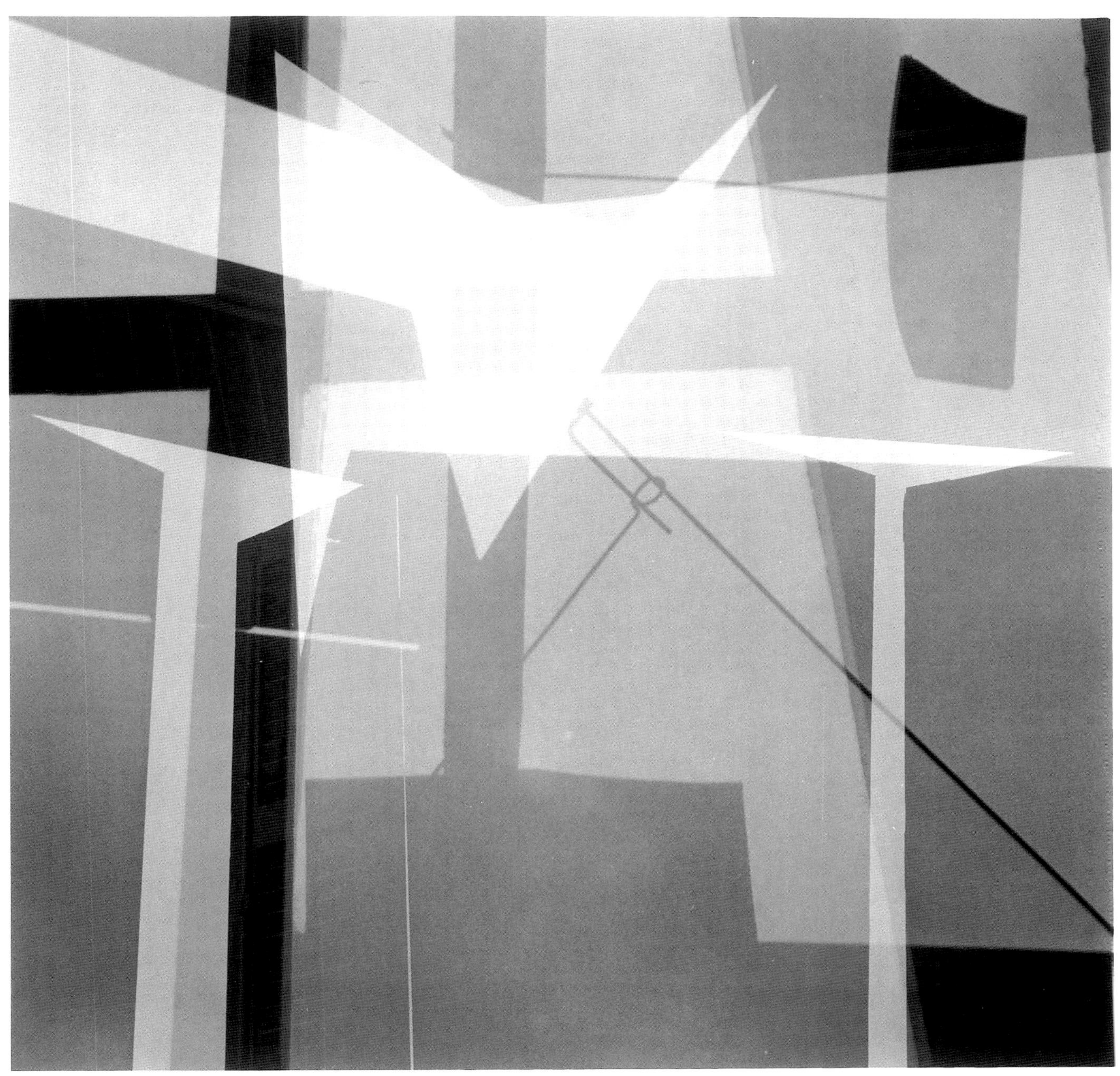

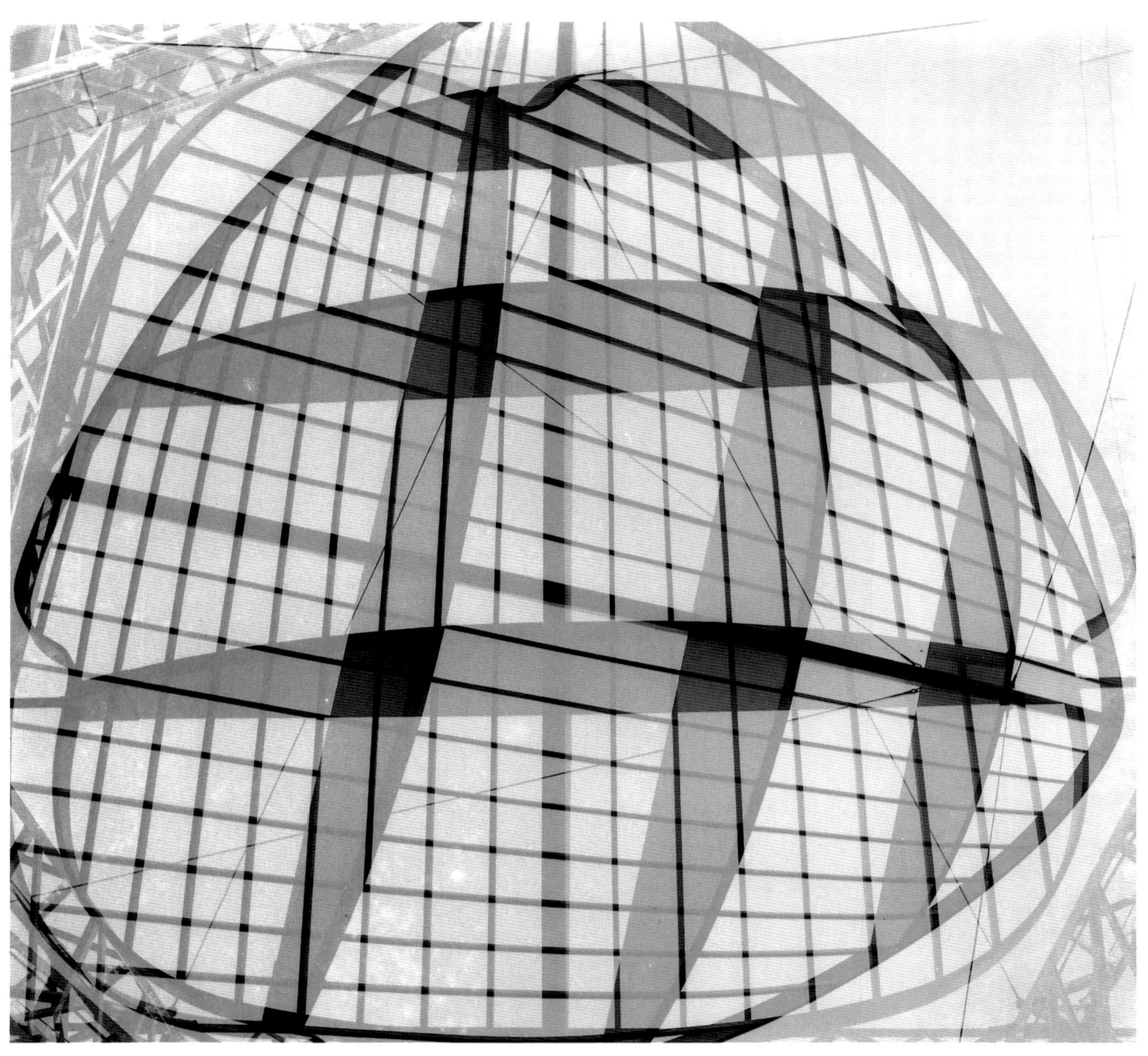

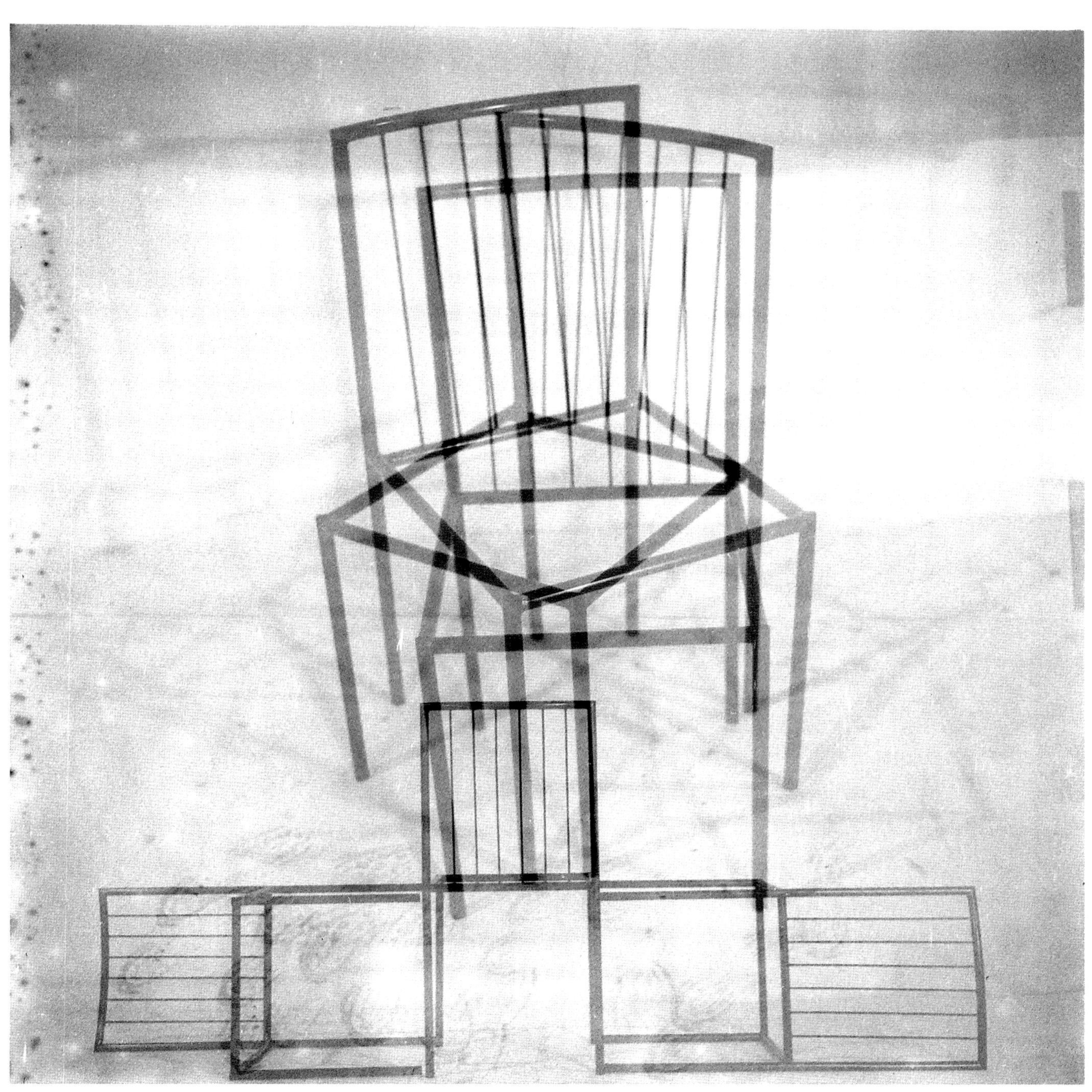

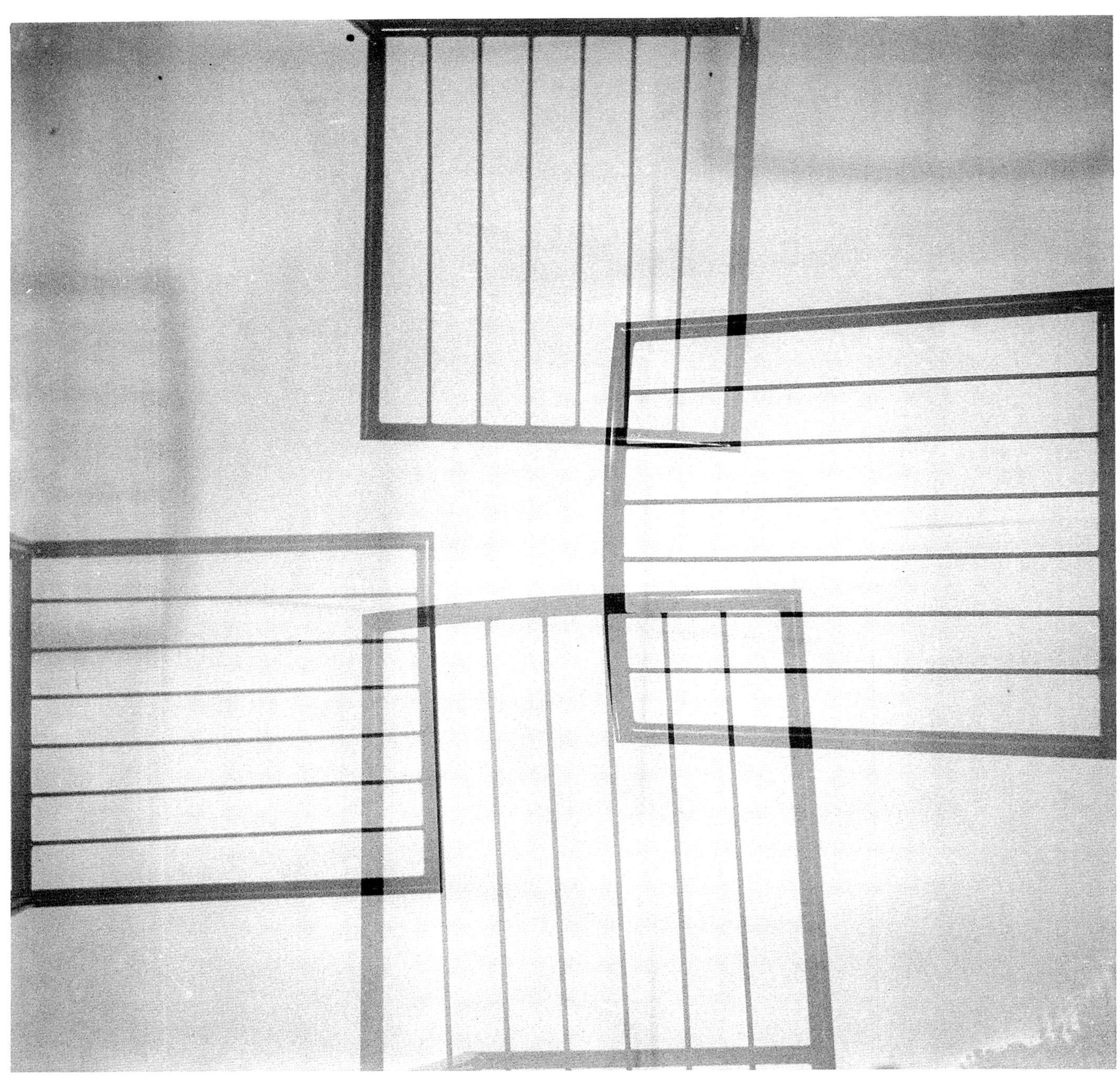

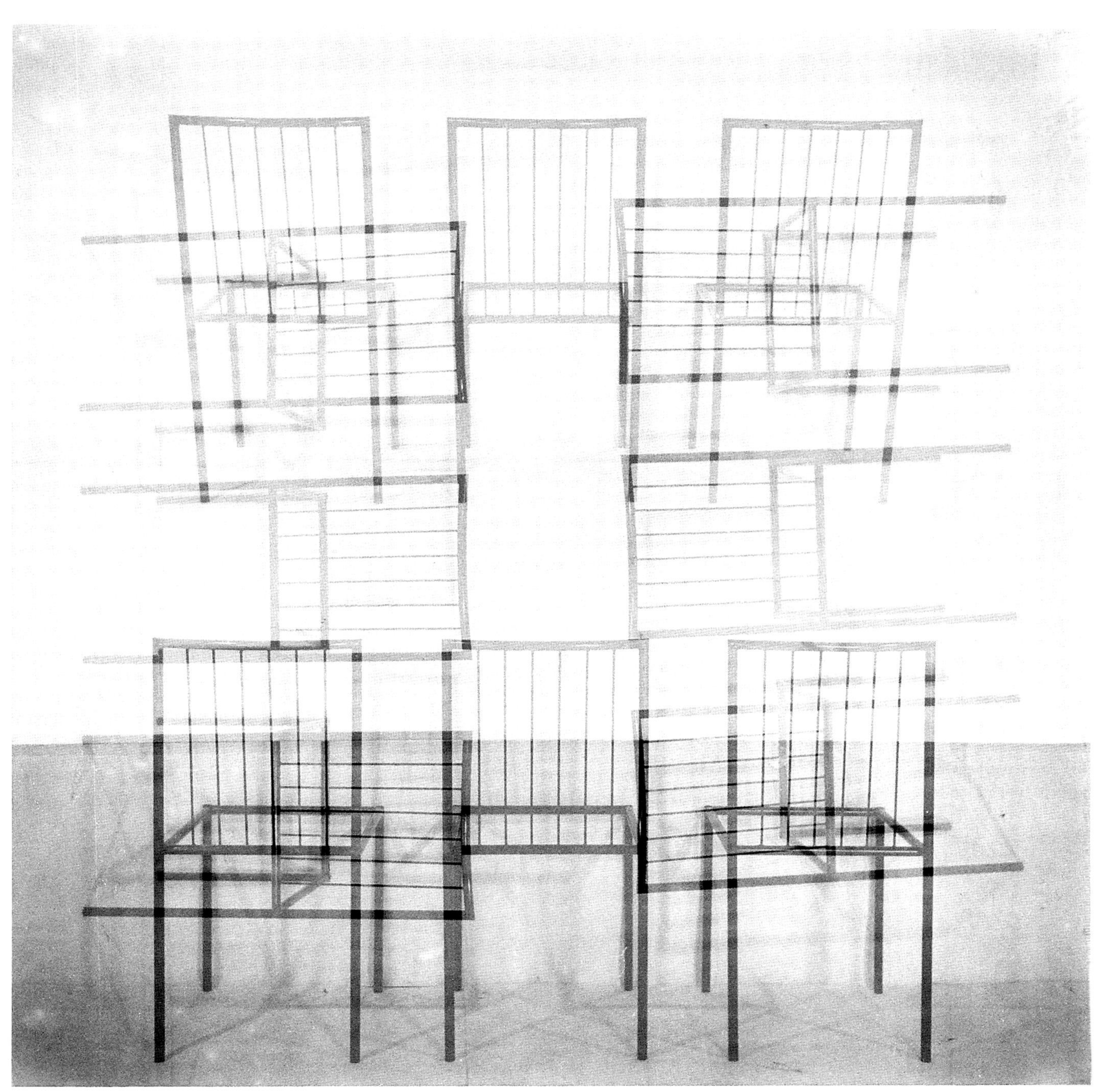

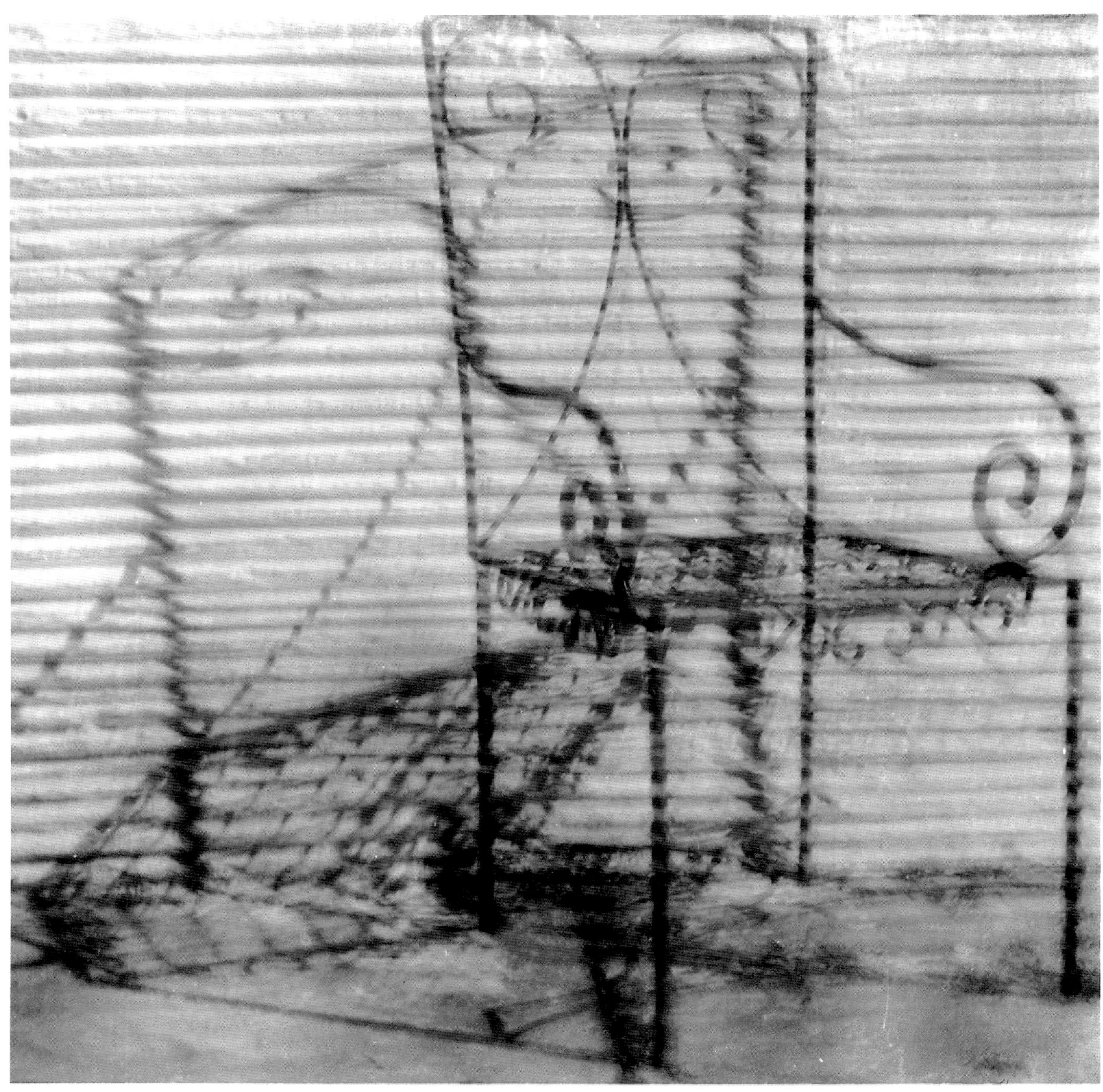

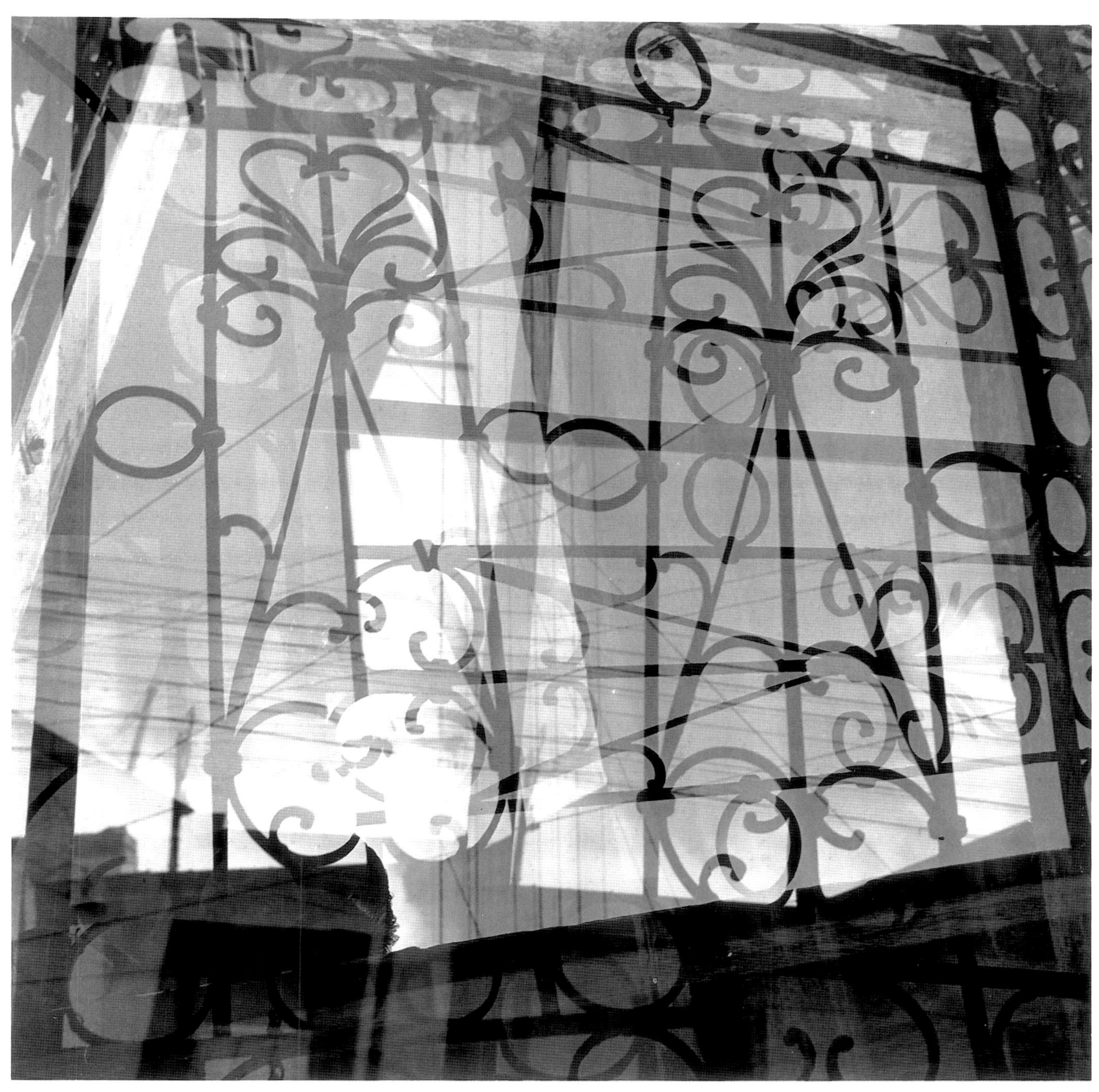

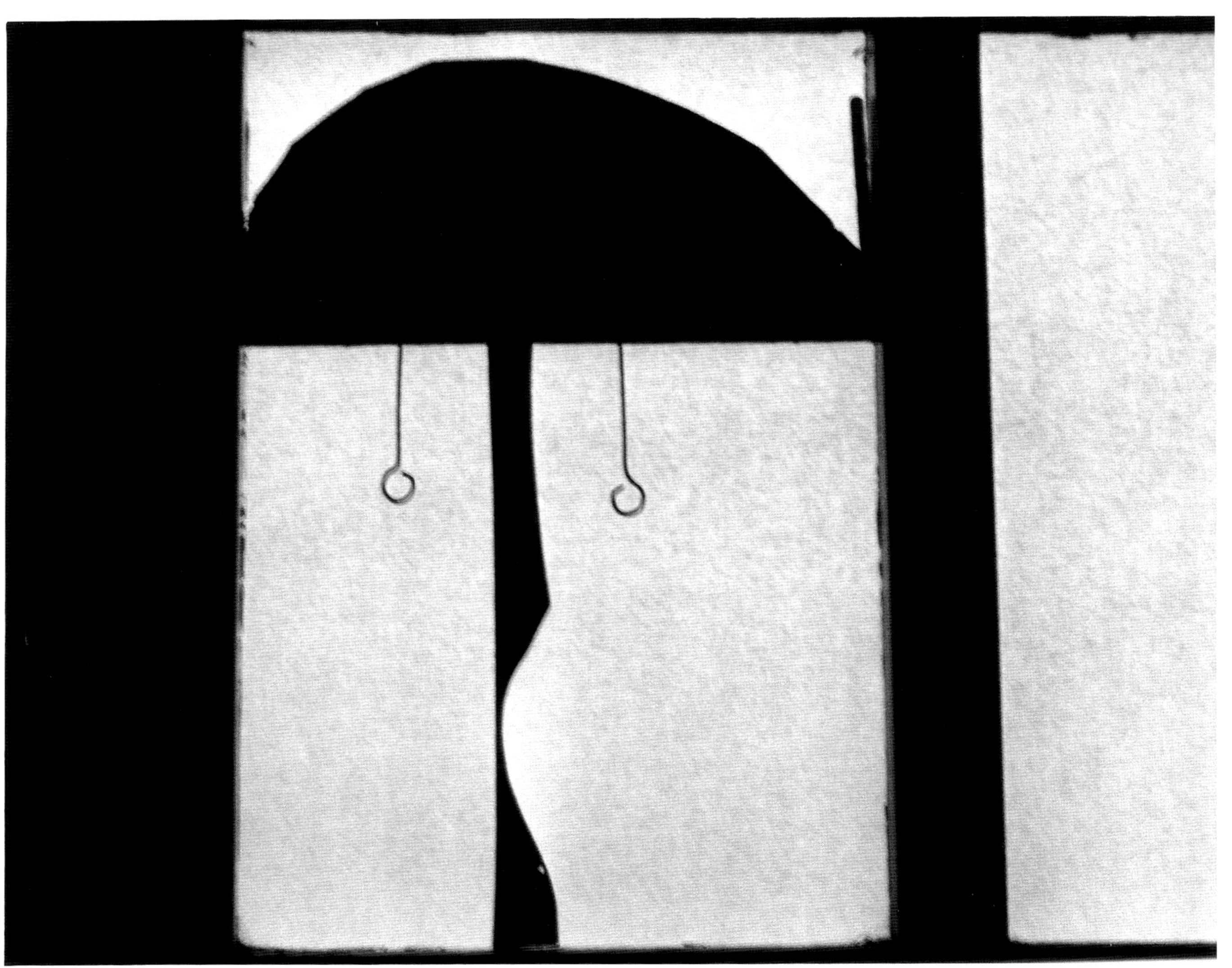

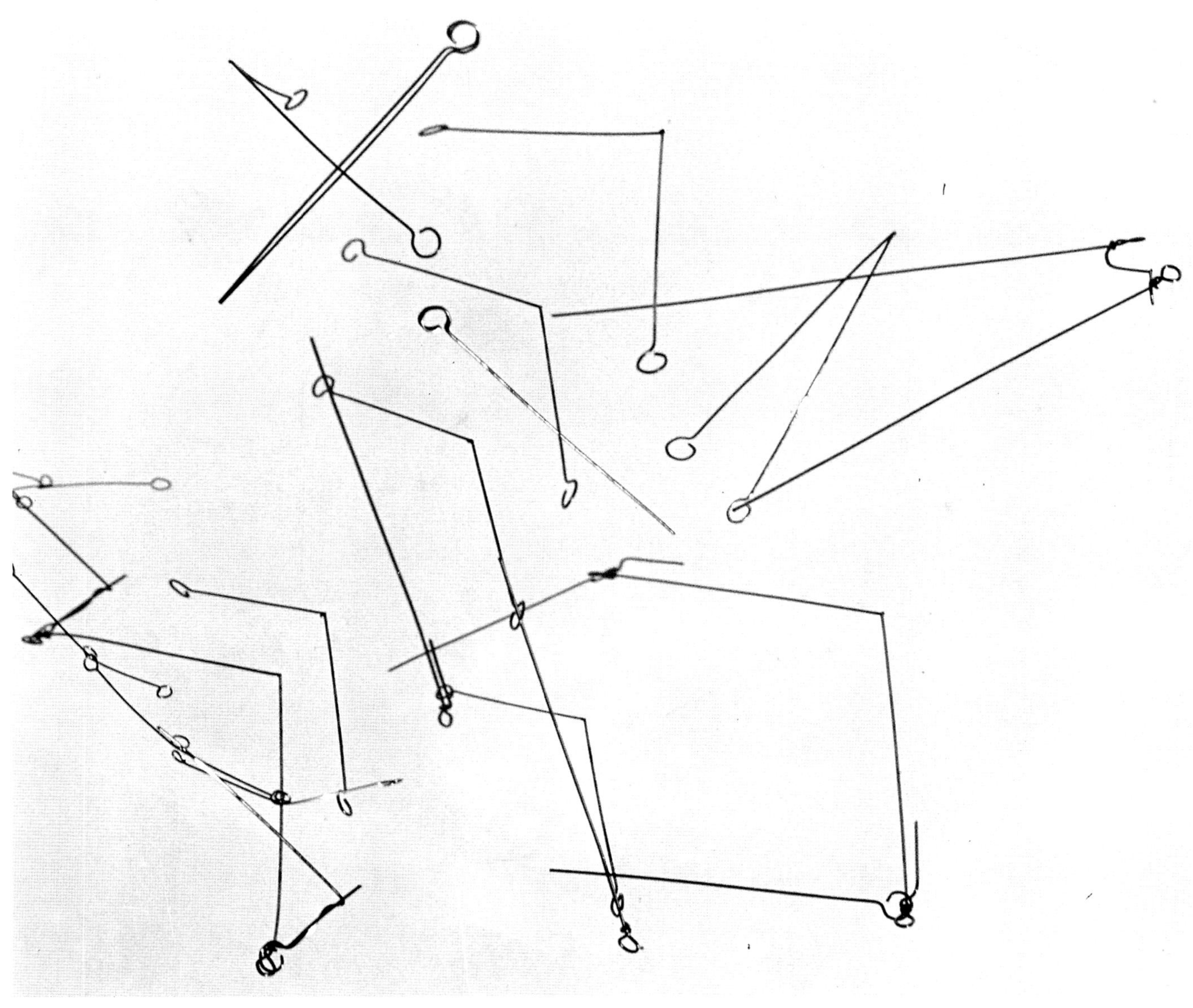

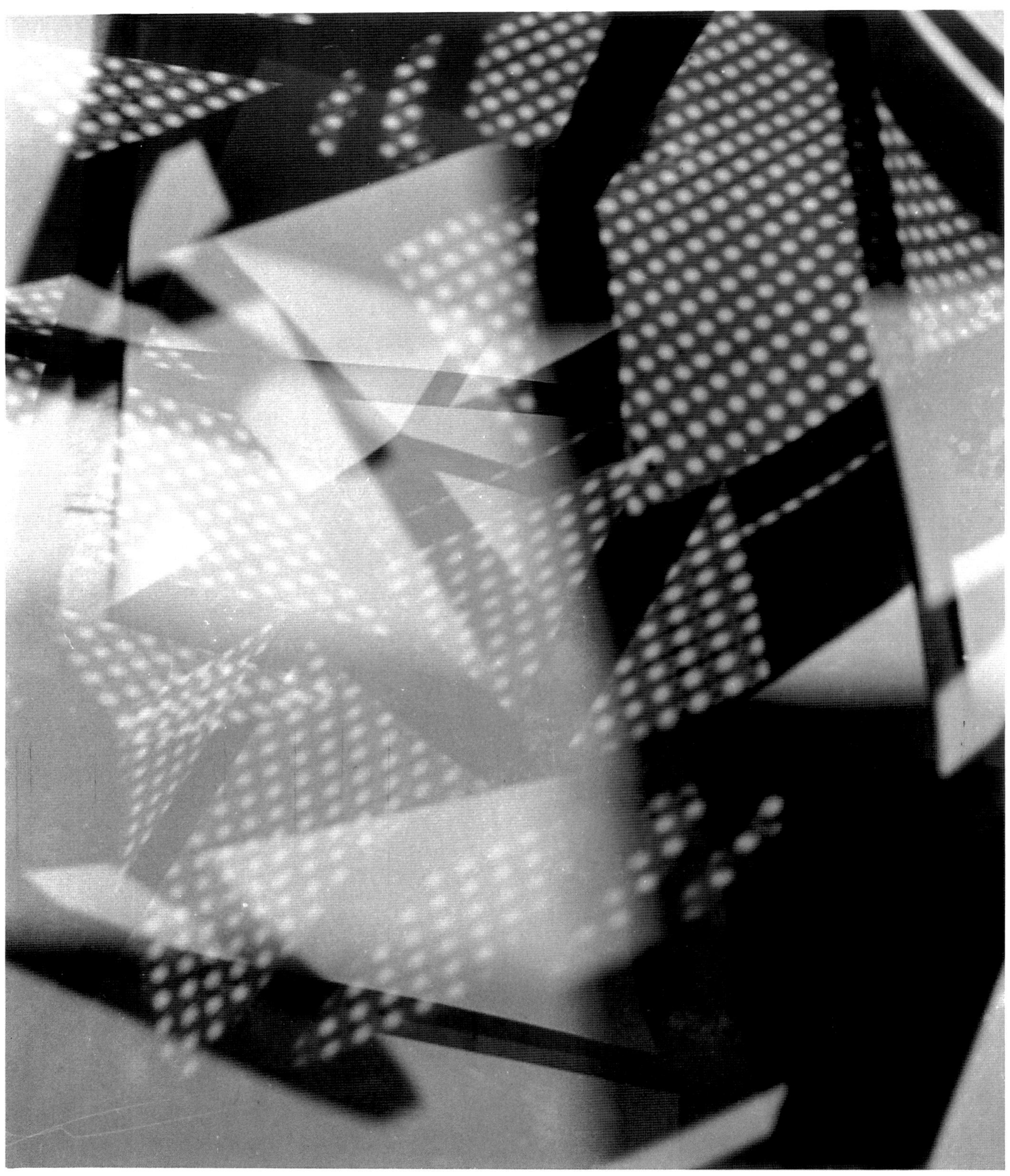

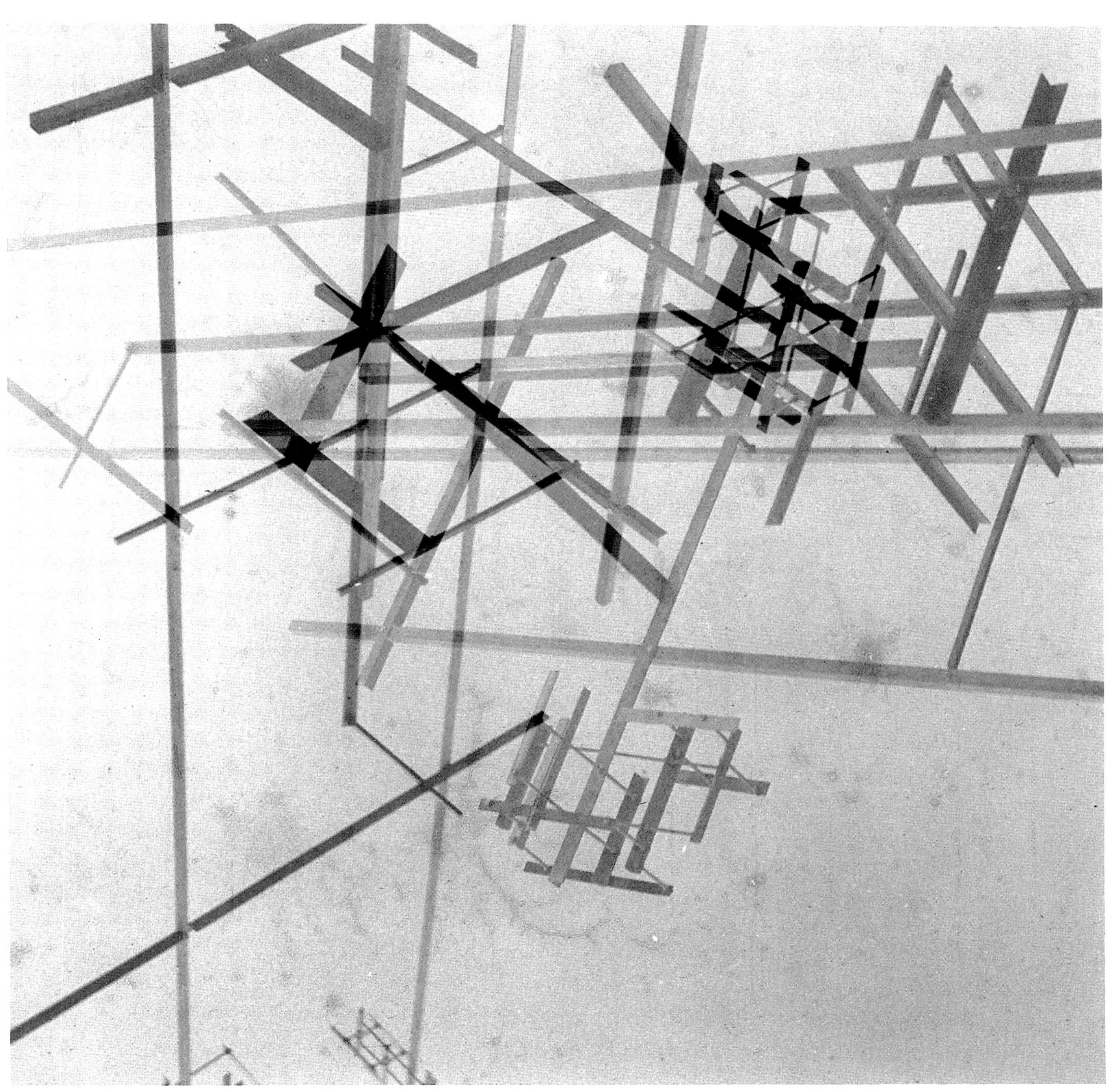

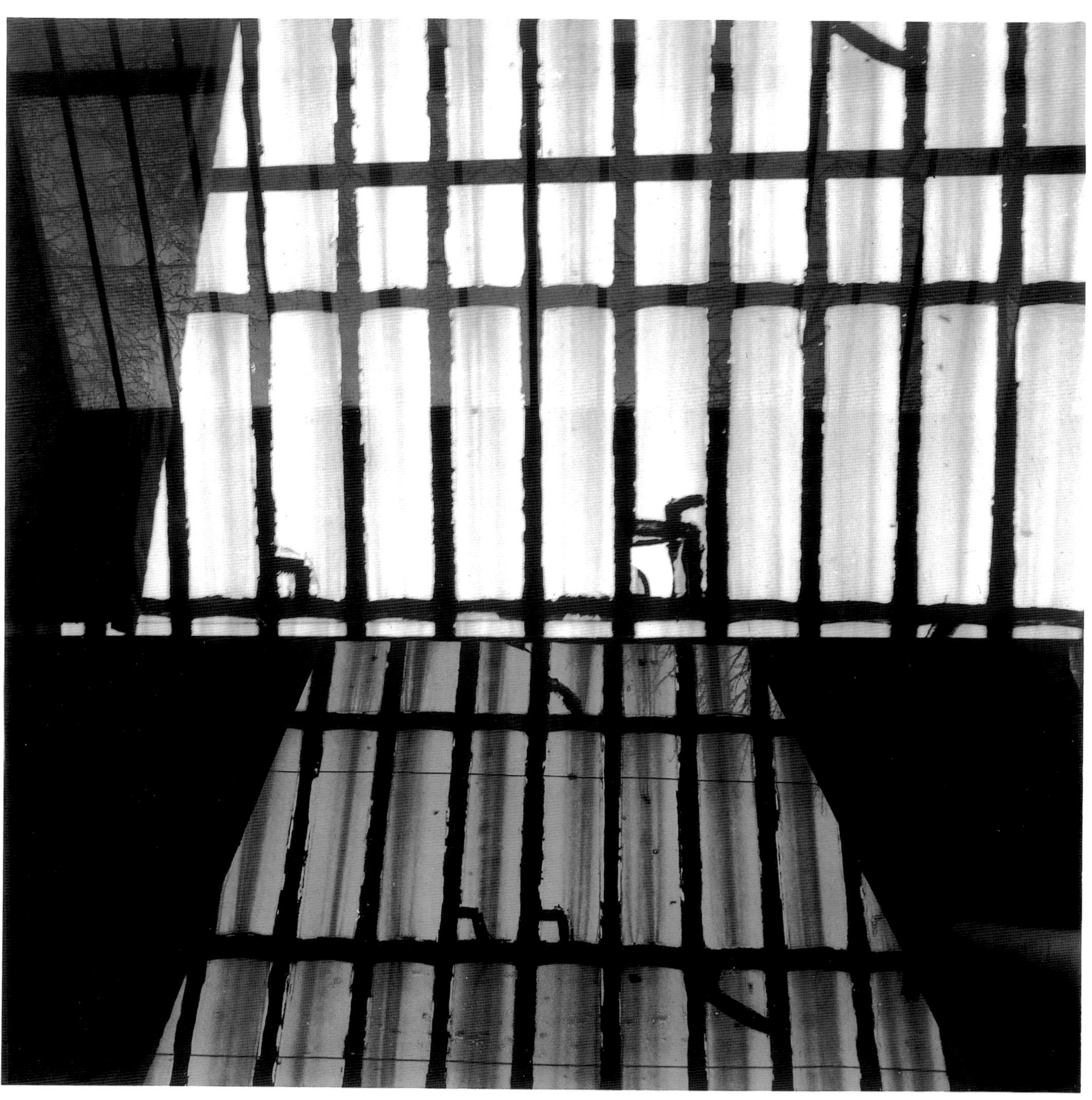

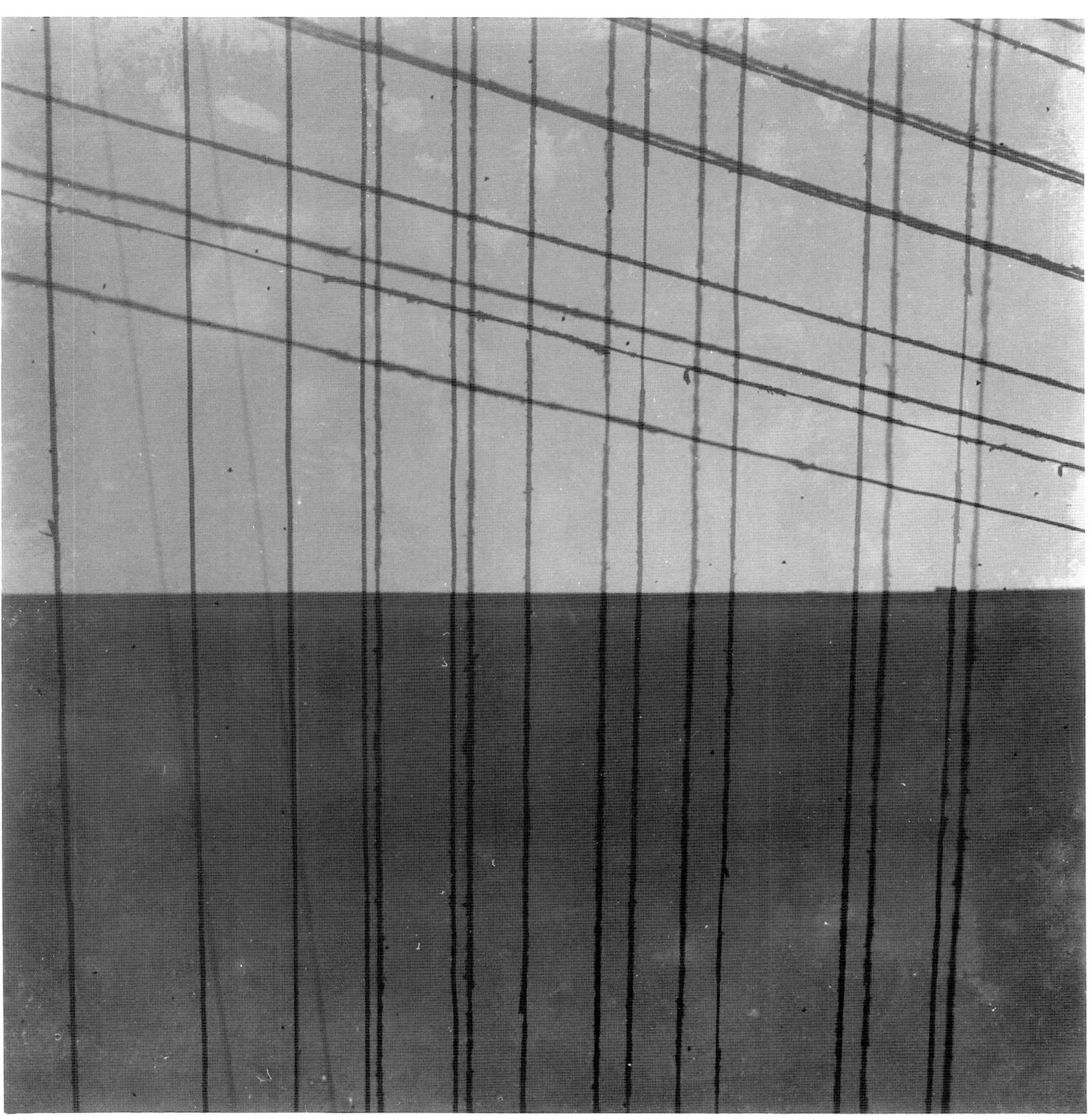

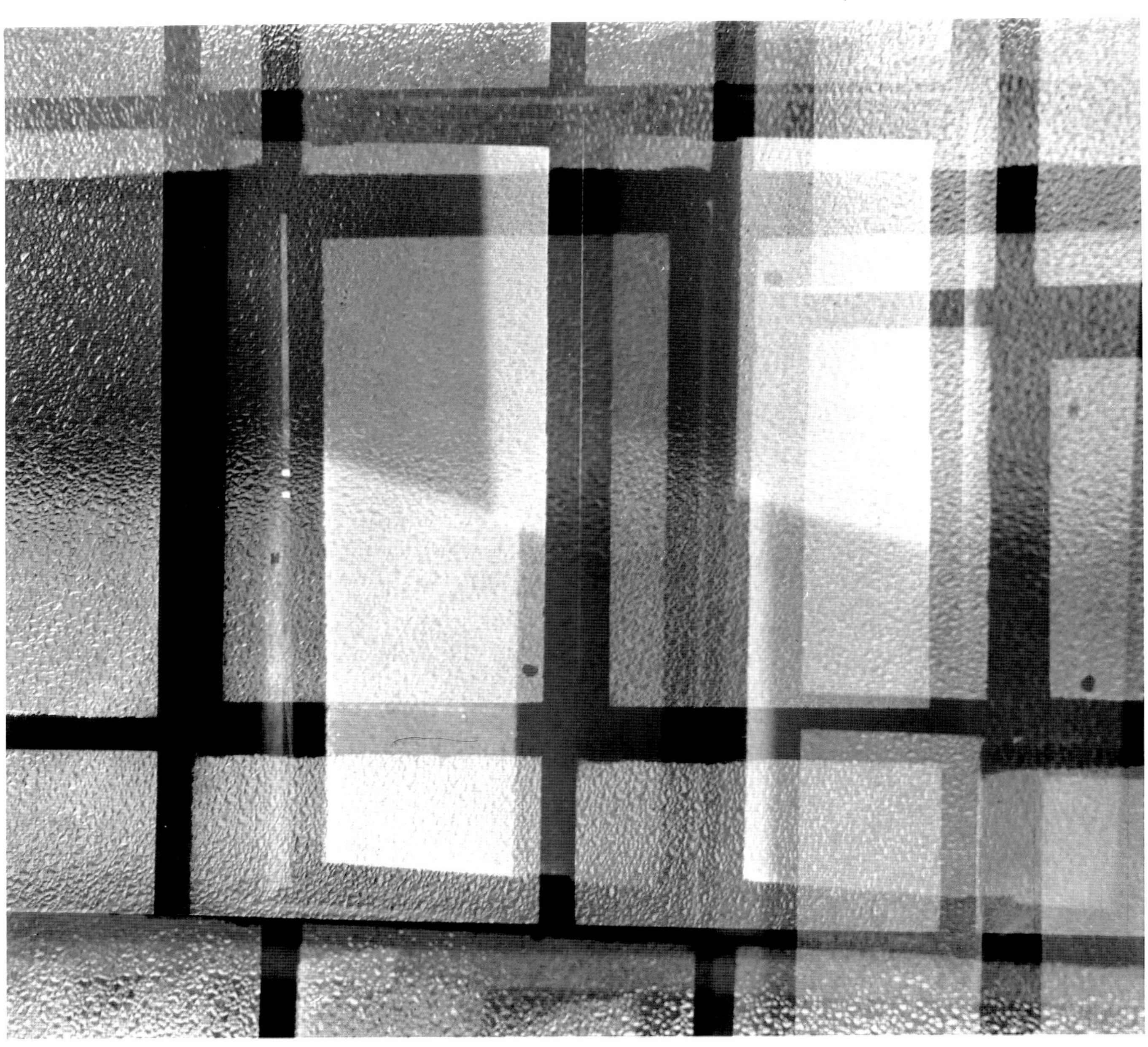

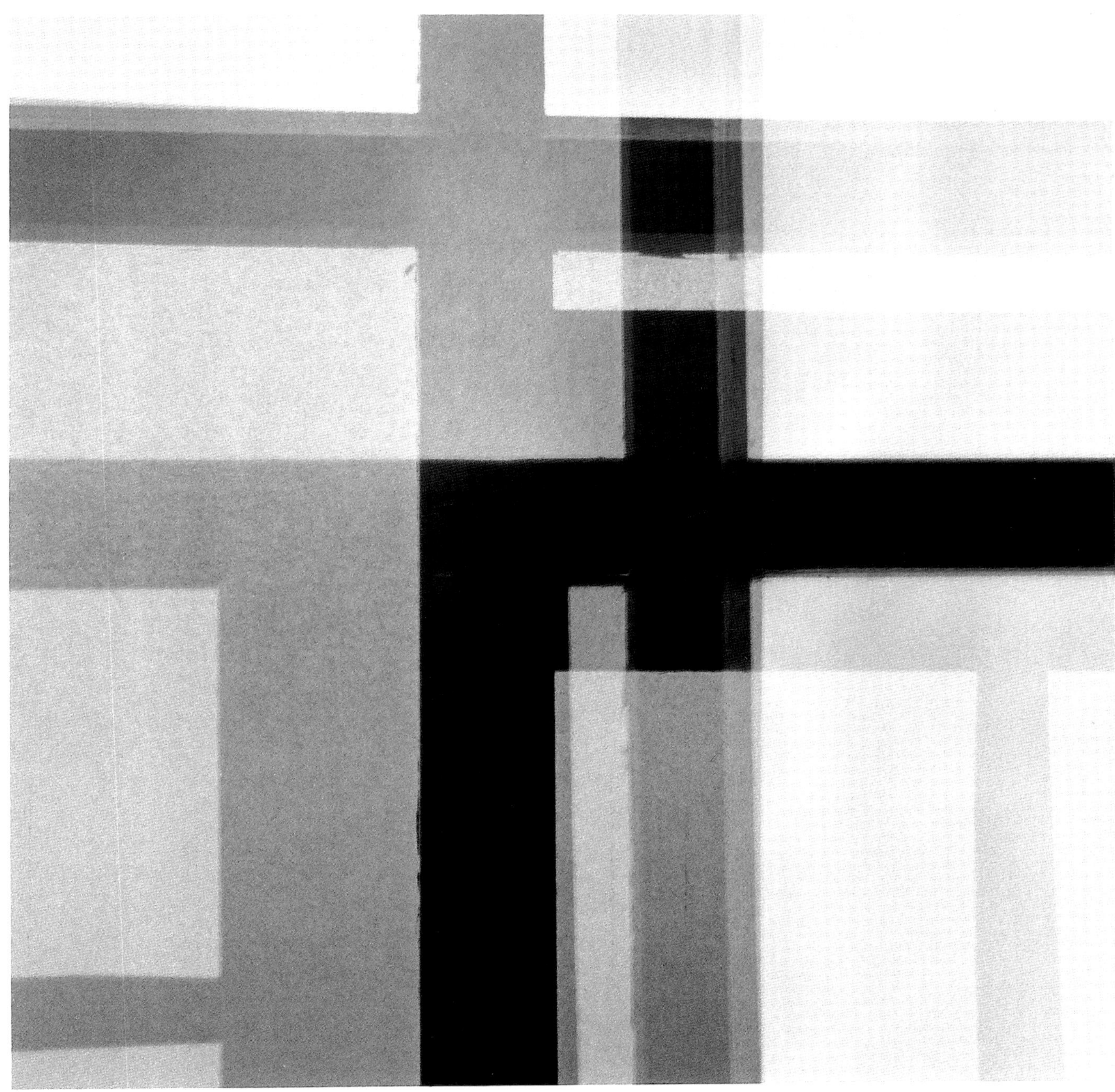

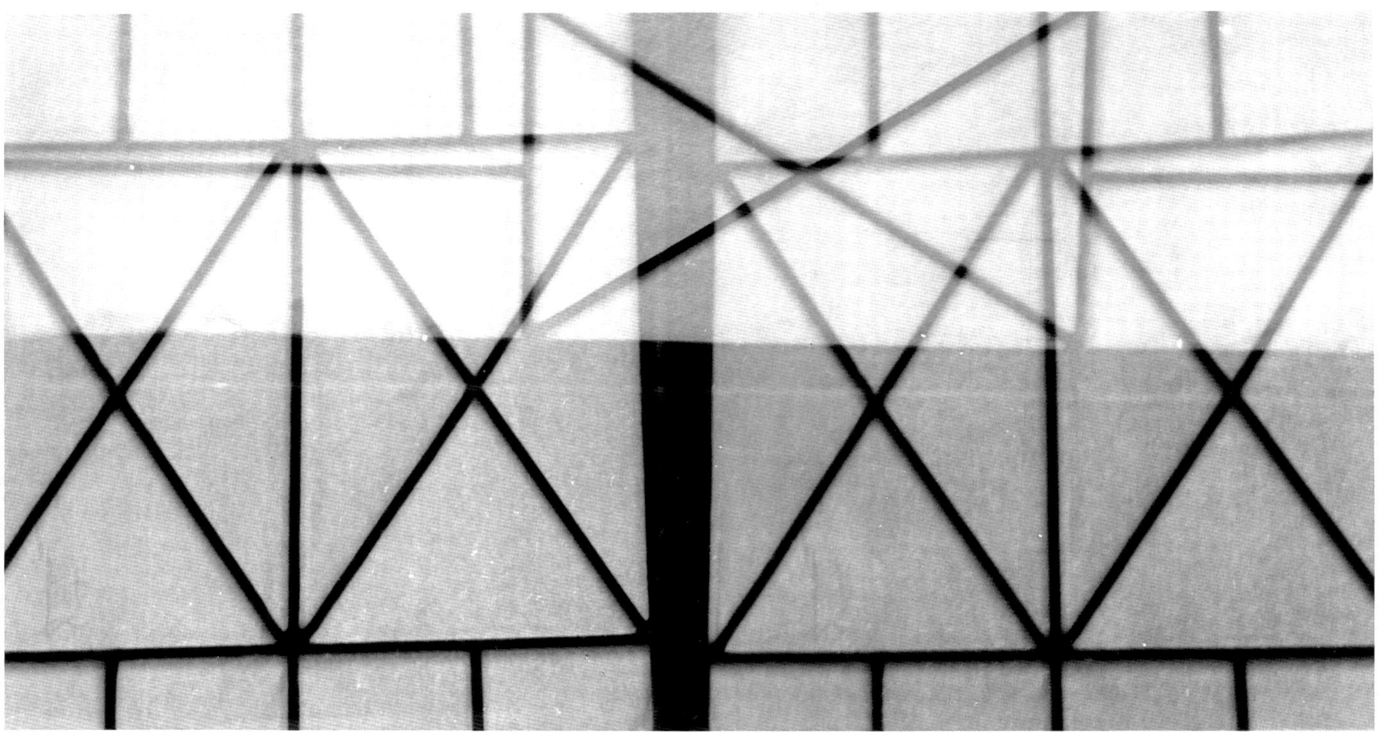

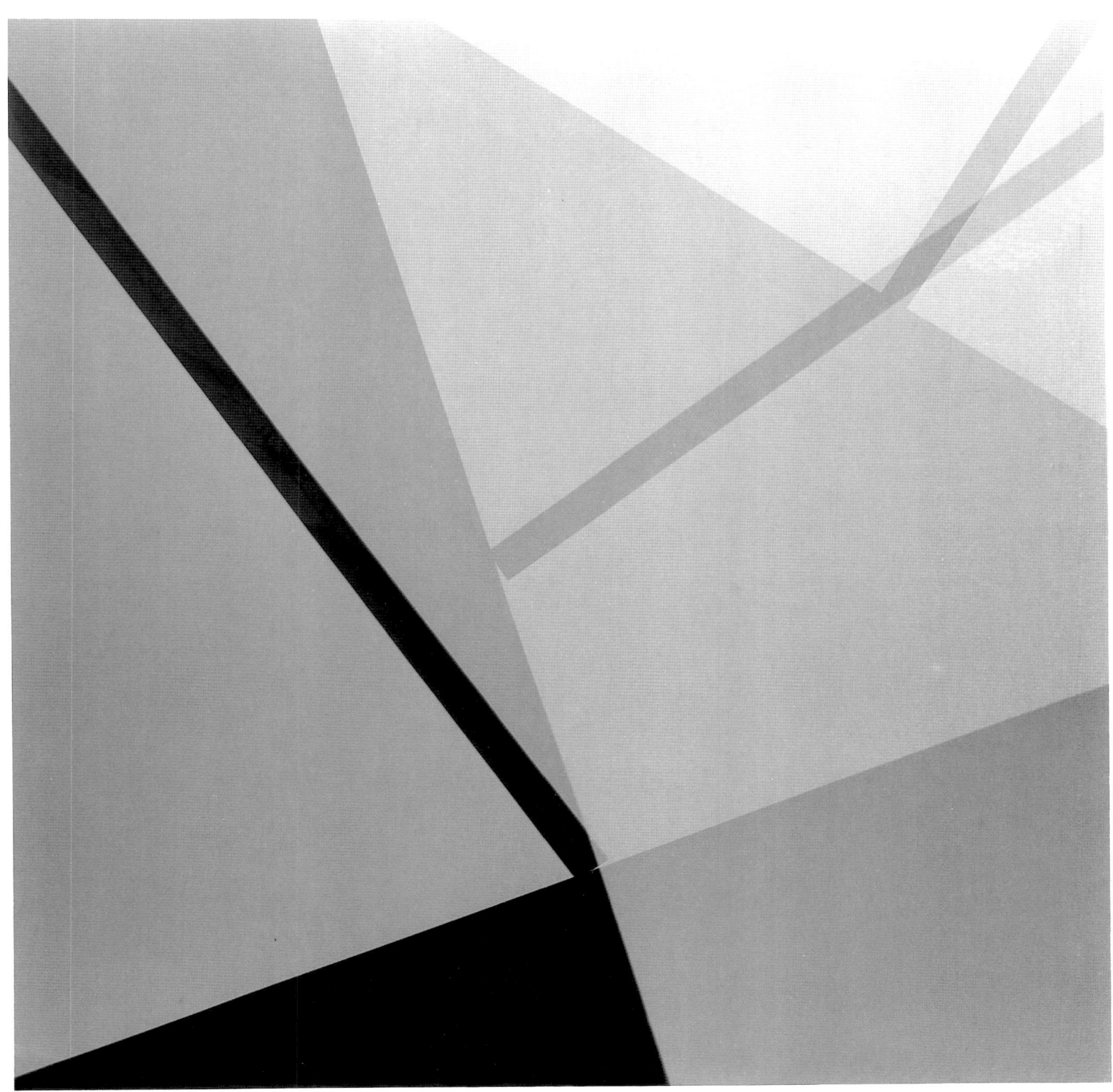

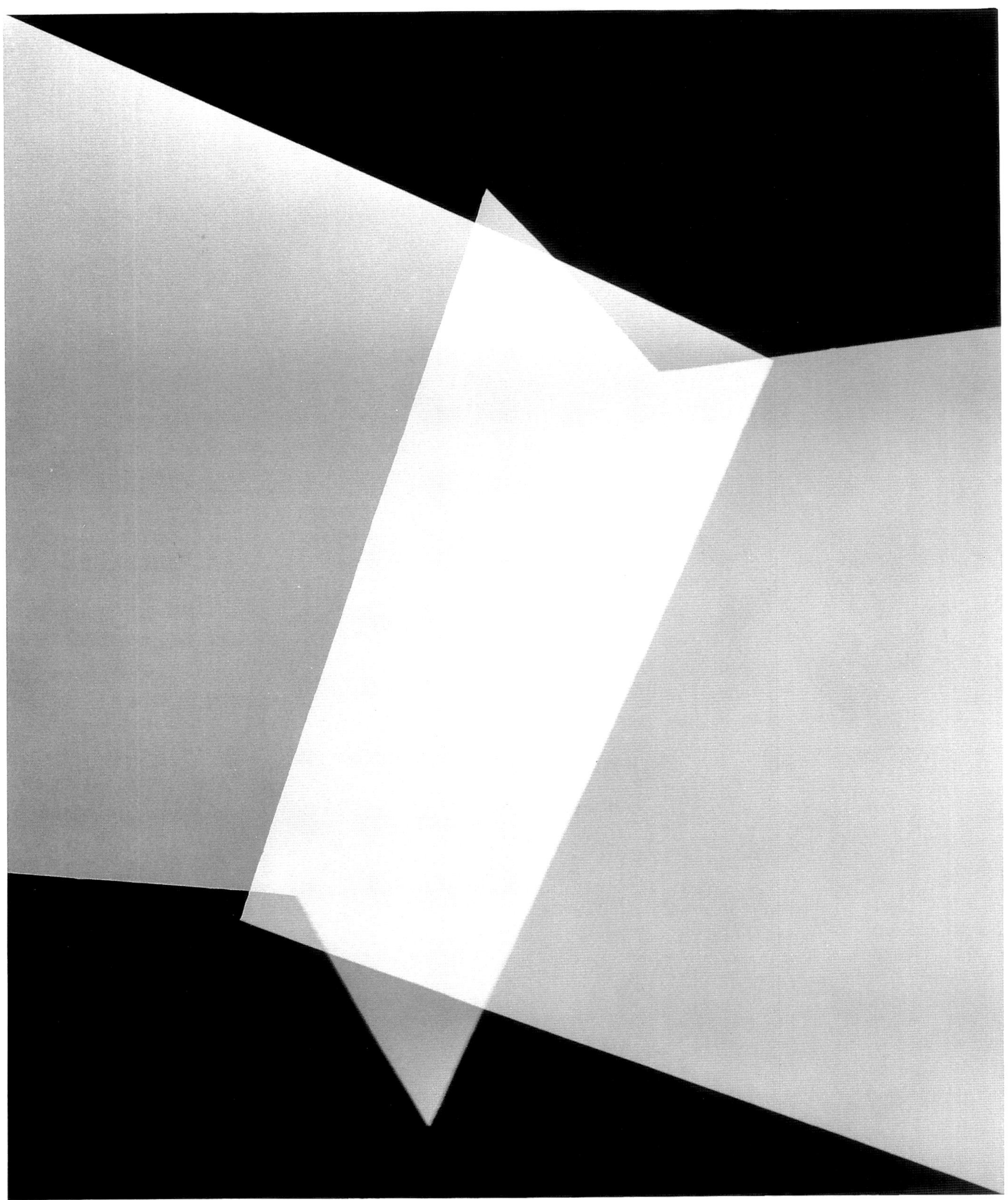

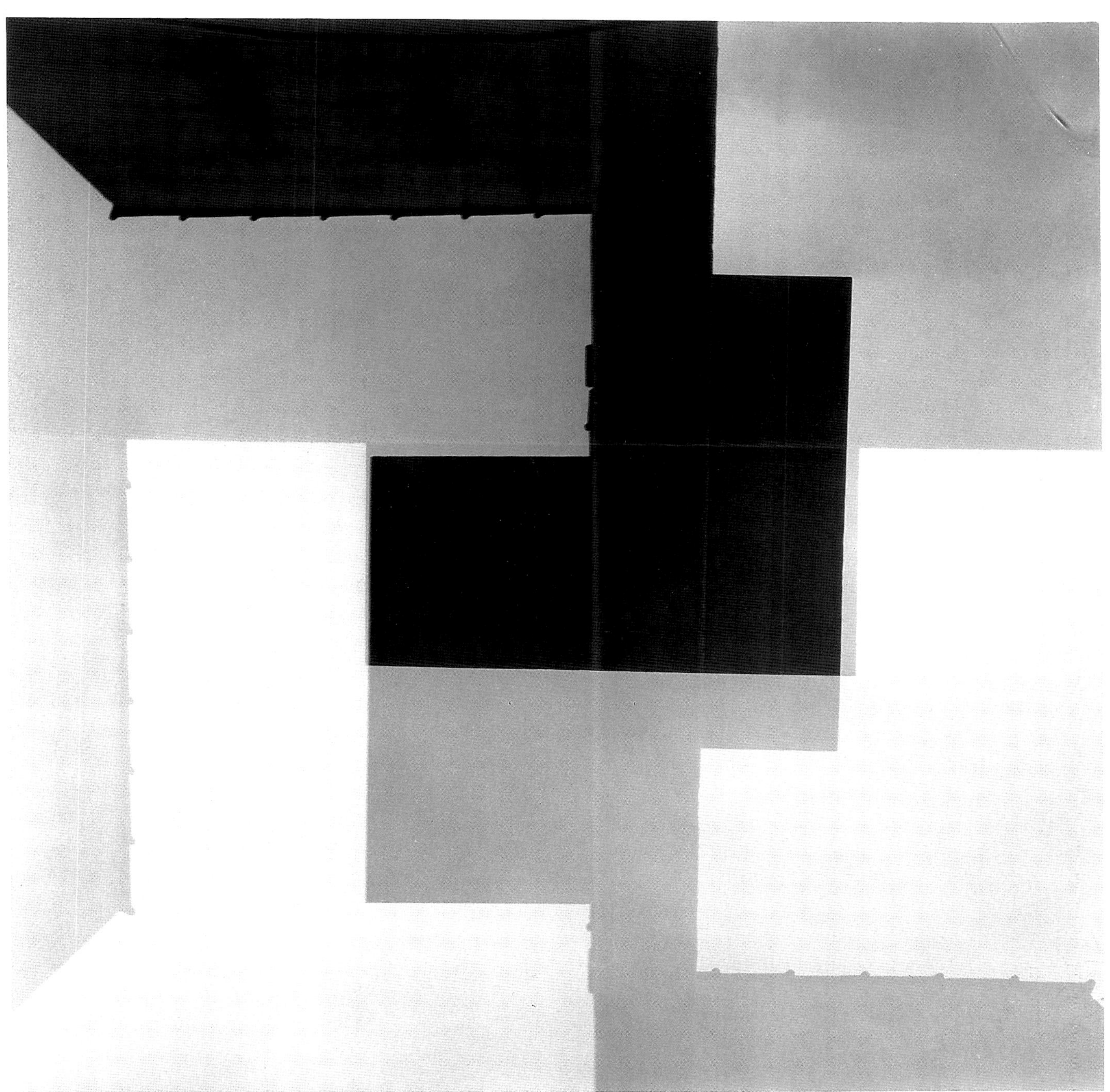

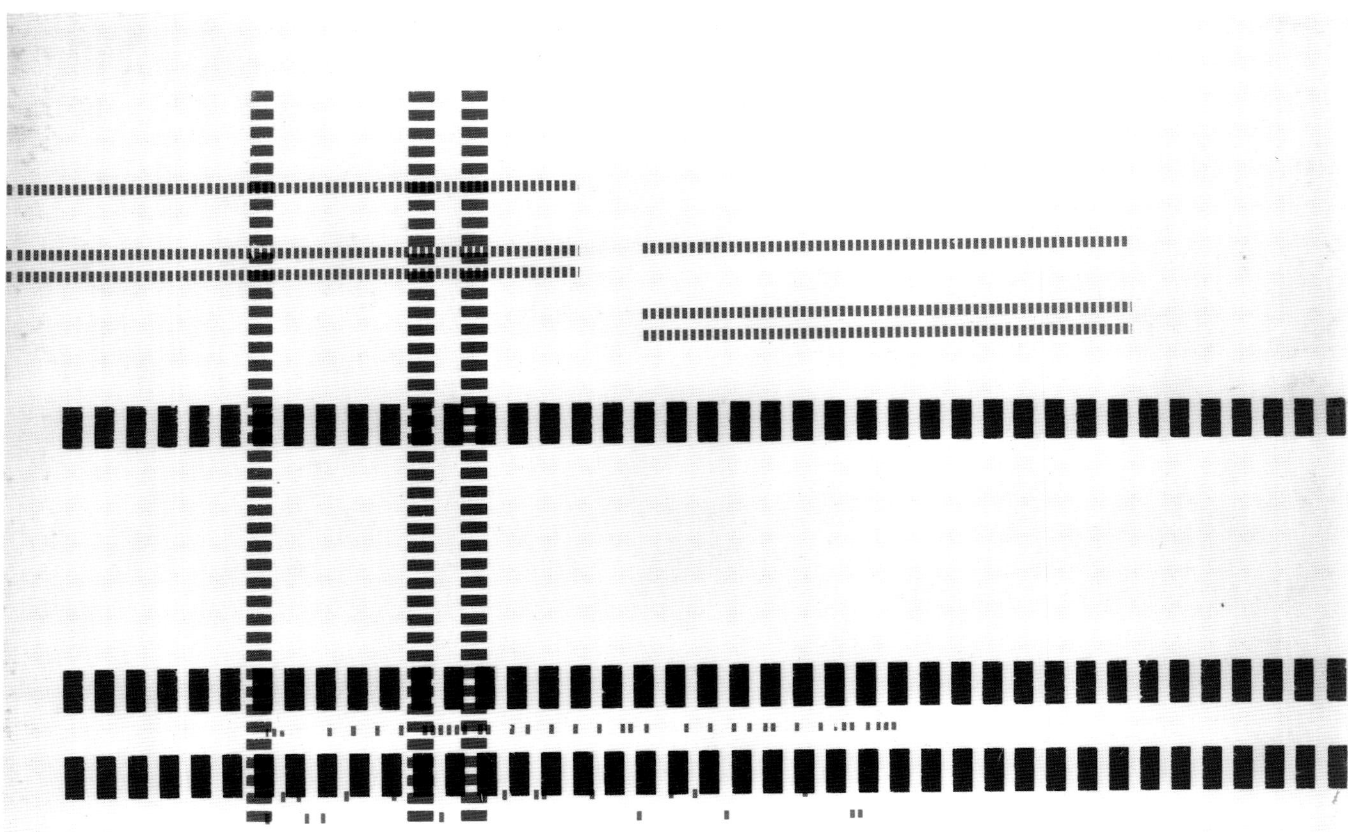

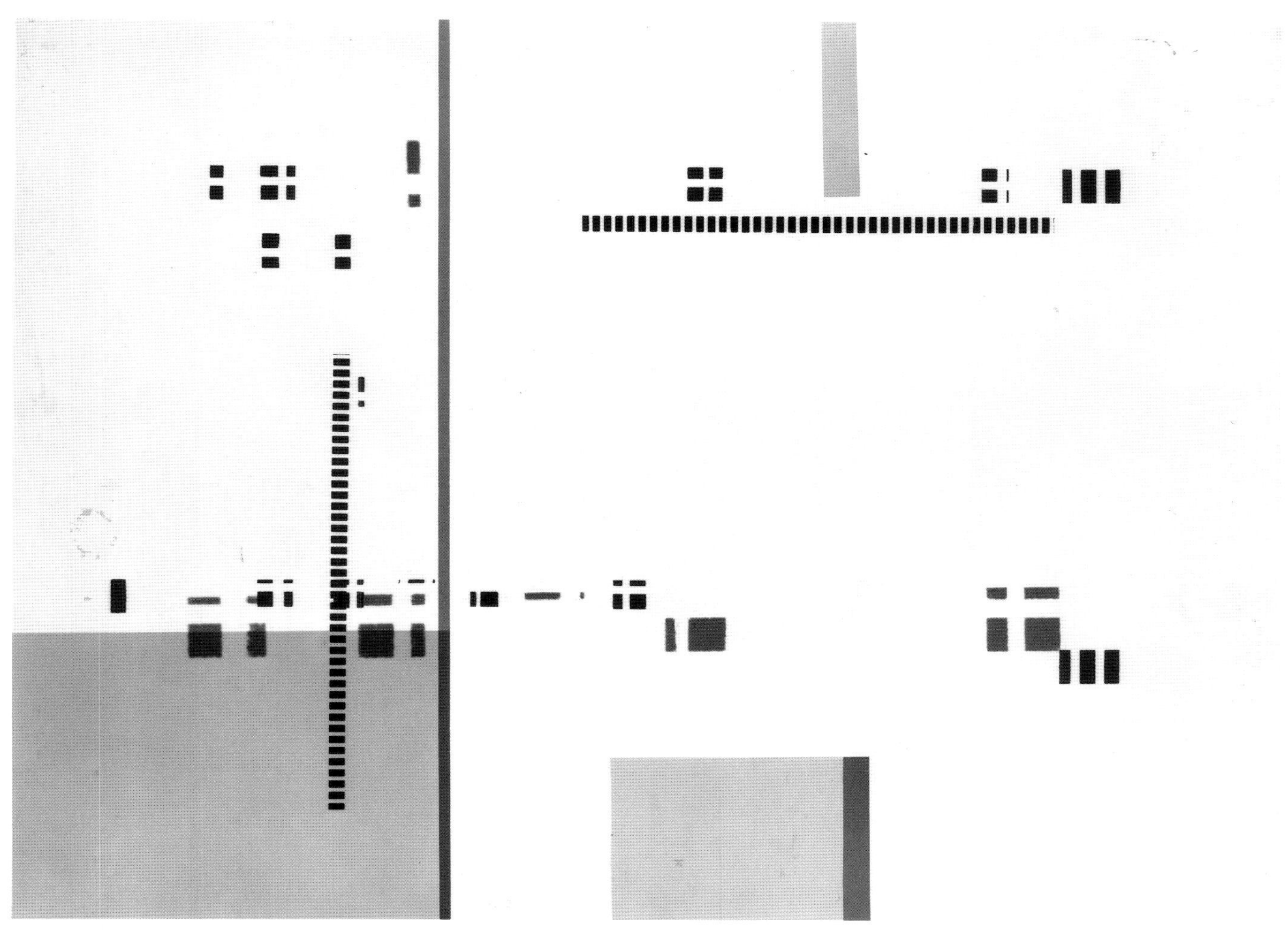

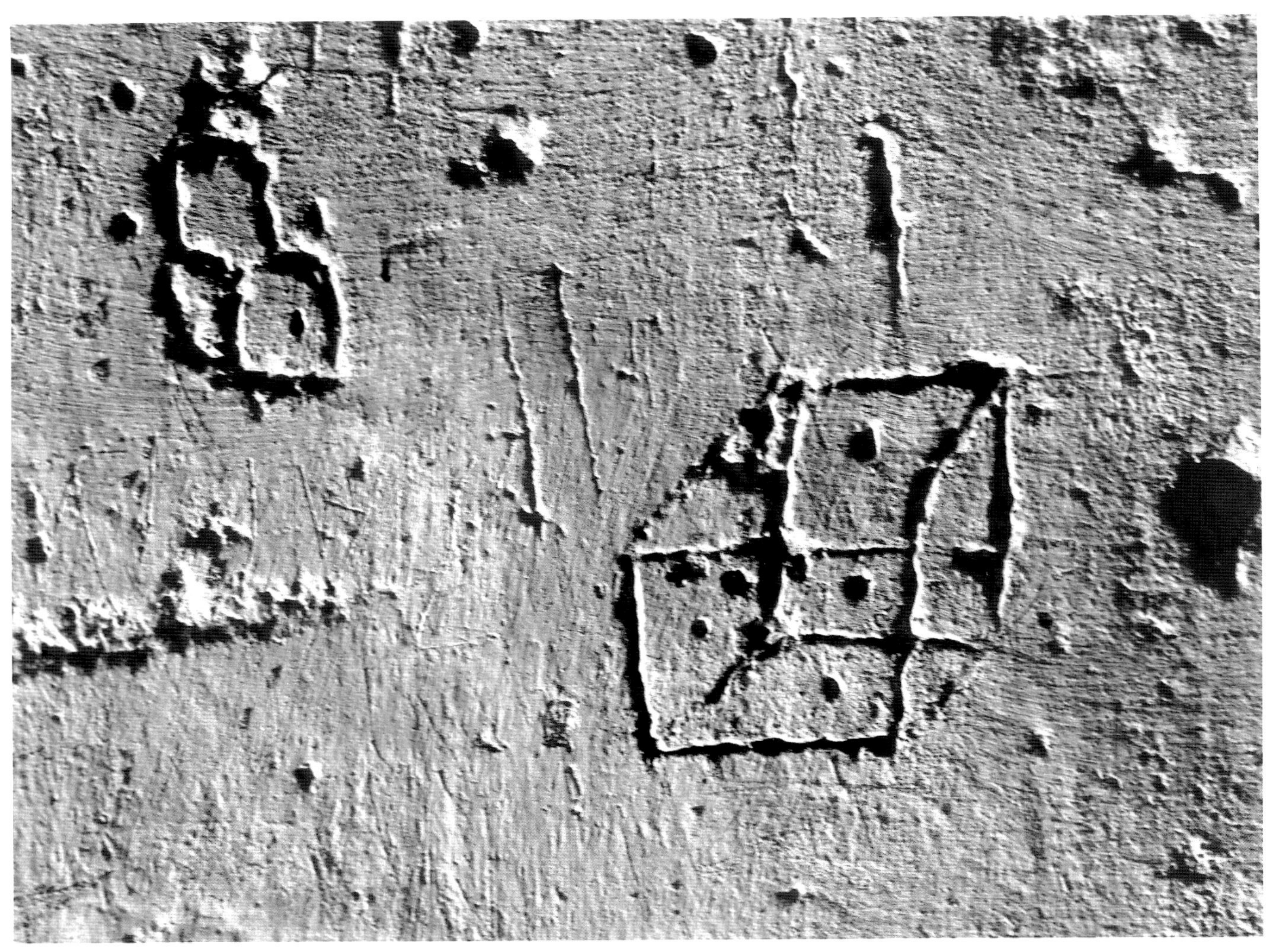

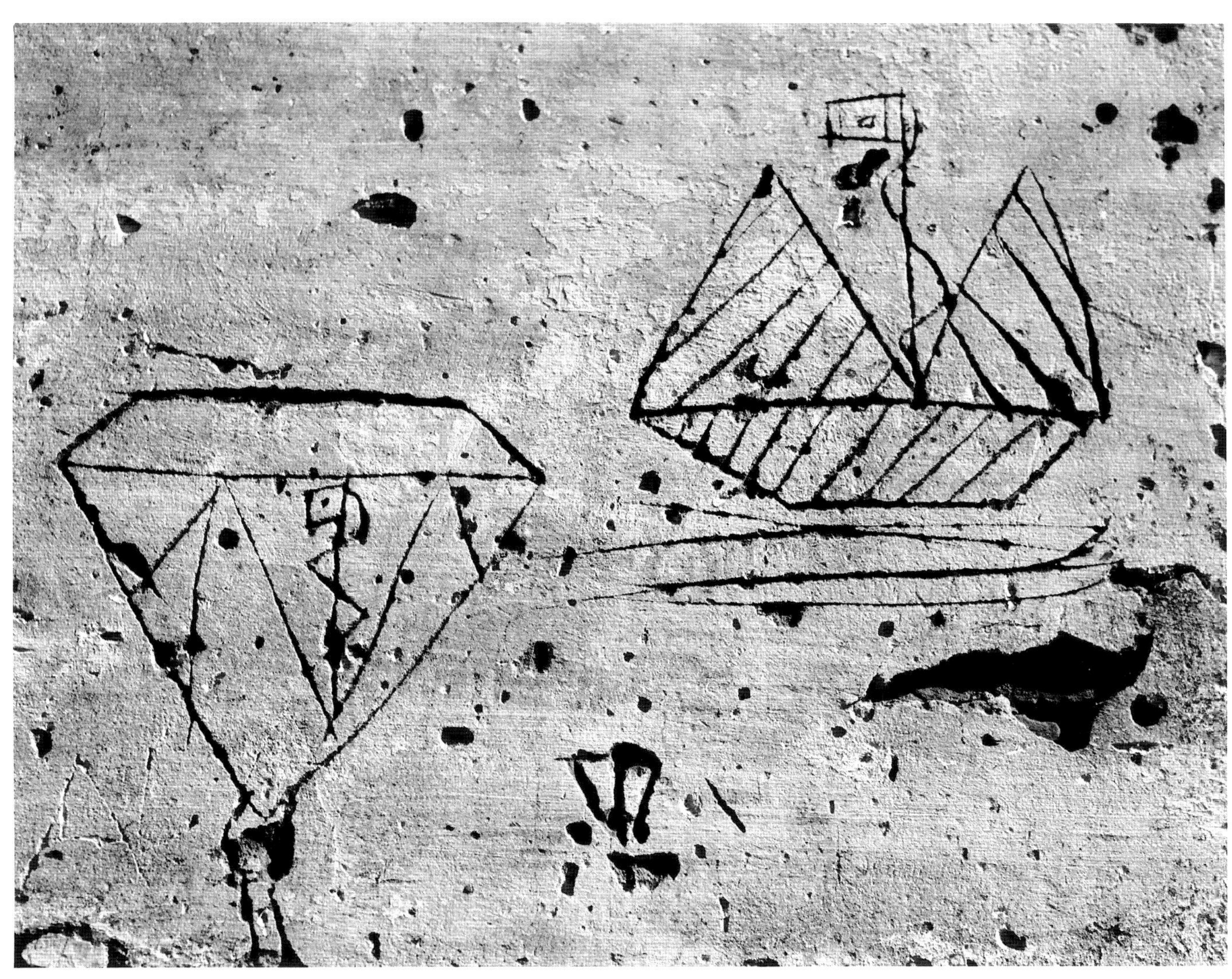

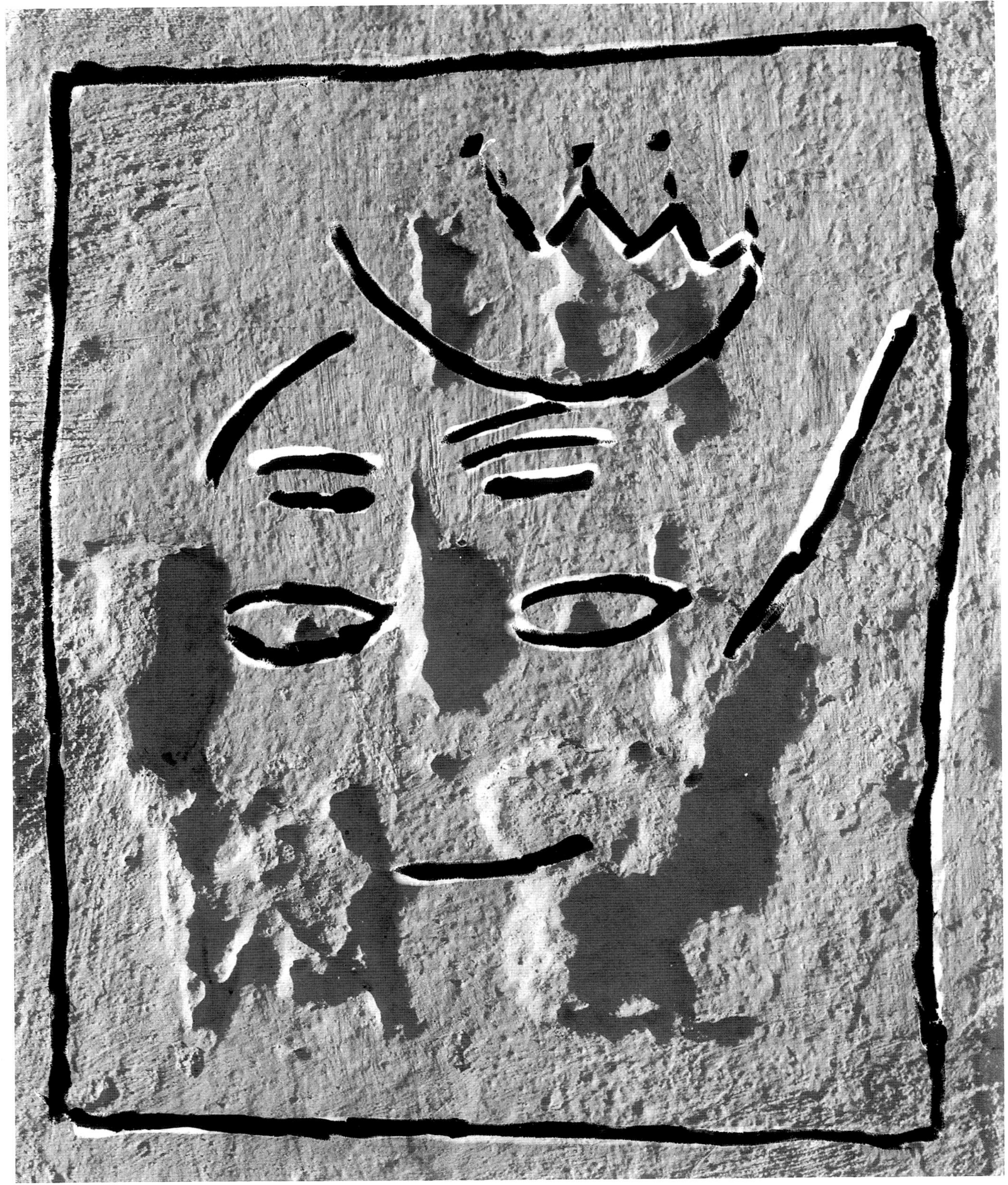

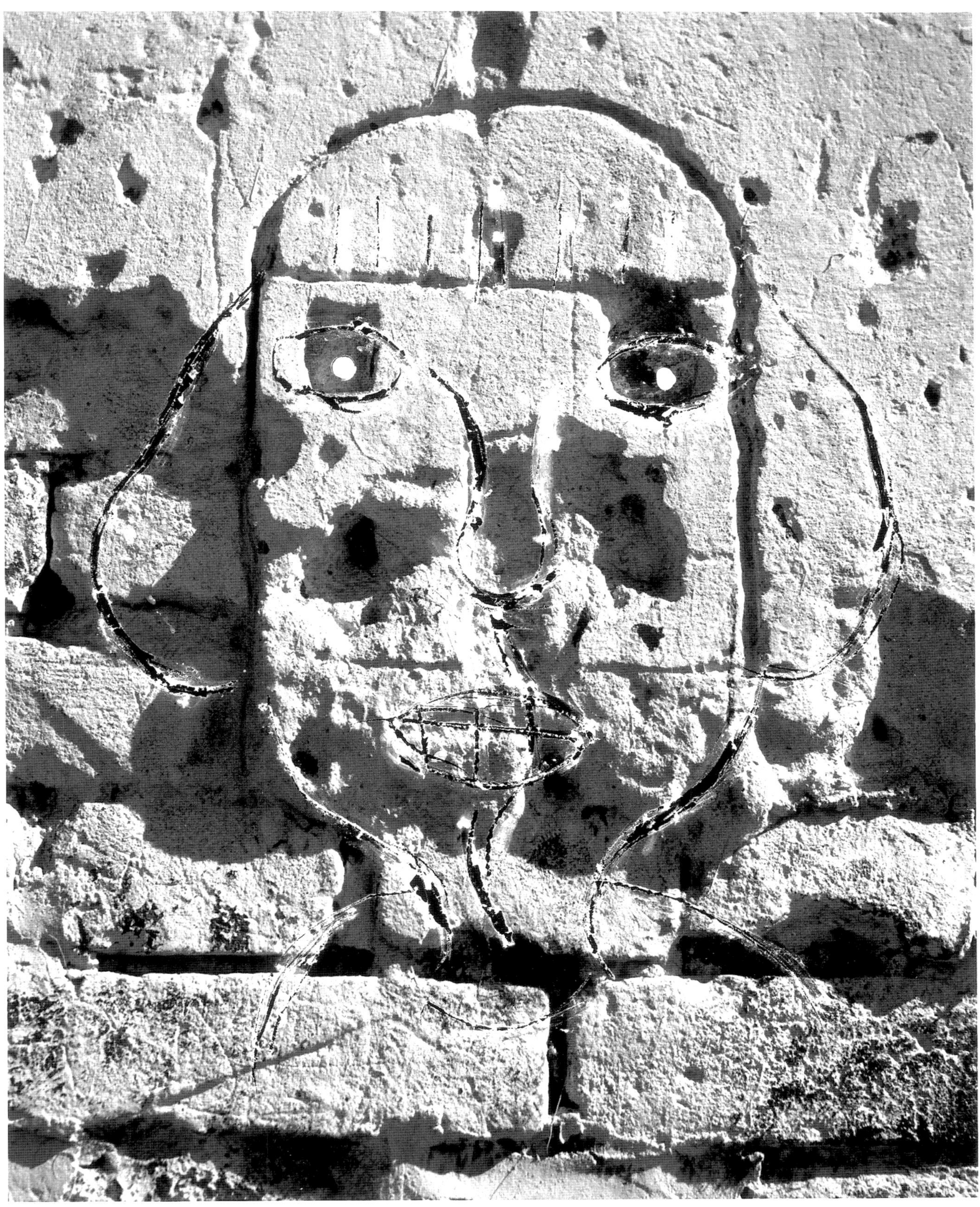

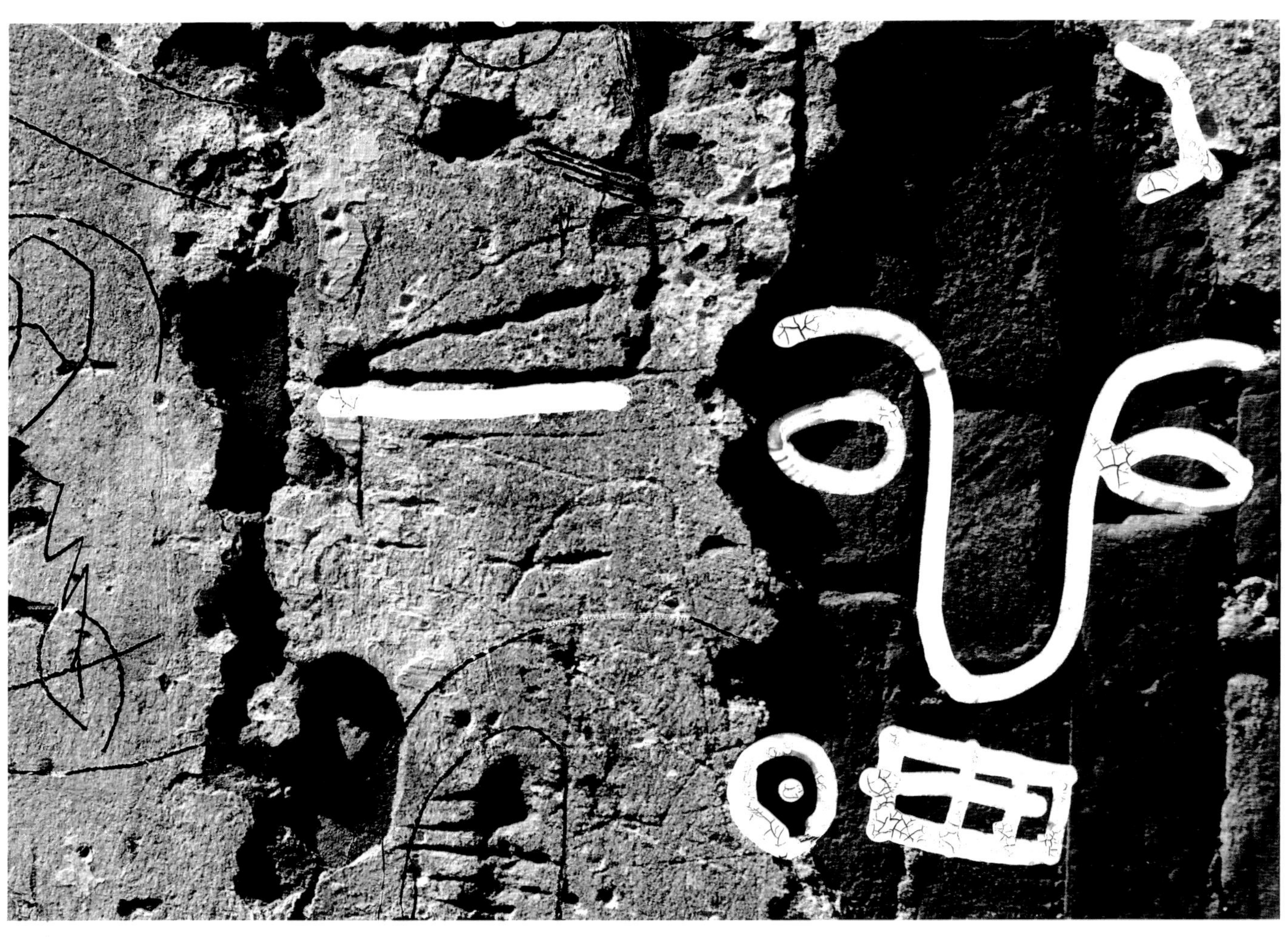

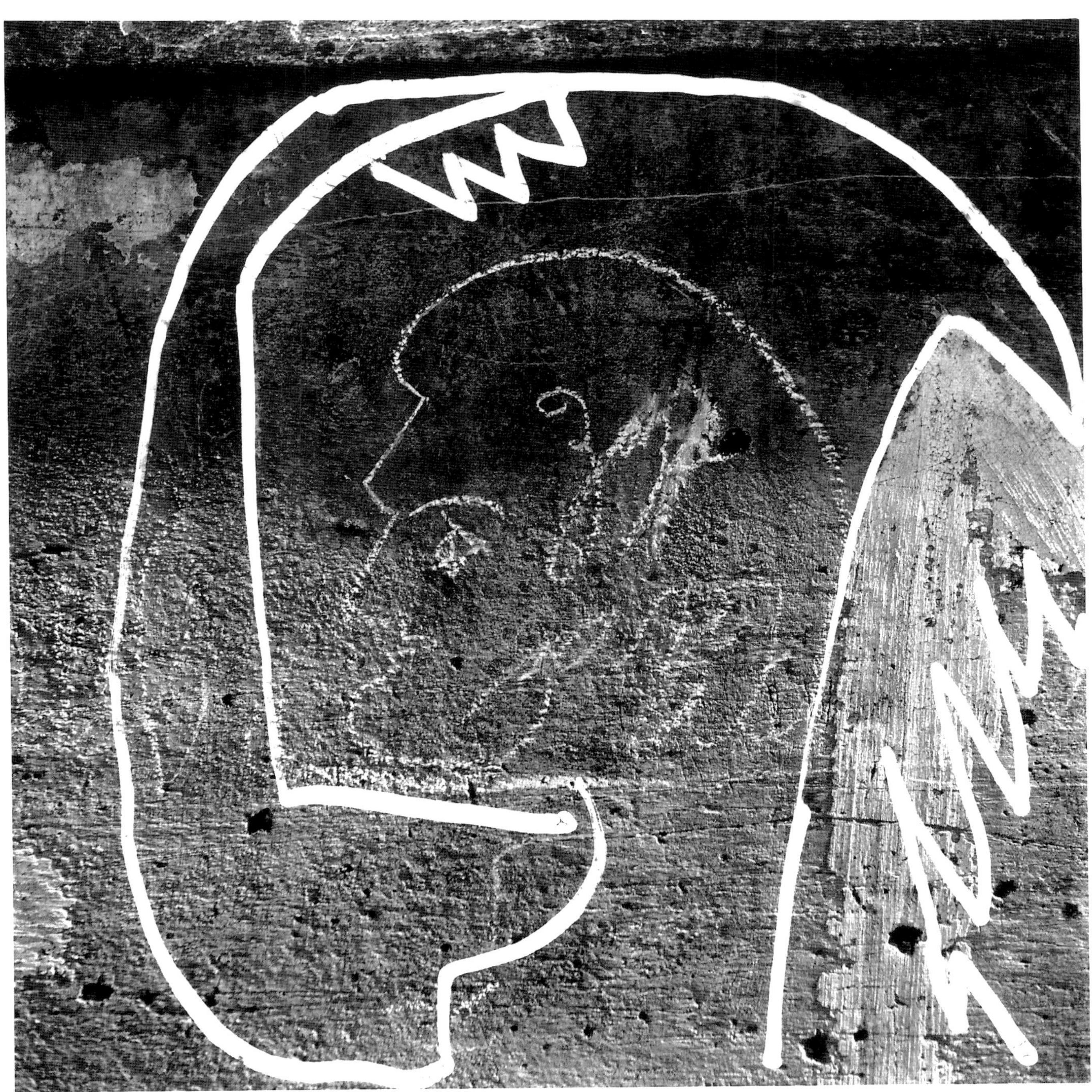

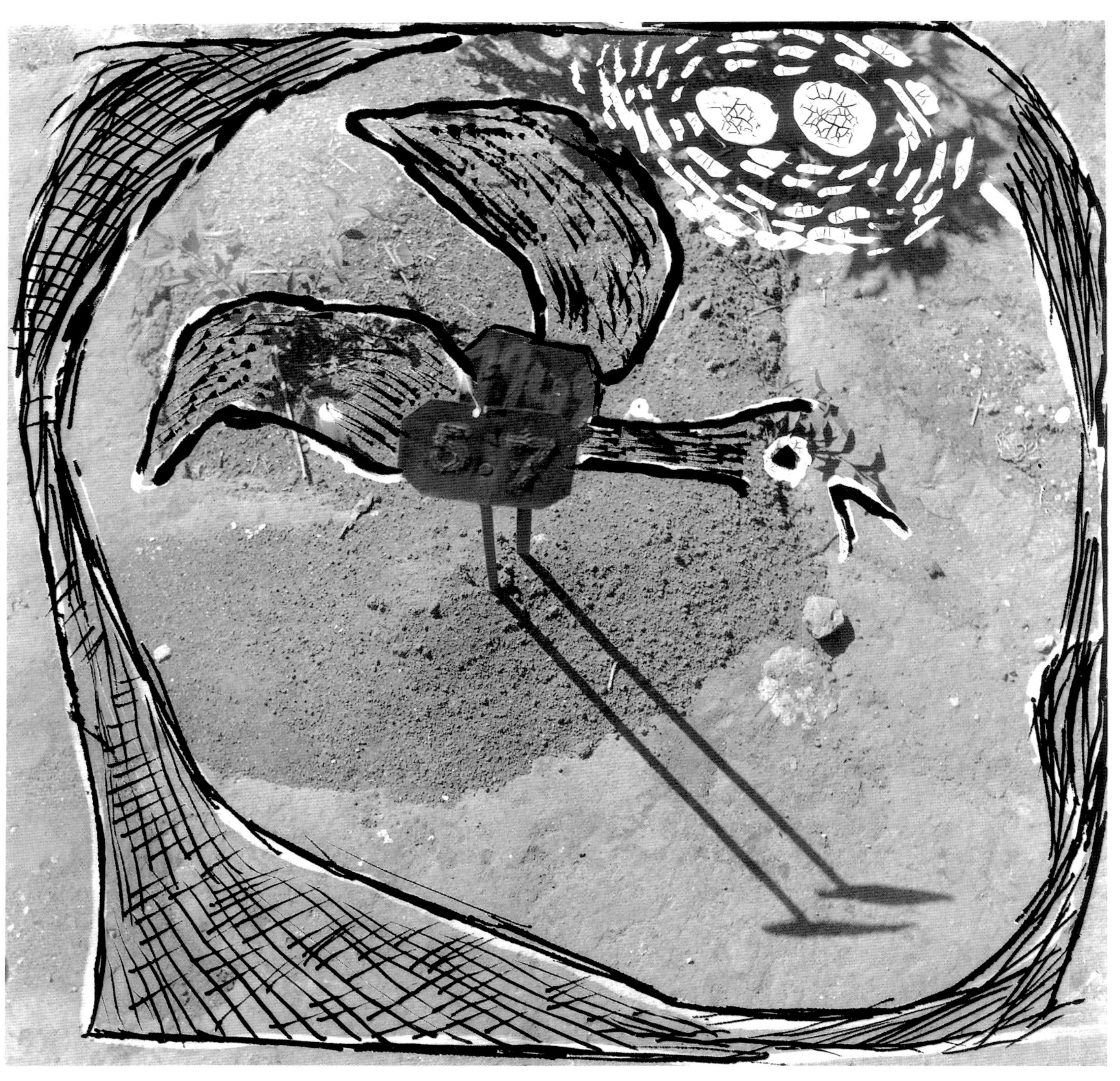

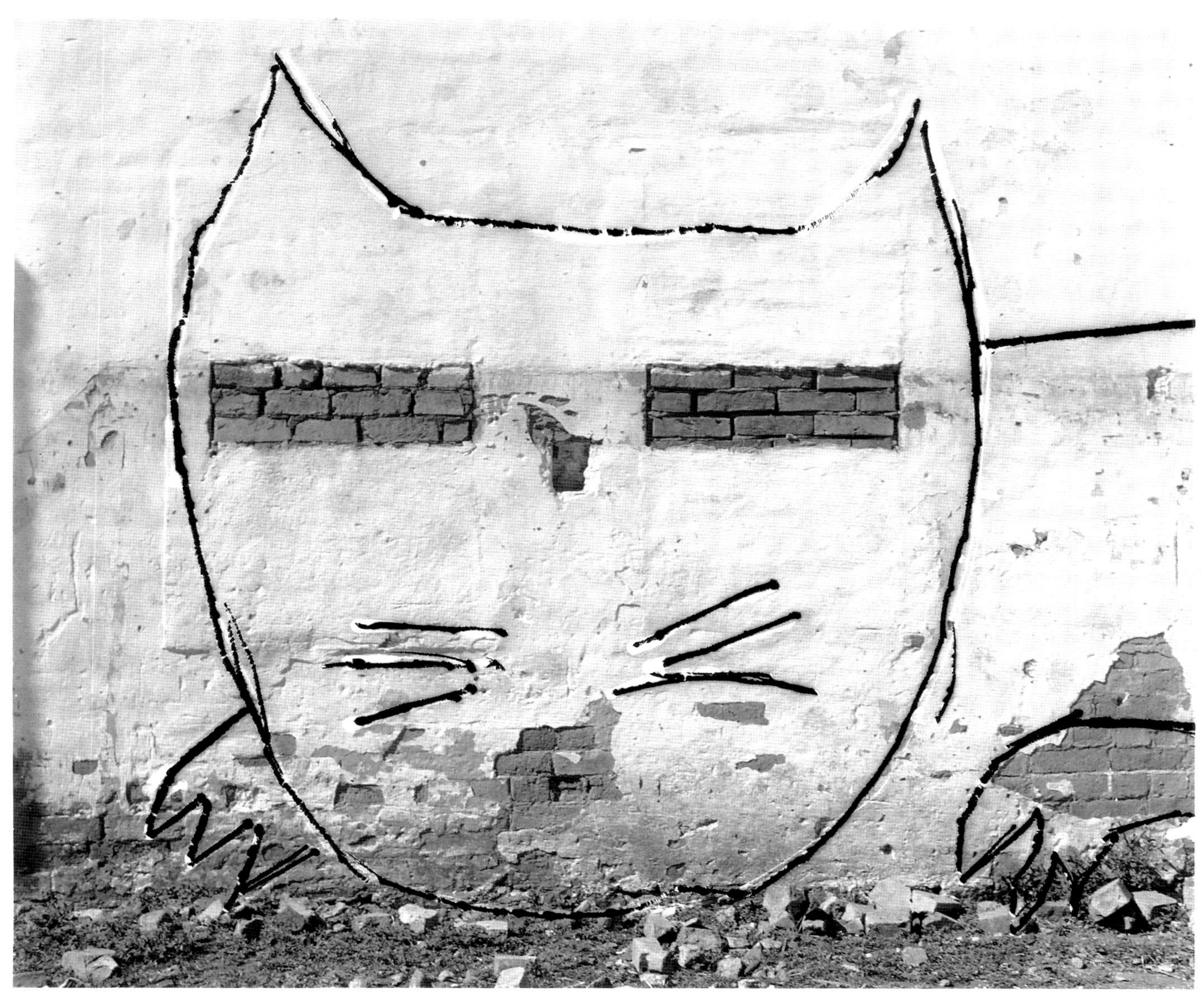

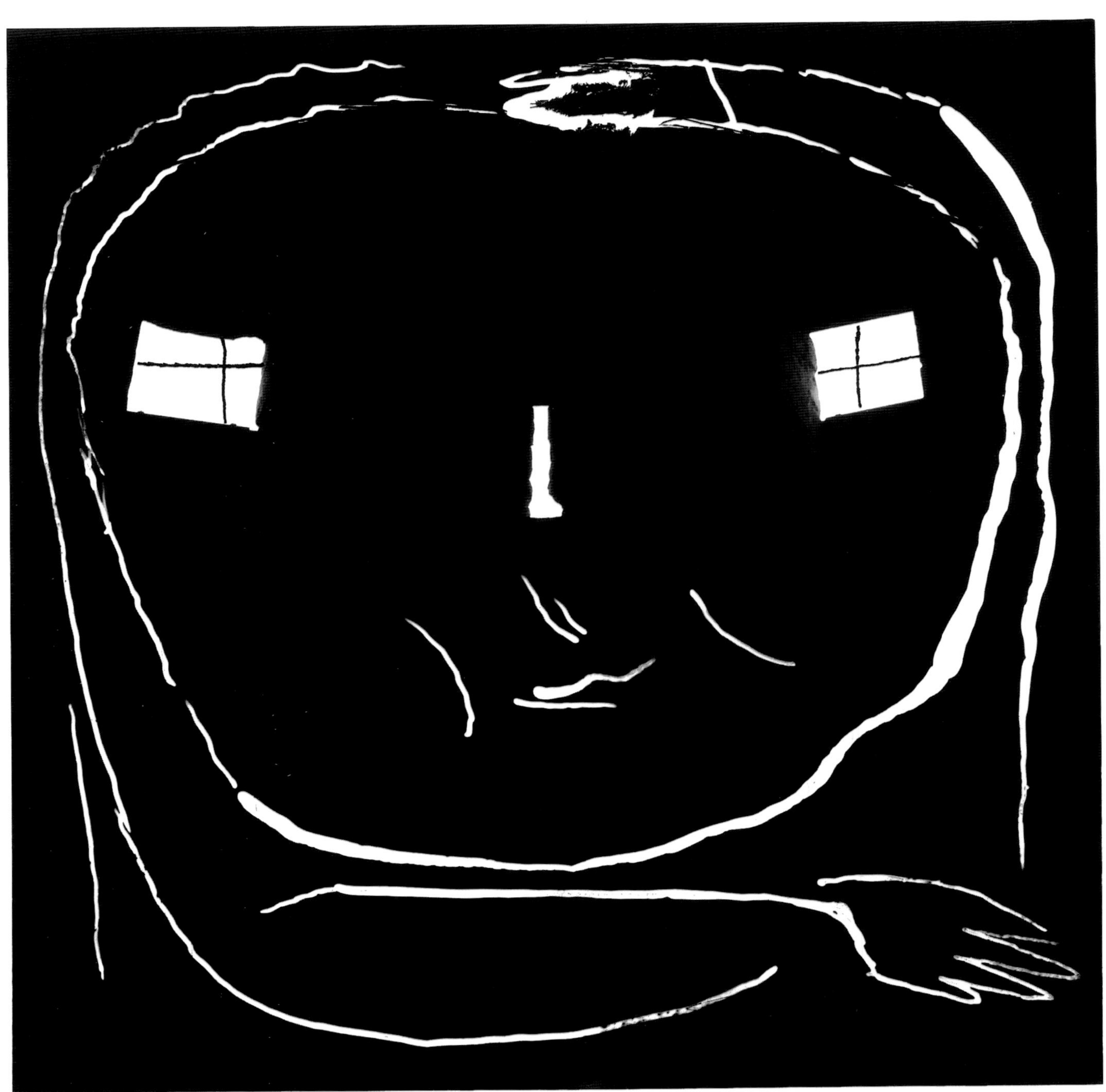

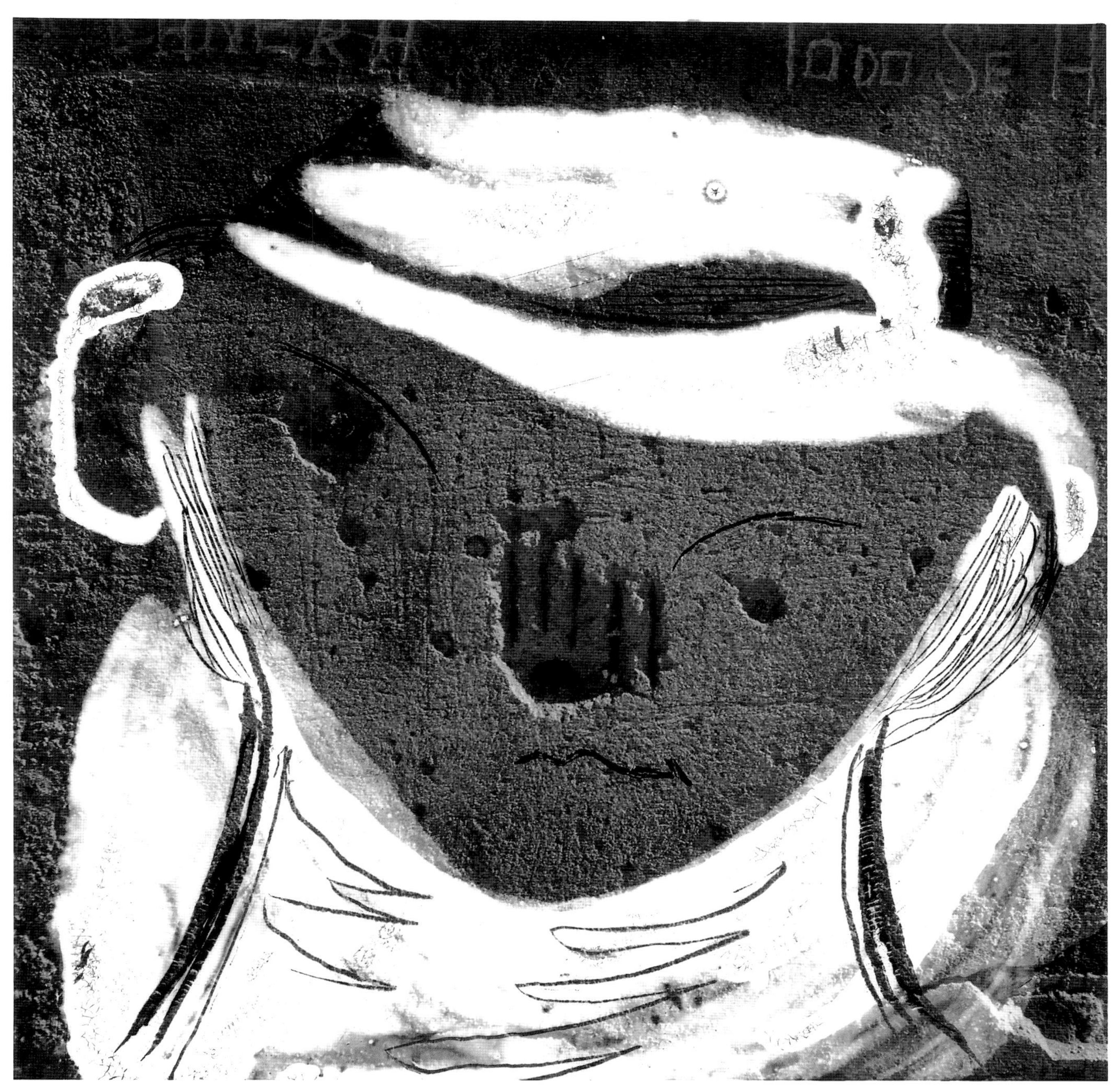
LANERH
TODO SE H

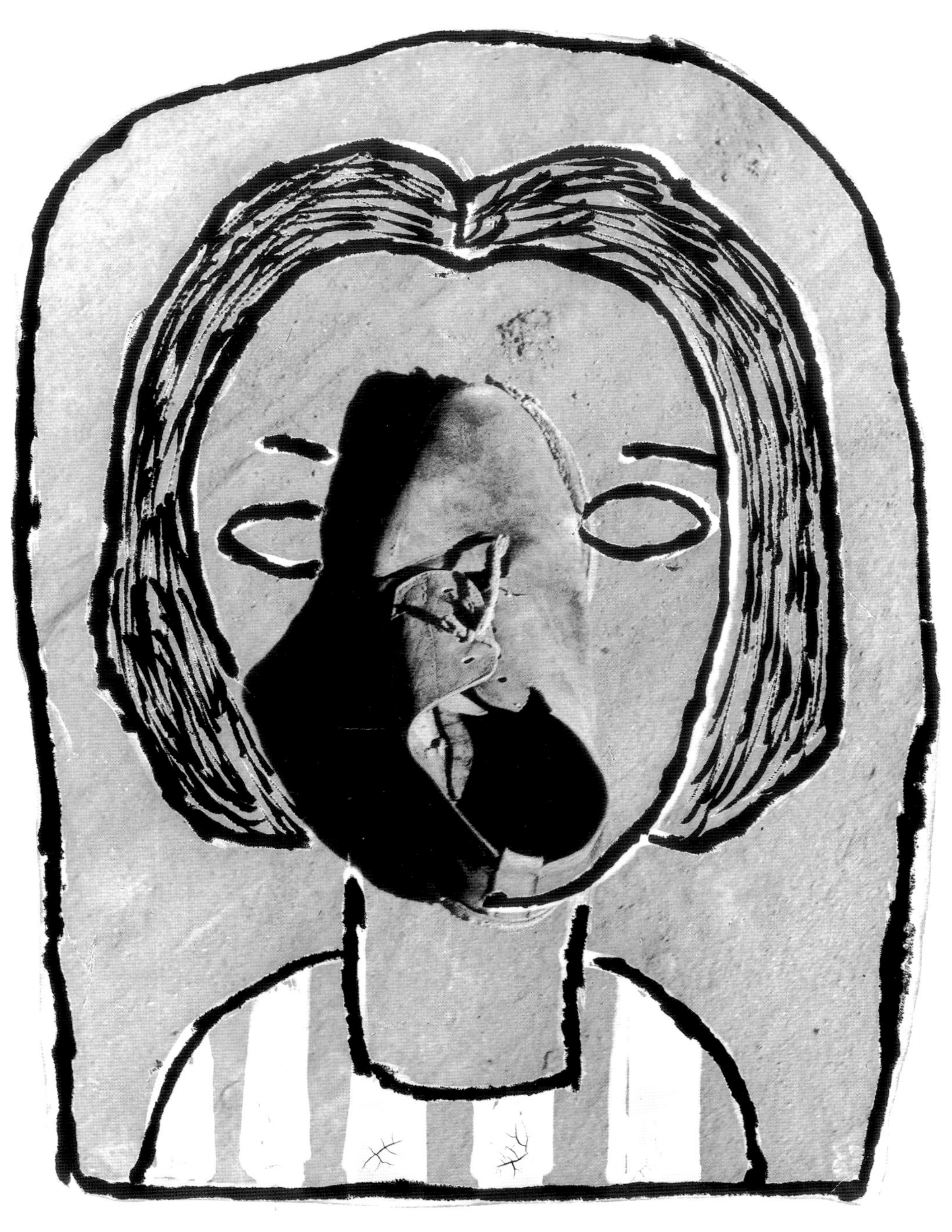

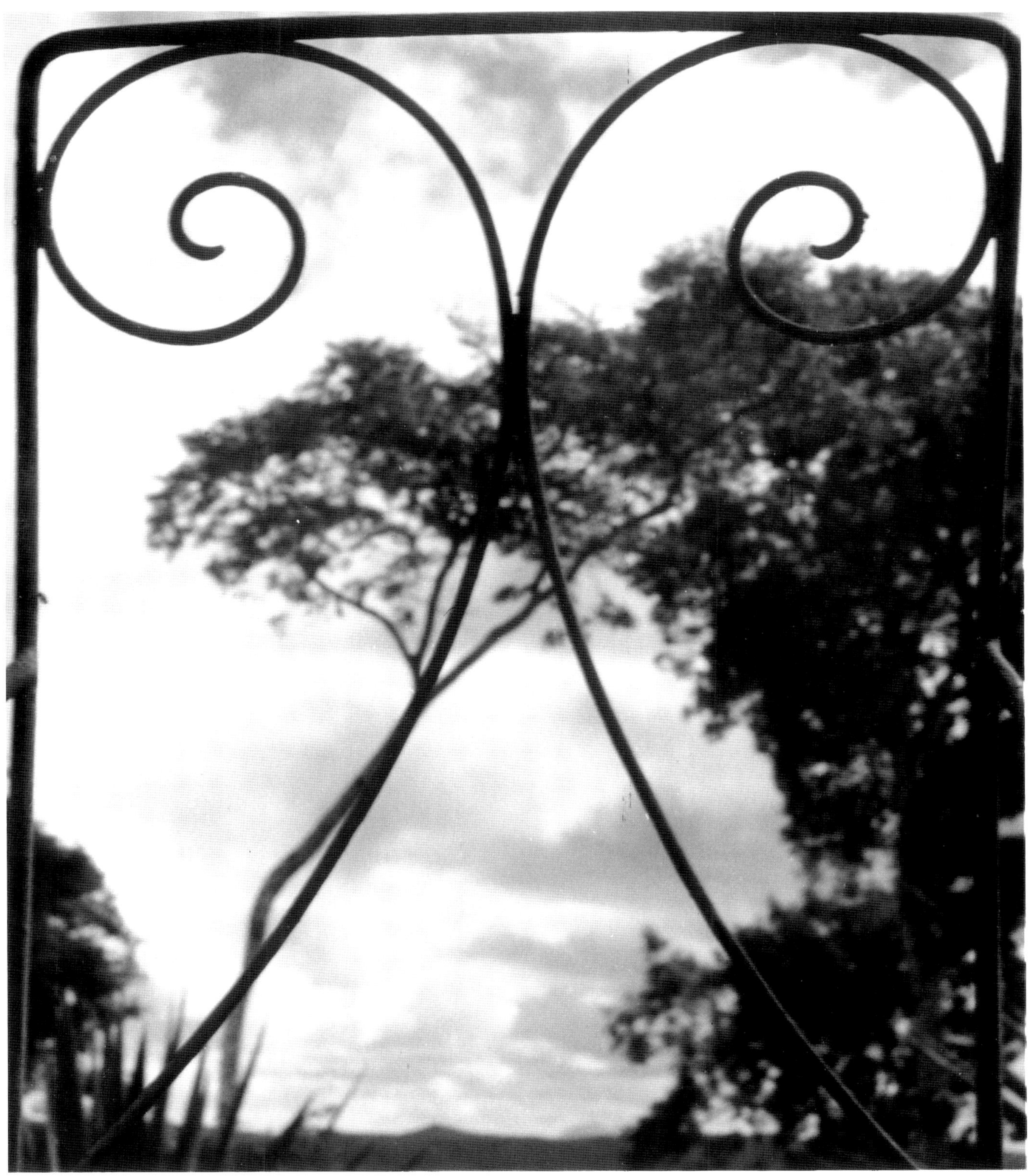

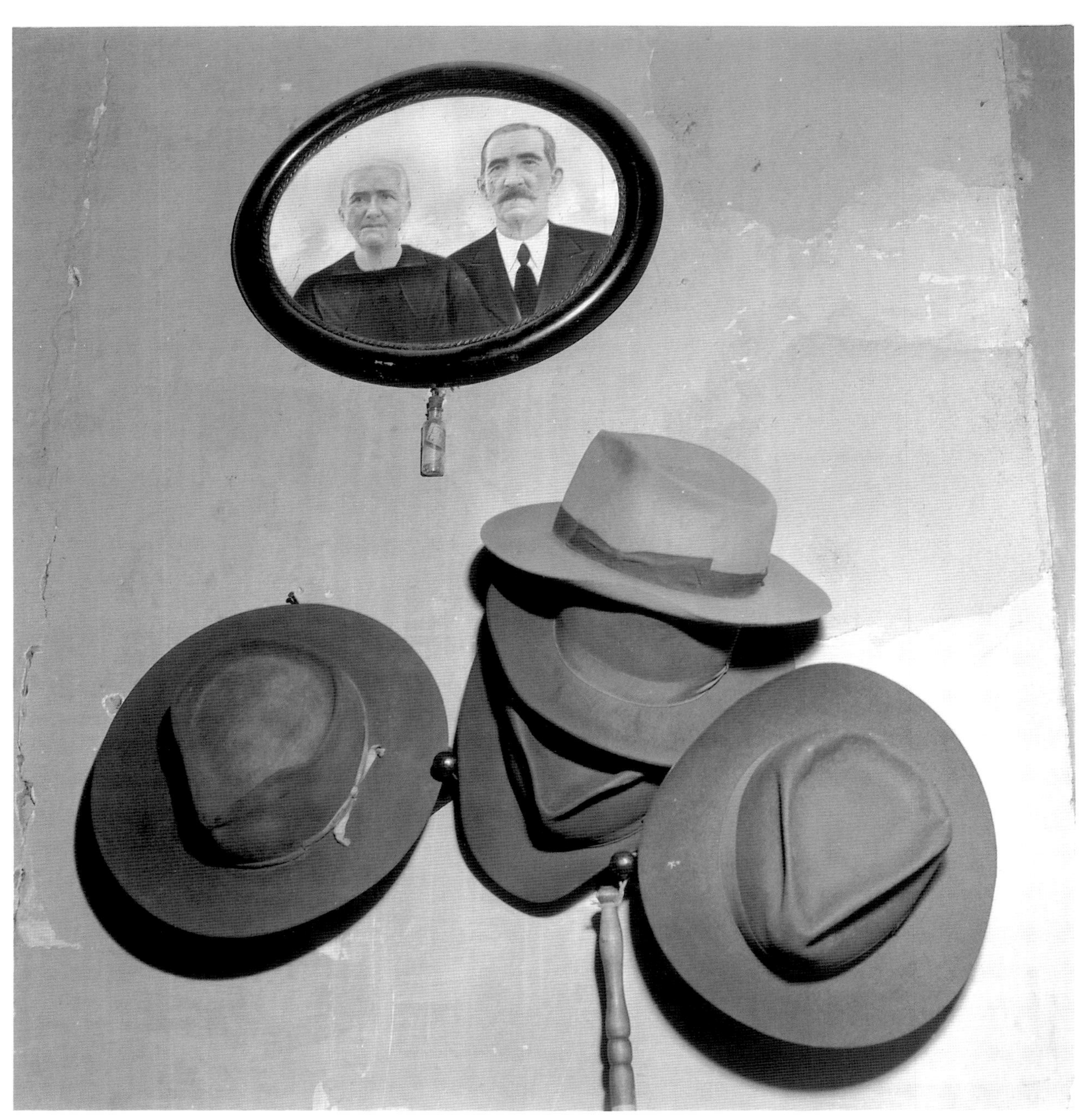

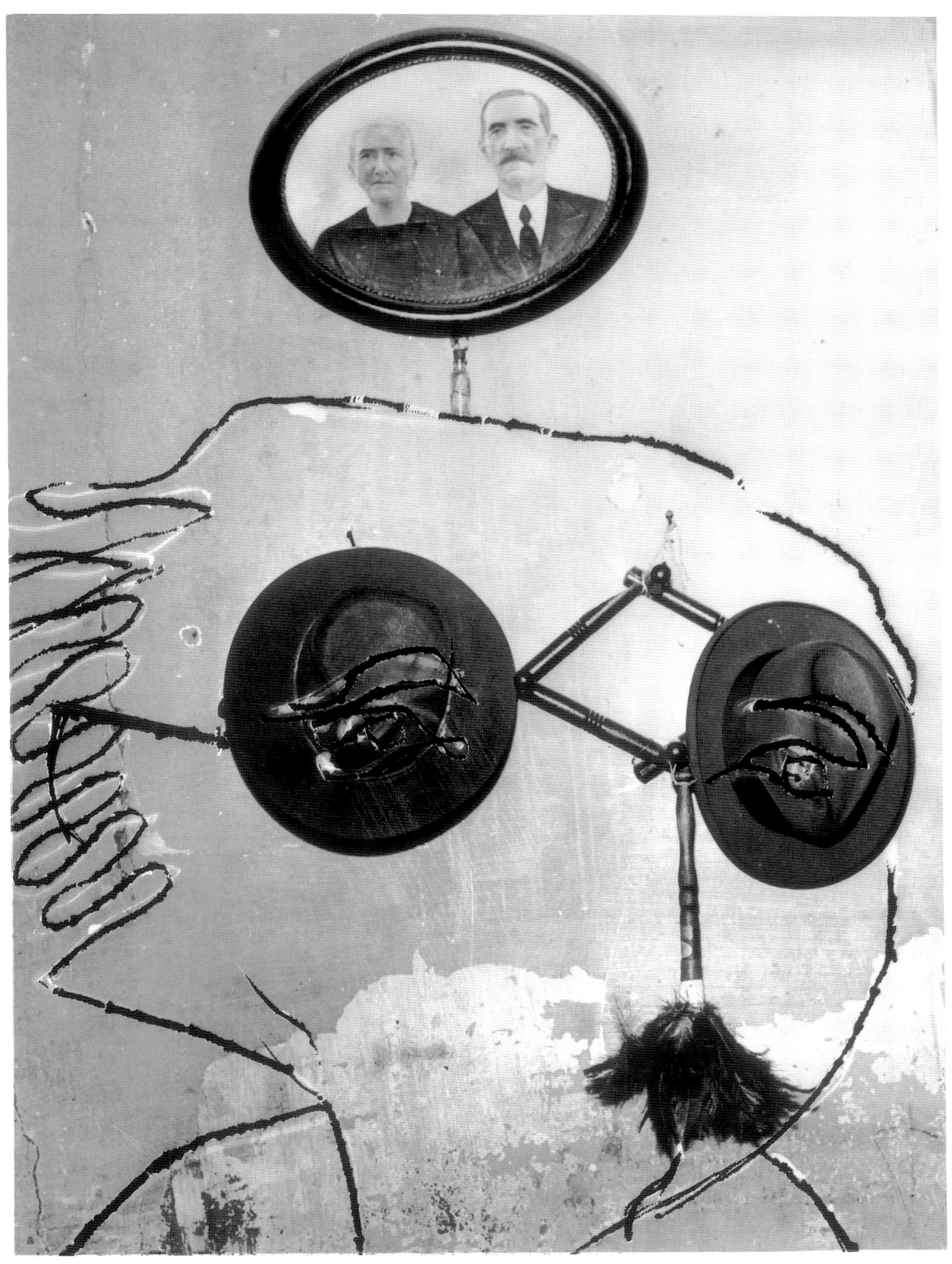

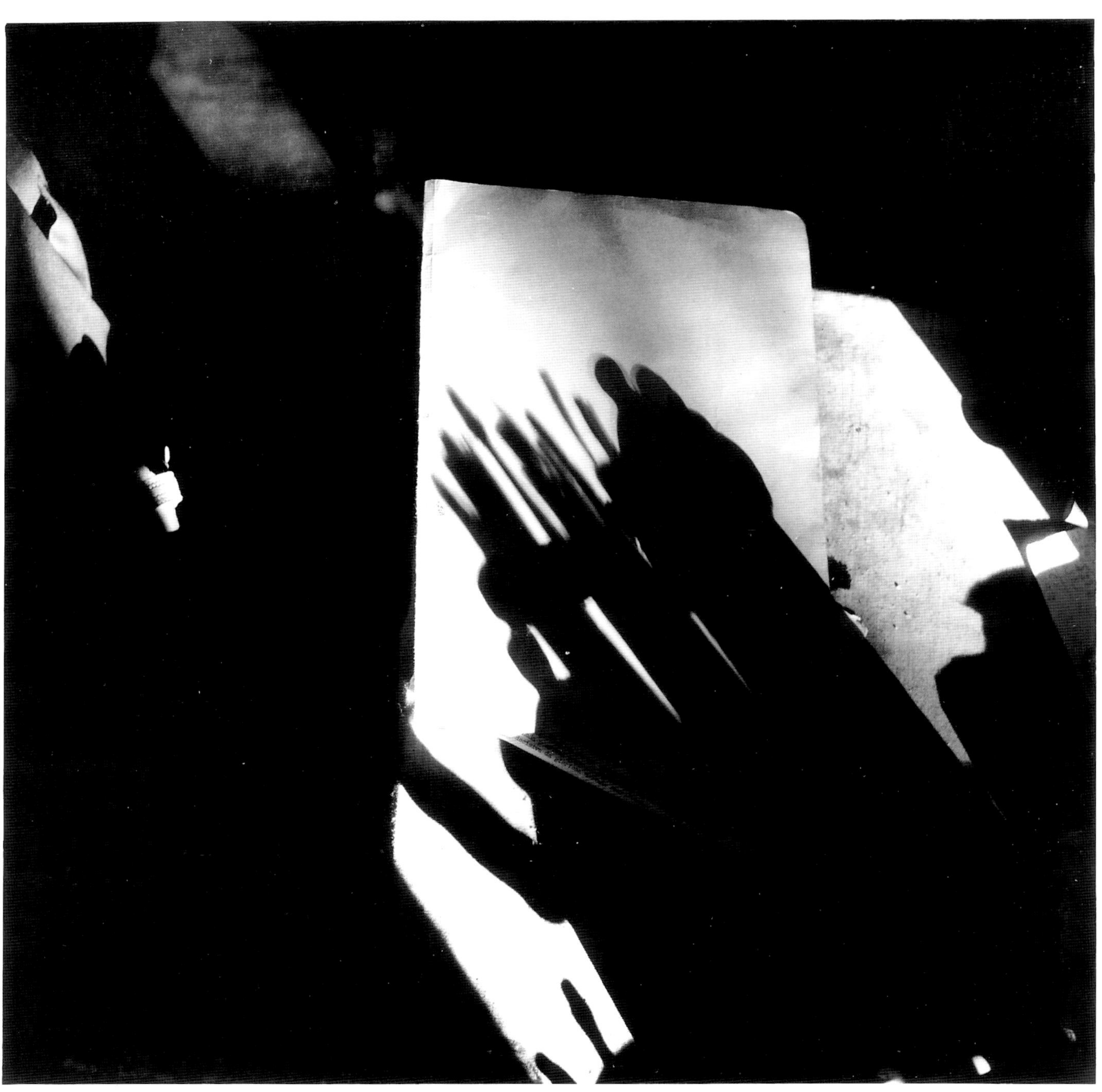

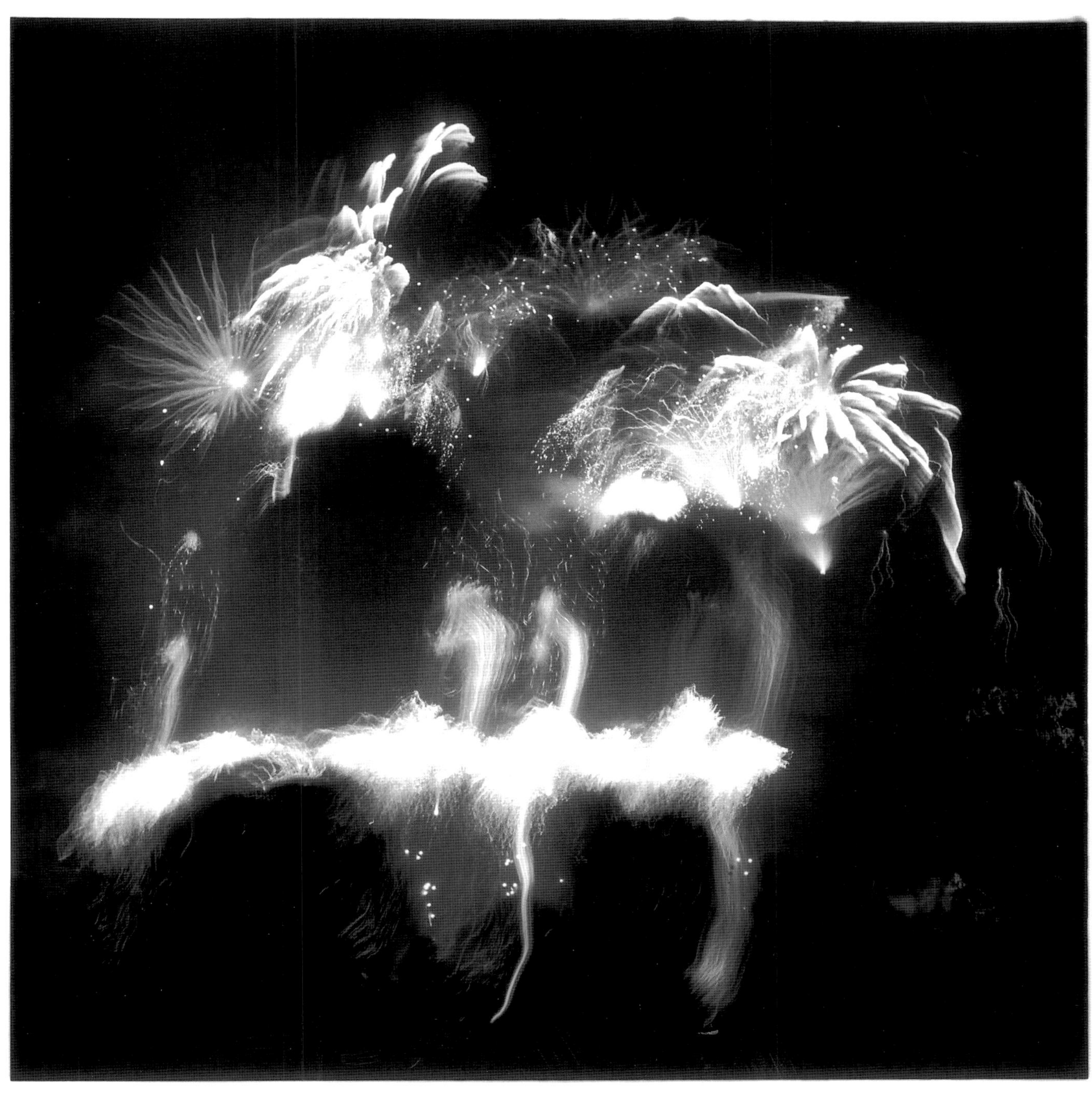

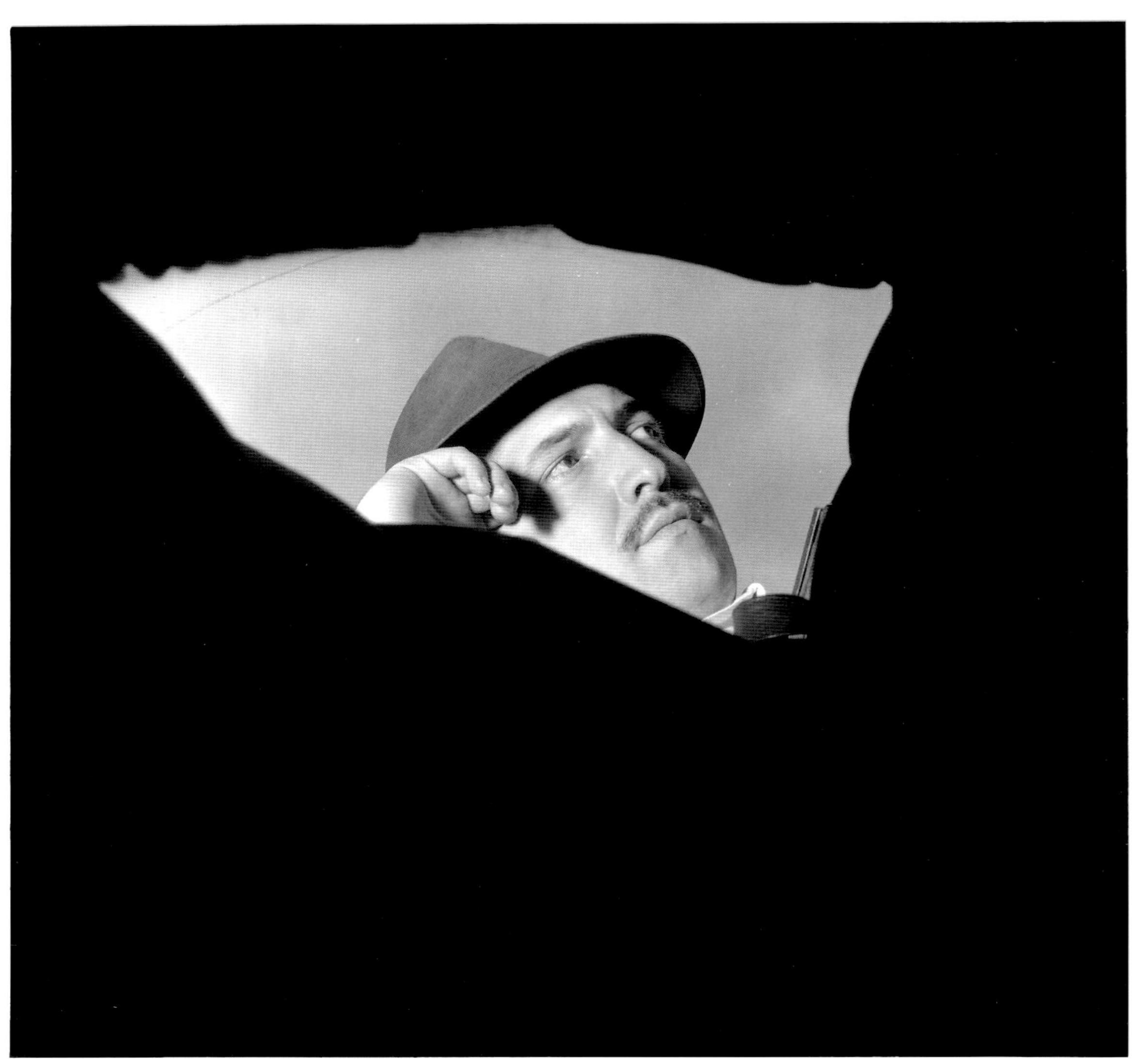

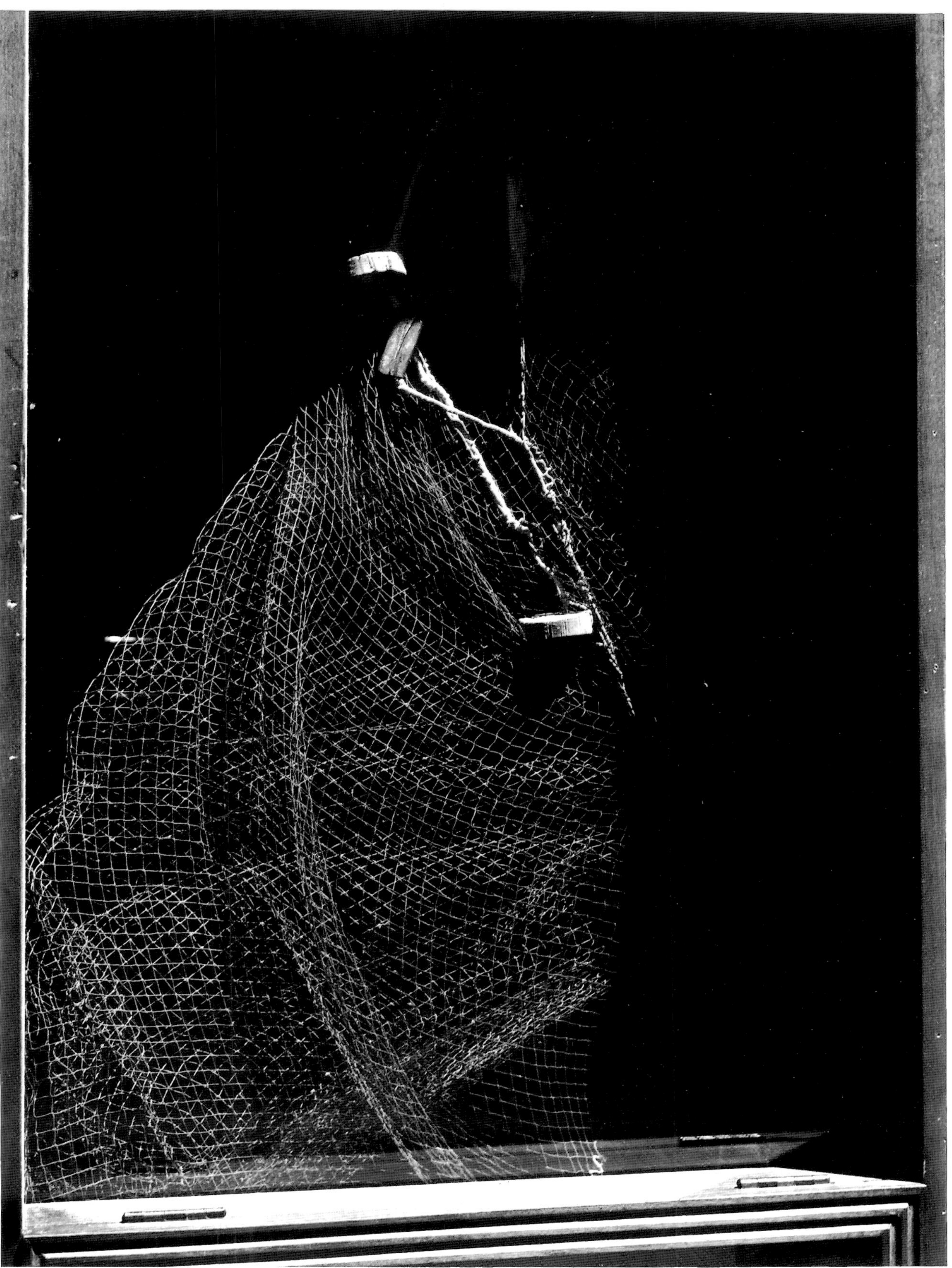

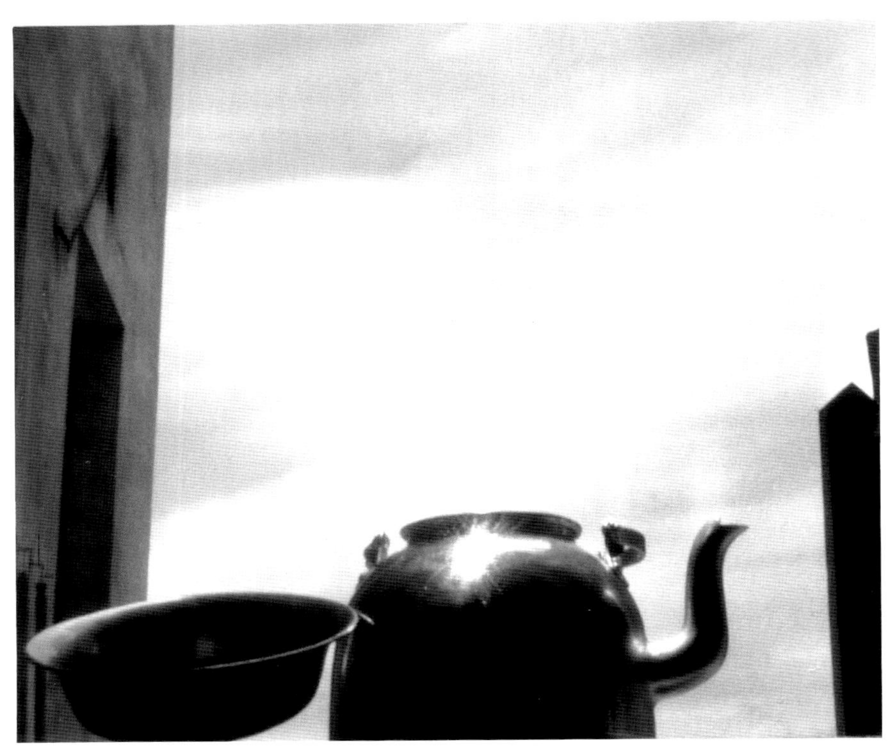

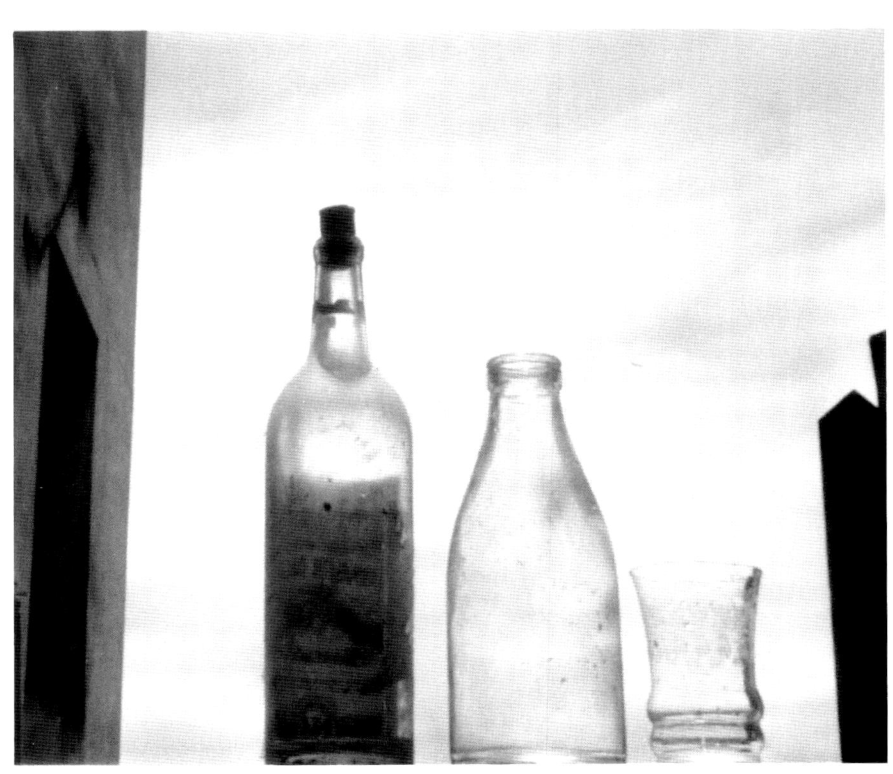

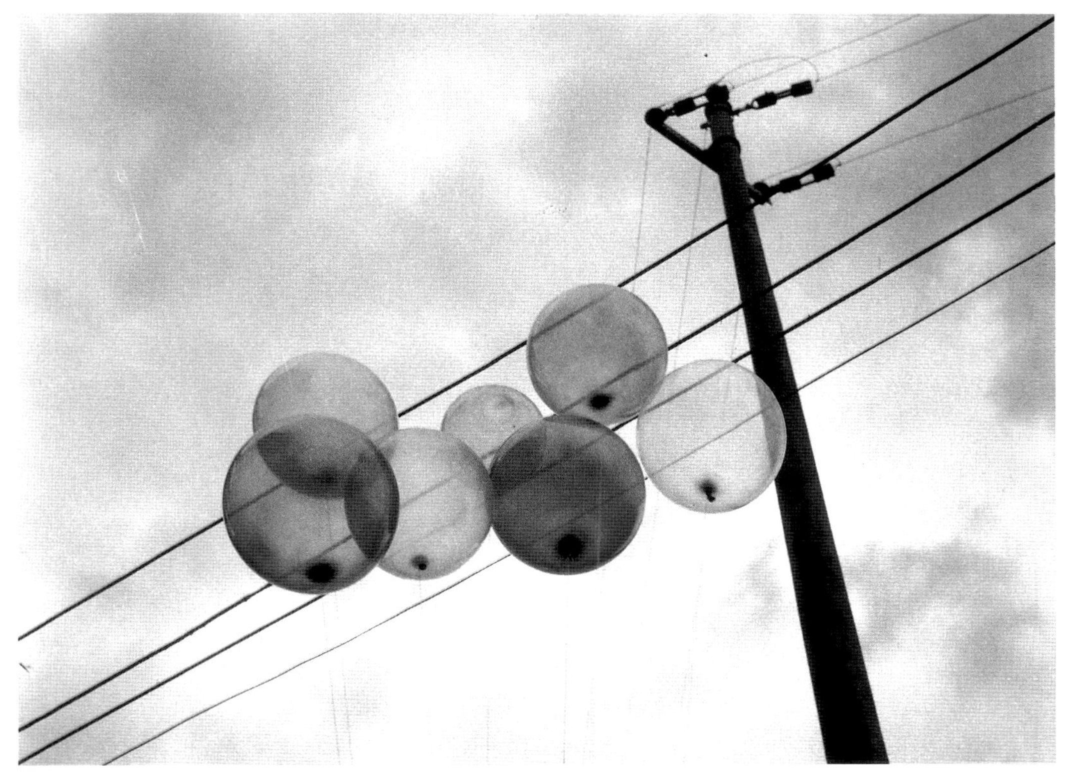

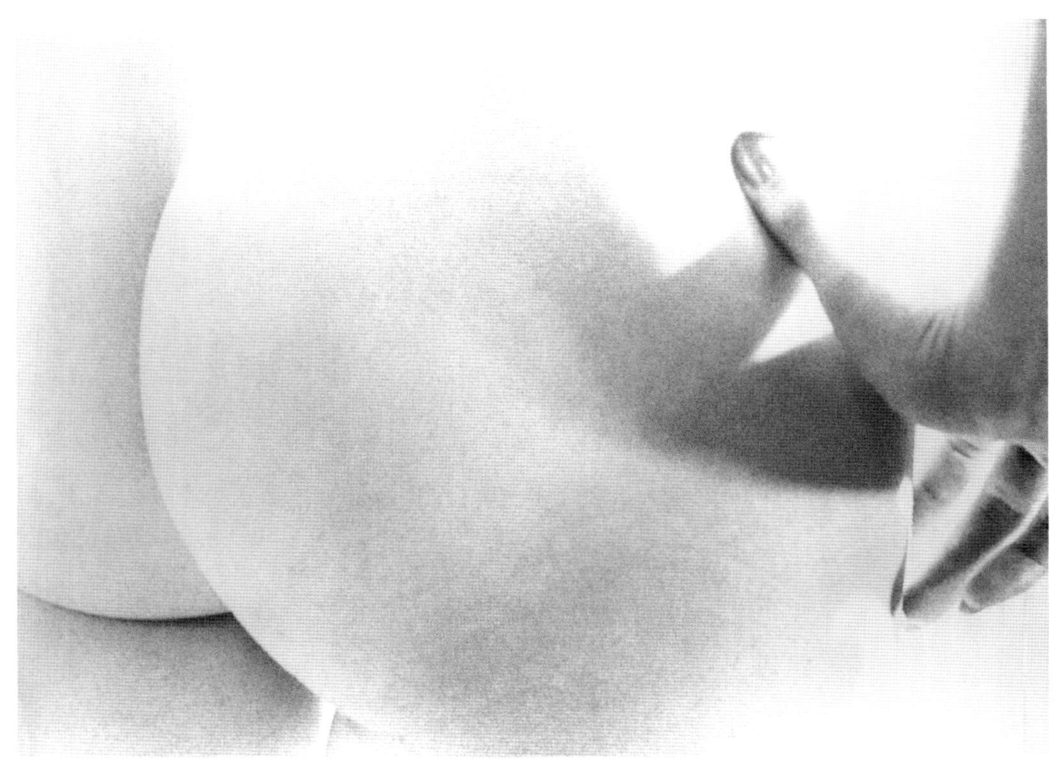

Reinhold Misselbeck

The Late Work

"Is photography an impoverished art?" asked André Rouille, editor in chief of *La Recherche Photographique*, in a survey sent to artists, critics, and museum professionals in late 1995. Although I had neglected to reply at the time, the work Geraldo de Barros had done from 1996 to 1998 immediately recalled the question to mind. After suffering a stroke, de Barros was unable to continue painting. He was confined to a wheelchair and could only speak with great difficulty. I found his condition unchanged when I met him in Geneva, where I heard that he had recommenced working in photography, after a brief but intensive phase from 1945 to 1951.

To Rouille's query, under the heading "Pauvre comme la vérite" André Comte-Sponville had replied: "The timelessness of photography—for it does have its version of it—rests very much on the encounter of two factors: the smallest possible increment of presence, caught in flux, and the minimum of eternity at its disposal. A so-called snapshot and all photography, no matter how composed, are one and the same in this regard. Poverty is its fate, just as it is our own. Herein lies the greatness of photography, which perhaps has killed painting. The real is more important than art, truth more important than creation. The poverty of photography is its grandeur, its humility, its intrinsic virtue. As poor as truth."[1]

For Geraldo de Barros working with the camera was the fulfillment of his final years. It was his life. He seethed with an energy his body would not permit him to express. So he began to transform moments from his own life—those brief, captured moments to which Comte-Sponville refers—into lasting images. De Barros rediscovered his photographs

A Última Fase

"A fotografia é uma arte pobre?" Finais de 1955, André Rouille, redator-chefe da "La Recherche Photographique", fez esta pergunta a artistas, críticos e gente ligada a museus e pediu posicionamento. Embora eu tenha então perdido a chance de um comentário nesta pesquisa de opinião, volta-me à mente esta pergunta, frente ao trabalho de Geraldo de Barros, realizado de 96 a 98. Geraldo não tinha mais possibilidades de prosseguir seu trabalho de pintura: após um derrame, estava preso à cadeira-de-rodas e mal conseguia falar. Presenciei esta sua situação por ocasião de um encontro em Genebra, onde fiquei sabendo que ele retomara seu trabalho de fotografia dos anos 40, que -embora curto- fora tão intenso.

André Comte-Sponville, sob o título "Pauvre comme la vérité", respondeu à pergunta de Rouille e constatou: "A eternidade da fotografia, pois que ela também a tem, depende do encontro de dois instantes: o menor presente possível, como que capturado em pleno vôo e o mínimo de eternidade disponível. Um assim chamado "instantâneo" e toda fotografia, mesmo que posada, são unos. A pobreza é o seu destino, assim como é o nosso. Aí está a grandeza da fotografia, que pode até mesmo ter matado a pintura. O real é mais importante que a arte. A verdade, mais importante que a criação. A pobreza da fotografia é a sua grandeza, sua humildade é a sua própria virtude. Pobre como a verdade".[1]

Para Geraldo de Barros, o trabalho com fotografia foi a sua realização nos seus últimos anos de vida. Ele foi sua vida. Ele estava cheio de energia, que o seu próprio corpo o impedia de utilizar. Assim, ele se ocupou de transformar em imagens duradouras, momentos de

Das Spätwerk

»Ist die Fotografie eine arme Kunst?« fragte Ende 1995 André Rouille, der Chefredakteur von ›La Recherche photographique‹, Künstler, Kritiker und Museumsleute und bat um Stellungnahmen. Zwar hatte ich damals einen Kommentar zu dieser Anfrage versäumt, doch kam mir angesichts der Arbeiten, die Geraldo de Barros von 1996 bis 1998 fertigte, diese Frage wieder in den Sinn. De Barros hatte nach einem Schlaganfall keine Möglichkeit mehr, sein malerisches Œuvre fortzusetzen, war an den Rollstuhl gefesselt und konnte sich nur mühsam artikulieren. Ich erlebte ihn so anläßlich eines Treffens in Genf und erfuhr, daß er die Arbeit mit der Fotografie, die er 1946–51 kurz, aber intensiv gepflegt hatte, wieder aufgenommen hatte.

Auf Rouilles Frage hatte André Comte-Sponville unter dem Stichwort ›Pauvre comme la vérité‹ geantwortet und konstatiert: »Insofern die Fotografie selbst Ewigkeit in sich trägt, liegt diese im Zusammentreffen zweier Momente: im kleinstmöglichen Gegenwärtigen, wie im Fluge erfaßt, liegt das mögliche Minimum an Ewigkeit. Man spricht gerne von Schnappschuß und selbst die inszenierte Fotografie ist ein solcher. Die Armut ist ihr Schicksal, so wie es unseres ist. Genau dort liegt aber auch die Größe de Fotografie und genau dort liegt möglicherweise die Ursache für das Ende der Malerei. Das Wirkliche ist wichtiger als die Kunst, die Wahrheit wichtiger als die Kreativität. Die Armut der Fotografie ist ihre Größe, ihre Unterwürfigkeit ihre eigentliche Tugend. Arm wie die Wahrheit.«[1]

Für Geraldo de Barros war die Arbeit mit der Fotografie die Erfüllung der letzten Jahre seines Lebens. Sie war sein Leben. Er steckte voller Energie, an deren Umsetzung ihn sein Körper hinderte. So befaßte er sich damit, Augenblicke seines

of the 1940s, pictures of skiing in Argentina, souvenirs of his numerous travels, pictures of landscapes and family members, and he began, so to speak, to socialize these personal recollections. Just as human labor in general can be defined as an appropriation or socialization of nature, so de Barros divorced his private memories from their private context, distilled the private character from them, and made them available to society. In so doing he rendered their syntax generally understandable and gave them a timeless validity. He transformed them into works which reflected his thinking as a Concrete artist in an entirely new way.

In the 1950s de Barros largely concentrated on photographing with the aid of multiple exposures, combined with camera rotations, painting-over negatives, and scratching, cutting and reinserting sections of negatives. As such, he submitted his subjects to geometric principles—the pictorial canon of abstraction. In his late phase he employed some of these techniques retrospectively, incorporating existing visual material in this tradition and creating many prints which stood on the borderline between image and reproduction. De Barros achieved what Franz Roh so wonderfully expressed in 1930: "For here, too, hold those two primal joys of man, which ought to coincide like the breathing in and out of every culture, if possible even of every individual: a joy in the actual content, in the most exact 'recognition' of a piece of reality on the one hand, and on the other an enjoyment of the way the same real surroundings become strange, distant, weird…. In other words, to sense the detail, the secret of a larger form."[2]

This "sense" was certainly a joy and provided de Barros fulfillment in the last few years of his life. Precisely the necessity of curtailing his activity opened doors to innovative procedures and visual solutions. De Barros was neither

sua própria vida, que ele já cristalizara em fotos; cada pequeno momento guardado de que fala Comte-Sponville. Ele redescobriu suas fotografias dos anos 40: fotos de temporadas de esqui na Argentina, de suas inúmeras viagens, fotos de paisagens e de sua própria família e começou a "socializar" estas lembranças pessoais. Assim como, de uma maneira geral, o trabalho pode ser definido como a conquista da natureza, sua socialização, assim também Geraldo de Barros arrancou suas lembranças pessoais de seu contexto privado, desfez seu caráter privado e colocou-as à disposição da coletividade. Com isto, tornou sua sintaxe compreensível para todos e deu-lhes validade eterna. Ele transformou-as em obras que revelam uma faceta completamente nova de sua visão de artista concretista. Nos anos 50, em princípio, ele trabalhou com exposições múltiplas, associadas com rotações de câmara, com o raspar e pintar, recortar e remontar de negativos, a regularidade geométrica de seus temas, submetidos aos cânones do abstrato. Na sua última fase, ele reutilizou uma parte desta técnica, para encaixar o material fotográfico já existente, nesta tradição e para produzir obras que se encontrassem numa definição entre quadro e retrato. Ele executou o que Franz Roh, em 1930, tão bem expressou: "Pois que aqui valem os dois prazeres elementares do homem, os quais, como inspirar e expirar, em cada cultura, possivelmente em cada indivíduo, deveriam juntar-se:por um lado, prazer no valor intrínseco, no exato "reconhecer" de um pedaço de realidade; e, por outro lado, o saborear do desconhecido, do remoto, a estranheza do próprio meio-ambiente. Resumindo, a intuição das formas escondidas".[2]

Prazer e satisfação estavam sempre em sua mente em cada um dos seus últimos anos de vida. Assim, suas limitações físicas levaram-no a novas

eigenen Lebens, die er mit Hilfe der Fotografie festgehalten hatte, jene kurzen aufbewahrten Momente, von denen Comte-Sponville spricht, in dauerhafte Bilder zu verwandeln. Er entdeckte seine Fotografien aus den vierziger Jahren wieder, die Fotos vom Skifahren in Argentinien, seinen zahlreichen Reisen, Bilder von Landschaften und seiner Familie und begann diese persönlichen Erinnerungen zu ›vergesellschaften‹. So wie Arbeit generell als Aneignung der Natur, als deren Vergesellschaftung definiert werden kann, so entriß Geraldo de Barros seine privaten Erinnerungen dem privaten Kontext, löste ihren privaten Charakter aus ihnen heraus und stellte sie der Gesellschaft zur Verfügung. Damit machte er ihre Syntax allgemein verständlich und gab ihnen zeitlose Gültigkeit. Er verwandelte sie in Werke, die sein Denken als konkreter Künstler auf ganz neue Weise umsetzten. In den fünfziger Jahren hatte er in erster Linie selbst fotografiert und mit Hilfe von Mehrfachbelichtungen, verbunden mit Drehungen der Kamera, von Übermalungen auf dem Negativ, durch Zerkratzen, durch Herausschneiden und Wiedereinsetzen von Negativteilen, seine Sujets geometrischen Gesetzmäßigkeiten, dem bildnerischen Kanon des Abstrakten unterworfen. Im Spätwerk benutzte er retrospektiv einen Teil dieser Techniken, um bereits vorhandenes Bildmaterial in diese Tradition einzuordnen und Bilder zu schaffen, die auf der Kippe zwischen Bild und Abbild stehen. Er vollzog, was Franz Roh 1930 so wunderbar ausdrückte: »Denn auch hier gelten die zwei Urfreuden des Menschen, die wie Aus- und Einatmen in jeder Kultur, möglichst sogar in jedem Individuum zusammentreffen sollten: Freude am Realgehalt, am genauesten ›Wiedererkennen‹ eines Wirklichkeitsstückes einerseits und andererseits der Genuß des Fremd-, Entlegen-, Seltsamwerdens derselben Umwelt … Im Kleinen also ein größeres Formgeheimnis zu ahnen.«[2]

physically capable of making pictures in the conventional way, nor of using a camera. Reworking his earlier photos gave him a new challenge. Following his instructions, an assistant cut negatives and occasionally prints, and arranged them into collages on glass plates according to de Barros's directions, and then fixed the results with black insulating tape. He even discovered new abstract compositions in discarded material lying on a glass plate, or eagerly incorporated the ends of films that were supposedly to be discarded.

In a certain sense this procedure recalls the same method of Hans-Peter Feldmann, who produced more than three dozen picture books based on mass-media images converted to his own aesthetic ends. "He provided for their re-evaluation and brought them into a certain understandable order by divorcing them from the familiar, ordinary context in which they normally confront us. Feldmann is aware of the rigorous formal and stylistic conventions that govern the images in the media and he now overlays it with his own aesthetic system in order to lend them concision and permit comparisons."[3] Feldmann did not alter this imagery, but subjected it to his scheme solely by means of re-arrangement.

De Barros, in contrast, brought order into his late work by cutting out and collating personal memories in the wake of Concrete Art. Yet in Feldmann's work, we also find painted reproductions of ancient Greek or Roman sculptures which indicate an act of change, an artistic incursion beyond mere organization. While these incursions tend to point to the original polychrome treatment of Greek art, de Barros's Concrete Art and vacation photos seem, on the face of it, to have little in common. They converge solely in the personality of the artist, in the thinking of de Barros, who up until that point had derived his formal canon from an aesthetic program that

descobertas, dando origem a criações de quadros e procedimentos inovadores. Geraldo de Barros já não tinha condições físicas para pintar ou fotografar de maneira tradicional. Assim, o retrabalhar de suas velhas fotografias, tornou-se para ele um desafio. Sob sua orientação, uma assistente recortava velhos negativos e cópias, os quais fixava com fita isolante preta sobre placas de vidro, num trabalho de colagem que ele supervisionava. Por fim, até mesmo entre as "sobras" que estavam sobre as placas de vidro, ele descobria novas composições abstratas ou encantava-se com os finais de filmes que, normalmente, seriam jogados fora.

De uma certa maneira, estes procedimentos lembram o método de Hans-Peter Feldmann, que se posicionou nos meios de comunicação de massa, com mais de três dúzias de livros de gravuras, os quais classificou em seu próprio conceito artístico. "Retirando-os do conceito prosáico do dia-a-dia, em que normalmente os vemos, proporciona sua valorização e leva a uma certa ordem compreensível. Feldmann conhece o rigor das convenções estilísticas a que estão sujeitas as imagens dos meios de comunicação; ele então as recobre com seu próprio sistema estilístico, para dar-lhes densidade e possibilitar comparações"[3]. Feldmann não alterava as imagens, mas, ordenando-as em seu próprio sistema, subjugava-as a ele. Geraldo de Barros pelo contrário, através do recortar e montar colagens de suas lembranças privadas, colocou o trabalho de sua última fase, como sucessor do concretismo. Não obstante, em pinturas de Feldmann reproduzindo antigas esculturas, também deparamos com o ato do alterar da intervenção artística, que vai além da ordem pura. Enquanto que esta manipulação artística tende mais para o conceito original de cor da arte grega, arte concreta e fotos de férias não têm nada a ver uma com as outras. Elas

Freude und Erfüllung war es ihm ganz gewiß in jenen letzten Jahren seines Lebens. So führte gerade die Notwendigkeit der Beschränkung zu neuen Entdeckungen, öffnete Türen zu neuartigen Verfahren und Bildlösungen. De Barros war körperlich nicht mehr in der Lage, auf traditionelle Art Bilder zu machen oder auch zu fotografieren. So wurde ihm die Weiterverarbeitung seiner alten Fotos eine neue Herausforderung. Eine Assistentin schnitt nach seinen Anweisungen die Negative, aber auch mitunter alte Abzüge, collagierte alles nach seinen Angaben auf Glasplatten und fixierte es mit Hilfe von schwarzem Isolierband. Schließlich endeckte er sogar noch in den Überbleibseln, die auf Glasplatten abgelegt wurden, neue abstrakte Kompositionen oder begeisterte sich für die Filmenden, die man sonst wegwarf.

In gewisser Hinsicht erinnern diese Verfahren an die Methode Hans-Peter Feldmanns, der sich mit seinen mehr als drei dutzend Bilder-Büchern auf Abbildungen in den Massenmedien bezog und sie in sein eigenes künstlerisches Konzept einreihte. »Er sorgt für deren höhere Wertschätzung und bringt sie in eine gewisse verständliche Ordnung, indem er sie aus dem gewöhnlichen Kontext des Alltags, in dem sie uns sonst begegnen, herausnimmt. Feldmann kennt die strengen formalen und stilistischen Konventionen, denen die Bilder der Medien unterliegen, und er überzieht sie nun mit seinem eigenen formalen System, um ihnen eine Dichte zu verleihen und Vergleiche zu ermöglichen.«[3] Feldmann veränderte die Bilder nicht, er unterwarf sie seinem System, indem er sie dort einordnete. De Barros dagegen ordnete in Rahmen seines Spätwerks durch Herausschneiden und Kollagieren private Erinnerungen in die Nachfolge konkreter Kunst ein. Dennoch treffen wir auch bei Feldmann, bei seinen bemalten Reproduktionen antiker Skulpturen auf den Akt des Veränderns, des künstlerischen Eingriffs, der über die

included cross-references to furniture design, to the tradition of the Ulm College of Design, and to Brazilian modernism—a range of highly abstract principles based on geometric and mathematical factors cast in aesthetic form.

In his late phase, de Barros sought a compromise between the vitality and variety of the vacation pictures and that rigorous thinking in reduced geometric structures which had characterized his previous work. He selected certain elements of pictorial composition and, by cutting out black planes from the photos, made these the center of the image. This reduced the significance of the remaining elements—figures, landscapes, or buildings—which, in their new context, gave the impression of narrative accessories. There remained only an increment of substantial and illustrative context, just enough to indicate the source of the composition.

With this technique de Barros logically developed the line of thinking he had pursued in the 1940s and 1950s. As faithfully as he had cleaved to the principles of Concrete Art in his painting, photography offered him the new possibility of finding a balance between subjectivity and concreteness. The generative tendencies in contemporary photography concentrate largely on such imminent compositional principles: "It searches for the images intrinsic to photography, to its apparatus and technology, not for the mentally conditioned images intrinsic to the photographer.... It represents rational principles of design such as that of 'visual investigation' (*Allensleben*), not emotion-charged expression. It operates with elemental means, with light and light-sensitive material, and thus penetrates to the roots of the photographic process. It is a kind of visual basic research that has long taken place in the field of the older artistic media. At the same time, generative photography is a kind of 'concrete photography,' because its signs are

juntam-se apenas e tão somente na pessoa do artista, na mente de Geraldo de Barros, que até então tinha seus princípios de formas baseados em seu próprio programa estético, estava ligado ao design de móveis, seguia a tradição da Ulmer Hochschule für Gestaltung e desviara-se do modernismo brasileiro; ou seja, de um trabalho bem abstrato de dimensões geométricas e matemáticas, fundira formas estéticas.

Em sua última fase, ele desenvolveu um equilíbrio entre a vivacidade e multiplicidade das fotos de férias e a anterior rigidez de raciocício em estruturas geométricas reduzidas, que o seu trabalho até então mostrara. Ele retirou elementos básicos da composição fotográfica e, através de recortar áreas negras, transformou-os no ponto principal dos quadros. Os elementos remanescentes com pessoas, partes de paisagens, casas, recuam em seu significado para trás destas estruturas e, neste novo enquadramento, passam a ser encarados como acessórios narrativos. Apenas um resto dos elementos de conteúdo e contexto permanecem; apenas o suficiente para deixar perceptível a origem da criação.

Com estes procedimentos, Geraldo de Barros deu prosseguimento consequente à sua linha de trabalho, desenvolvida nos anos 40 e 50. Pois, tanto ele, em seu trabalho de pintura, permaneceu fiel aos princípios da arte concreta, quanto abriram-se para ele, na fotografia, possibilidades de encontrar um equilíbrio entre subjetividade e concretismo. As tendências construtivas na fotografia da atualidade, concentram-se em geral nos princípios imanentes da criação artística: "Ela busca os quadros interiores da fotografia, sua aparelhagem e tecnologia – e não os quadros interiores dos fotógrafos, de origem psíquica … Ela representa princípios racionais de criação, como os da "análise visual" (Allensleben) e não

reine Ordnung hinausgeht. Während diese Eingriffe jedoch eher auf das ursprüngliche Farbkonzept der griechischen Kunst verweisen, haben konkrete Kunst und Urlaubsfotos zunächst einmal nichts miteinander zu tun. Sie treffen sich einzig und allein in der Person des Künstlers, im Denken von de Barros, der bis dahin seinen Formenkanon aus seinem ästhetischen Programm, seinen Querverbindungen zur Möbelgestaltung, der Tradition der Ulmer Hochschule für Gestaltung und Verbindungen zur brasilianischen Moderne abgeleitet hatte, also aus einem sehr abstrakten Regelwerk geometrischer und mathematischer Größen, in ästhetische Formen gegossen.

In seinem Spätwerk entwickelte er nun einen Kompromiß zwischen der Lebendigkeit und Vielfalt der Urlaubsfotos und jenem strengen Denken in reduzierten geometrischen Strukturen, die sein bisheriges Werk ausgezeichnet hatte. Er griff Grundelemente der Bildkomposition heraus und machte sie durch Herausschneiden schwarzer Flächen zur Hauptsache des Bildes. Die verbleibenden Bildelemente mit Personen, Landschaftsausschnitten, Häusern treten dadurch in ihrer Bedeutung hinter diese Strukturen zurück und werden innerhalb des neuen Gefüges als erzählerische Accessoires empfunden. Nur noch ein Rest an inhaltlichem und abbildendem Kontext bleibt bestehen, gerade soviel, um die Herkunft der Komposition nachvollziehbar zu machen.

Mit diesem Verfahren verfolgte de Barros konsequent seine in den vierziger und fünfziger Jahren entwickelte Linie weiter. Denn so sehr er in seiner malerischen Arbeit den Grundprinzipien konkreter Kunst treu blieb, so sehr eröffneten sich für ihn in der Fotografie Möglichkeiten, eine Balance zwischen Subjektivität und Konkretheit zu finden. Die generativen Tendenzen in der Fotografie der Gegenwart konzentrieren sich im allgemeinen auf die immanenten Ge-

nothing but indications, being neither illustrations nor symbols."[4]

Many of de Barros's photographic works of the 1950s reflect these basic principles, in every case where abstract compositions were shaped from the light entering the camera, and where the focus was solely on the fundamental elements of the photographic activity, camera technique and light. Yet the early series also contain sufficient examples of subjective vision, when framing or lighting are used to alienate familiar things, or when a reworking of the negative made the photograph mere raw material for the creation of imagery by hand. De Barros has always remained independent of artistic canons and schools which would have constricted his creative range. He is "a man in tune with the world. His has the knowledge of a new impulse that impels him to use freedom"—as his friend Mário Pedrosa affirms. "This is doubtless the fundamental condition for the artist in modern society, 'The spiritual exercise of freedom.' A freedom the artist reinvents and retakes, as he is the inventor of evidences between art and man.... Geraldo de Barros deconstructs the meaningful image, predominantly imitative; he endeavors again and again to place himself at a distance from its literariness."[5]

This intermediate position between abstraction and narration, between pure photographic experiment and painterly, collage-based reworking, makes it difficult to associate de Barros's work with any specific direction in modern art. Though open to the influence of the Bauhaus and in close contact with the Ulm School, de Barros retained the subjective viewpoint, the broad palette of whose applications he began to explore in the 1950s. Only at an advanced age did he decide to limit this palette: "At seventy-two, Geraldo de Barros warns, 'enough of work' and [proclaims] with his customary sense of humor that

uma expressão emocional. Ela trabalha com meios elementares como luz e material fotossensível, voltando às raízes do processo fotográfico. É uma espécie de pesquisa dos fundamentos visuais, como há muito já aconteceu nos meios artísticos mais antigos. Fotografia construtiva é uma espécie de "fotografia concreta", pois que suas alusões não são mais que indícios, nem retratistas, nem simbólicas"[4].

Muitos trabalhos fotográficos de Geraldo de Barros dos anos 50, seguem estes princípios básicos – sempre que ele, a partir da luz, fotografou composições abstratas, utilizando-se exclusivamente dos elementos básicos da fotografia e da técnica de câmara e de luz. Mas, também já encontramos em suas séries anteriores, exemplos suficientes de visão subjetiva, onde ele transforma o rotineiro em desconhecido, através da escolha de enquadramento ou composição de luz, ou quando através do retrabalhar do negativo, a foto passa a ser somente uma matéria-prima, para o trabalho artesanal de criação do quadro. Geraldo de Barros jamais permitiu que quaisquer normas de escolas artísticas o tolhessem ou limitassem seu trabalho. "Geraldo de Barros é um homem em ressonância com o mundo. Ele tem o conhecimento de um novo impulso que o impele a usar a liberdade – como afirma seu amigo Mário Pedrosa. Esta é, sem dúvida, a condição fundamental para o artista na sociedade moderna, o exercício espiritual da liberdade. Uma liberdade que o artista reinventa e retoma, pois que ele é o inventor das evidências entre arte e homem ... Geraldo de Barros desmonta a imagem significativa, predominantemente imitadora, sempre e sempre tentando por-se à distância de seu significado literal".[5]

Esta posição entre abstração e narrativa, entre puro experimento fotográfico e o retrabalhar através de pintura e colagem, torna difícil encaixá-lo

staltungsprinzipien: »Sie sucht nach den inneren Bildern der Fotografie, ihres Apparates und ihrer Technologie – nicht nach den psychisch bedingten inneren Bildern des Fotografen … Sie repräsentiert rationale Gestaltungsprinzipien, wie die der ›visuellen Untersuchung‹ (Allensleben), nicht den gefühlsbetonten Ausdruck. Sie operiert mit elementaren Mitteln, dem Licht, dem lichtempfindlichen Material, und stößt so zu den Wurzeln des Fotoprozesses vor. Sie ist eine Art visueller Grundlagenforschung, wie sie im Bereich älterer künstlerischer Medien längst stattgefunden hat. Generative Fotografie ist zugleich eine Art ›konkreter Fotografie‹, denn ihre Zeichen sind nichts als Anzeichen, weder Abbilder noch Symbole.«[4]

Viele der fotografischen Arbeiten von de Barros aus den 50er Jahren entsprechen diesen Grundprinzipien – wo immer er in der Kamera aus Licht abstrakte Kompositionen schuf und sich so ausschließlich auf die Grundelemente des Fotografierens, die Kameratechnik und das Licht bezog. Doch finden wir bei ihm auch in den frühen Serien schon genügend Beispiele für subjektives Sehen, wo er durch Ausschnittwahl oder Lichtgestaltung Alltägliches verfremdete, aber auch wo ihm durch Bearbeitung des Negativs das Foto nur noch als Rohmaterial für die handwerkliche Erzeugung von Bildern diente. De Barros ließ sich zu keiner Zeit durch Regelwerke künstlerischer Schulen oder Tendenzen einbinden und in seinem Schaffen einschränken. Geraldo de Barros ist ein Mann in Einklang mit der Welt. Ihm ist jenes Wissen um einen neuen Impuls eigen, das, wie sein Freund Mário Pedrosa bestätigt, in die Lage versetzt, von der Freiheit Gebrauch zu machen. Hier handelt es sich zweifelsfrei um die Grundbedingungen für den Künstler in der modernen Gesellschaft: in der geistigen Inanspruchnahme von Freiheit. Eine Freiheit, die der Künstler auf's Neue erfindet und immer wieder in Anspruch

he will now dedicate himself to *sobras* [leftovers]."[6]

With this step he entered an entirely different tradition, but practiced it without prejudice to his personal identity. De Barros managed to link the developmental strands of abstraction, subjectivity and conceptualism on the basis of the "ready-made." He treated his vacation photographs as ready-mades and raw material. With a few cuts, a black wedge inserted in a landscape in place of a hill, a cut-out sky, a black silhouette encompassing a head, he succeeded in infusing the illustrative, narrative content of an image with a generative aspect of at least equal weight. In this way, the great compositional "gestalt" became the dominating element, to which the illustrative elements add their blithe, gossipy accompaniment.

The astonishing thing about these cut-out, black sections is that their affinity with shadows lends them substantial presence within black-and-white photography. Not that one would mistake them for actual shadows—they are too uniformly black and divorced from objects for that. Yet they do have a strong presence and blend into the image as if by mimicry. The black planes do not pretend to be shadows; nor do they have the effect of empty spaces. They are, as it were, relatives of shadows which perversely exhibit none of the traits of their family tree. What S. D. Sauerbier once said about shadows applies as well to de Barros's black cut-outs: "Shadows are by definition insubstantial—the artist pins them down to things."[7]

With some of his imagery, produced by arrangements of photo and tape fragments on a glass plate, de Barros comes close to the sources of the photogram as practiced by the artist Christian Schad (1894–1982), especially such images as *Shadograph No. 8* of 1919, or *No. 172* of 1977.[8] Far more intriguing, however, are the links with contemporary

em uma única linha de trabalho. Embora estivesse aberto às influências da Bauhaus e tivesse estreito contato com a escola de Ulm, ele manteve uma posição subjetiva, tendo experimentado, nos anos 50, toda uma vasta raia de possibilidades. Somente em idade avançada, decidiu-se a reduzir o âmbito de seu trabalho: "Aos 72 anos, Geraldo de Barros declarou 'já trabalhei o suficiente' e declarou, com seu costumeiro senso-de-humor, que agora se dedicaria às sobras"[6] Com isto, dirigiu-se para uma tradição completamente nova, porém sem abdicar de sua identidade. Ele conseguiu aliar as alas de desenvolvimento do abstracionismo, subjetivismo e conceitualismo, com o princípio dos "ready mades". Ele encarava suas fotos de férias, ao mesmo tempo como "ready mades" e matéria-prima. Com uns poucos recortes, com uma nesga negra substituindo uma colina na paisagem, com um céu recortado, com uma silhueta negra insinuando uma forma de cabeça, conseguiu dar um peso construtivista ao conteúdo retratado e narrado no quadro. Com isto, o arranjo da composição, torna-se o elemento dominante do quadro e, seus componentes, tornam-se secundários.

O surpreendente nestas áreas negras recortadas, está no fato de que, por sua similaridade com sombras, passam a ter – no âmbito da fotografia em preto--e-branco- materialidade. Não que se pudesse confundi-las com sombras: para isto são muito uniformemente negras e muito indistintas. Mesmo assim, adquirem uma presença marcante e encaixam-se ao quadro por mimetismo. As áreas negras não se fazem passar por sombras, nem tampouco se comportam como espaços vazios. Elas são similares às sombras, mas ao contrário destas, não dependem do objeto que as origina para se posicionarem. Para Geraldo de Barros, os negros "cut-outs" confirmariam o que disse S. D. Sauerbier sobre as sombras:

nimmt, ist er doch der Erfinder von Evidenzen zwischen Kunst und Mensch … Geraldo de Barros dekonstruiert das bedeutungsvolle, in erster Linie nachahmende Bild; immer wieder strebt er danach, Distanz von seinen literarischen Inhalten zu gewinnen.«[5]

Diese Position zwischen Abstraktion und Erzählerischem, zwischen reinem fotografischen Experiment und malerischer, collagierender Bearbeitung macht es schwer, ihn für bestimmte Richtungen zu vereinnahmen. Obwohl für Anregungen des Bauhauses offen, obwohl in engem Kontakt mit der Ulmer Schule für Gestaltung, beharrt er auf einem subjektiven Standpunkt, spielt er in den fünfziger Jahren mit der breiten Palette der Anwendungsmöglichkeiten. Erst im hohen Alter entschließt er sich, seine Palette zu reduzieren: »Mit 72 gibt de Barros das Zeichen ›Genug gearbeitet‹ und verkündet mit seinem gewohnten Sinn für Humor, daß er sich jetzt den ›Überbleibseln‹ zuwenden wolle.«[6] Mit diesem Schritt begibt er sich in eine völlig andere Tradition, vollzieht ihn jedoch, ohne seine Identität aufzugeben. Es gelingt ihm, die Entwicklungsstränge der Abstrakten, Subjektiven und des Konzeptionellen auf der Basis des ›Ready-made‹ miteinander zu verknüpfen. Seine Urlaubsfotos begreift er als ›Ready-mades‹ und Rohmaterial zugleich. Mit einigen wenigen Schnitten, einem schwarzen Keil in einer Landschaft, der einen Berghügel ersetzt, einem ausgeschnittenen Himmel, der schwarzen Silhouette, die eine Kopfform umgibt, gelingt es ihm, dem abbildenden, erzählerischen Inhalt des Bildes einen ebenso gewichtigen generativen Aspekt hinzuzufügen. Damit wird die große kompositorische Gestalt zum dominierenden Element des Bildes, in das sich die abbildenden Elemente geschwätzig einfügen.

Das Erstaunliche an diesen ausgeschnittenen schwarzen Flächen besteht darin, daß sie, bedingt durch ihre Verwandtschaft mit Schatten, innerhalb der

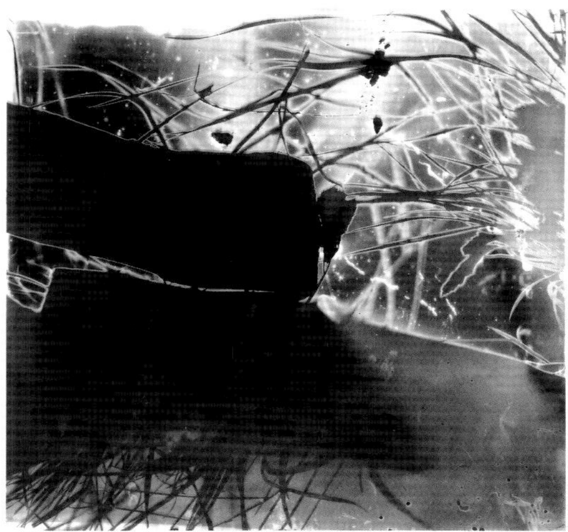

Floris M. Neusüss
Night Scene, photogram, 1987
Imagen noturna, fotograma 1987
Nachtbild, Fotogramm, 1987

art to the employment of black as a structuring element of the composition. This is found in Floris M. Neusüss's *Night Paintings*,[9] as in the work of Bogomir Ecker,[10] Dörte Eissfeldt,[11] Harald Fuchs,[12] or Andreas Mueller-Pohle.[13] Even though in these cases the dominant black planes are usually derived photographically, that is, in the course of a reproductive process, they perform the same function in the resulting image as de Barros's black planes. They relativize the reproductive character of the photograph in favour of pictorial autonomy, and link visual evidence and photographic record with the artist's inner vision and free, aesthetic imagination.

De Barros's works of the 1990s do not merely revise an historical conception. They are intriguingly contemporary, keeping pace with a younger generation of artists who work in photography without denying de Barros's own roots.

Especially compelling is the playful insouciance with which the cuts are executed, resulting in black "shadow planes" that lend the images a new solidity and an entirely different meaning. In view of the contrast-rich and simultaneously

"Sombras são, em princípio, imateriais – o artista é que as materializa".[7]

Com alguns de seus quadros, provenientes das placas de vidro com restos de fita isolante e fotos rejeitadas, Geraldo de Barros reaproxima-se da origem do fotograma e do trabalho de Christian Schad, especialmente em quadros como a Schadografia n° 8 de 1919, ou n° 172 de 1977.[8] Muito mais interessantes, porém, são as relações com a arte da atualidade, com a utilização do preto como elemento estrutural da composição. Como pode-se encontrar nas imagens noturnas de Floris M. Neusüss[9], assim como nos trabalhos de Bogomir Ecker[10], Dörte Eissfeldt[11], Harald Fuchs[12] ou Andreas Mueller-Pohle[13].

Mesmo que, neste caso as áreas negras sejam em sua maioria fotográficas, ou seja, tenham sido obtidas no processo de retratar, preenchem no quadro a mesma função das áreas negras de Geraldo de Barros. Elas tornam relativa a essência retratista da foto, em proveito do quadro; entrelaçam o existente fotografado, com as visões do artista, em sua liberdade de fantasiar formas.

Com seu trabalho dos anos 90, Geraldo de Barros não somente cria um novo conceito histórico, como também é fascinantemente contemporâneo; equipara-se às novas gerações de artistas que trabalham com fotografia, sem perder suas raízes. O impressionante disto é, acima de tudo, a leveza quase brincalhona com que os recortes são feitos, produzindo as negras "áreas de sombra", que trazem ao quadro nova consistência e um significado completamente diferente. Frente às formas dos objetos – ainda reconhecíveis – tão contrastantes e ao mesmo tempo tão simples, lembramo-nos de entalhes expressionistas, de Ernst Ludwig Kirchner, Karl Schmidt-Rottluff ou de trabalhos contemporâneos de Georg Baselitz.

Schwarzweiß-Fotografie Materialität bekommen. Nicht daß man sie für Schatten hielte – dazu sind sie zu einheitlich schwarz und lassen sich nicht figurativ deuten. Sie gewinnen jedoch eine starke Präsenz und fügen sich mimikrihaft ins Bild ein. Die schwarzen Flächen behaupten nicht Schatten zu sein, verhalten sich auch nicht wie Leerstellen. Sie sind gleichsam Verwandte der Schatten, ohne deren entstehungsursächliche Abhängigkeiten aufzuweisen. Für de Barros' schwarze Cutouts gilt, was S. D. Sauerbier über den Schatten sagte: »Schatten sind im Prinzip immateriell – der Künstler macht sie dingfest.«[7]

Mit einigen seiner Bilder, entstanden aus auf der Glasplatte abgelegten Foto- und Isolierbandresten, kommt de Barros wieder ganz in die Nähe der Ursprünge des Fotogramms, zu Christian Schad, insbesondere zu Bildern wie Schadographie Nr. 8 von 1919, oder Nr. 172 von 1977.[8] Weit interessanter aber sind die Bezüge zur Gegenwartskunst, zur Verwendung des Schwarz als strukturierendem Element in der Bildgestaltung. Wir finden es in den Nachtbildern von Floris M. Neusüss[9] ebenso wie bei Bogomir Ecker[10], Dörte Eissfeldt[11], Harald Fuchs[12] oder Andreas Mueller-Pohle[13]. Auch wenn dort die dominanten schwarzen Flächen meist fotografisch, d.h. im Rahmen des Abbildungsprozesses gewonnen wurden, erfüllen sie im Bild dieselbe Funktion wie die ausgeschnittenen schwarzen Flächen bei de Barros. Sie relativieren das Abbildhafte des Fotos zugunsten der Autonomie des Bildes, verknüpfen Vorgefundenes und fotografisch Festgehaltenes mit den inneren Visionen des Künstlers von freier formaler Fantasie.

De Barros legt mit seinen Arbeiten der neunziger Jahre nicht einfach ein historisches Konzept neu auf, sondern ist auf faszinierende Weise zeitgenössisch, zieht mit der jüngeren Generation von Künstlern gleich, die mit Fotografie arbeiten, ohne seine Wurzeln zu verlieren. Beeindruckend dabei ist vor allem die

simplified yet objective-related forms, one recalls the German Expressionist woodcuts of Ernst Ludwig Kirchner (1884–1976) or Karl Schmidt-Rottluff (1880–1938), or contemporary works like those of Georg Baselitz (b. 1938).

Comparing the earlier with the later work, the viewer is baffled to find that the step from the constructive and rational to the expressive is not as large as might have been thought, and that the poles can be bridged in the oeuvre of a

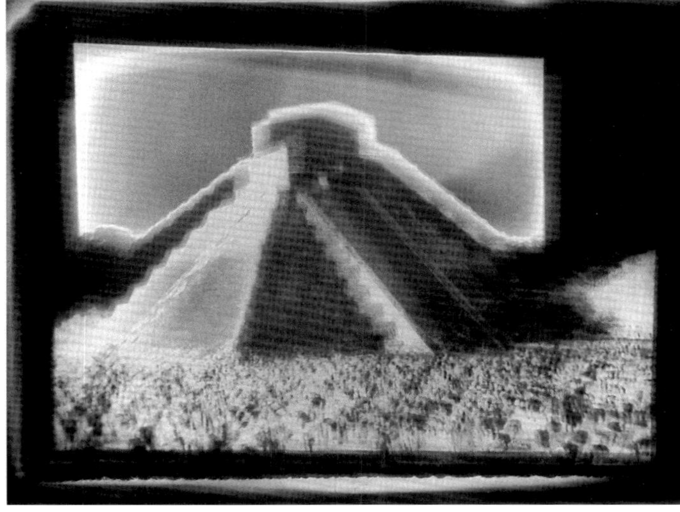

Andreas Mueller-Pohle
The Serpent's Equinox (Dacapo I), 1988
O equinócio da serpente (Dacapo I), 1988
El Equinoccio de la Serpiente (Dacapo I), 1988

single man. However, a viewer should keep in mind that the early experiments in abstract photography by this Brazilian artist were by no means as soberly systematic as those of younger Europeans such as the Belgian Roger Humbert, the Swiss René Mächler, or the German Gottfried Jäger. De Barros's constructivist approach always had a dynamic overtone; the roots of his 1940s photo works are to be found between the Bauhaus and Aleksandr Rodchenko. In other words, not even in his early works was de Barros a representative of pure

Com justificada admiração, pode-se constatar – comparando-se o trabalho anterior e o posterior – que o passo do construtivo e racional para a expressividade, não é assim tão grande, pois que ele pode caber na obra de um único homem. Sem dúvida, deve-se ter em mente que o trabalho de Geraldo de Barros, como brasileiro, já desde os primeiros experimentos de fotografia concreta, não era tão sistemático e árido como o dos europeus um pouco mais

jovens, como os do belga Roger Humbert, do suíço René Mächler ou do alemão Gottfried Jäger. O seu manipular do construtivismo, tinha frequentemente um pouco mais de dinamismo; as raizes de seu trabalho fotográfico dos anos 40, devem ser procuradas entre Bauhaus e Alexander Rodtschenko. Por isto, seus trabalhos anteriores não representam a doutrina pura, senão aproximam-se mais da fotografia subjetiva, com experimentos como os de Heinz Hajek-Halke ou Chargesheimer. Com os seus "cut-outs"

spielerische Leichtigkeit, mit der die Schnitte vollzogen werden, mit der die schwarzen ›Schattenflächen‹ den Bildern neuen Halt und eine gänzlich andere Bedeutung geben. Man fühlt sich angesichts der kontrastreichen und gleichzeitig einfachen, noch immer dem Gegenstand angelehnten Formen mitunter an expressionistische Holzschnitte erinnert, an Ernst Ludwig Kirchner, Karl Schmidt-Rottluff oder an zeitgenössische Arbeiten wie von Georg Baselitz.

Mit gewisser Verwunderung kann man – das Frühwerk mit dem Spätwerk vergleichend – feststellen, daß der Schritt vom Konstruktiven, Rationalen hin zur Expressivität gar nicht so weit ist, daß er im Œuvre eines einzigen Mannes vereint werden kann. Erinnern sollte man sich allerdings dabei, daß bei de Barros, dem Brasilianer, bereits die frühen konkreten Fotoexperimente nicht so nüchtern-systematisch gerieten wie den etwas jüngeren Europäern, so dem Belgier Roger Humbert, dem Schweizer René Mächler oder dem Deutschen Gottfried Jäger. Sein Zugriff auf Konstruktives beinhaltete stets etwas Dynamisches; die Wurzeln seiner Fotoarbeiten der vierziger Jahre sind zwischen Bauhaus und Alexander Rodtschenko zu suchen. Daher ist er selbst in seinen frühen Arbeiten kein Vertreter der reinen Lehre, sondern gerät in die Nähe der Subjektiven Fotografie, von Experimenten wie denjenigen von Heinz Hajek-Halke oder Chargesheimer. Mit seinen Cutouts der neunziger Jahre verfolgte er einerseits diese subjektive und expressive Linie weiter, verfolgte jedoch auch das Ziel, grundsätzliche Probleme von Fläche und Raum, die er zuletzt im Rahmen seiner raumillusionistischen Bilder, zusammengesetzt aus Stücken laminierter Hölzer, untersucht hatte, im Rahmen seiner fotografischen Arbeit zu erörtern. Anders als bei jenen Bildern ergab sich Räumliches nicht aus der Zusammensetzung geometrischer Flächen, sondern vor allem aus Helldunkel-Kontrasten und dem

doctrine, but showed an affinity with subjective, experimental photography of the type represented by Heinz Hajek-Halke or Chargesheimer. With his many cut-outs of the 1990s he pursued, on the one hand, this subjective, expressive line, while on the other exploring fundamental issues of plane and space of the kind previously addressed in his compositions of laminated wood elements, and the spatial effects these engendered. Unlike those works, space was not suggested by an arrangement of geometric planes but by light-dark contrasts and an interplay of illustrative and abstract elements. The mimetic elements

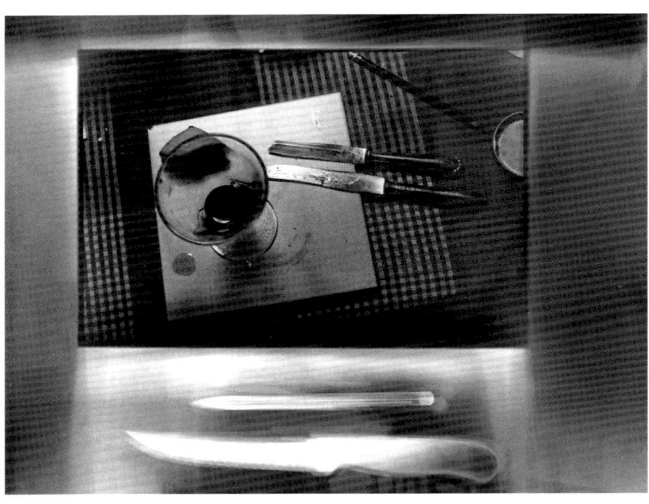

Dörte Eissfeldt
Food and Drink, 1985
Comer e beber, 1985
Essen und Trinken, 1985

evoked spaces which were cancelled out by the interspersed flat black planes. Illusionistic spaces became interior spaces; the black "shadow planes" established the pictorial structure and held the entire composition in the plane.

Remarkable from a technical point of view is the imagery de Barros composed of fragments of negatives and cut-out positive material. Working as if in a frenzy, he initially gave no thought

dos anos 90, por um lado prosseguiu nesta linha subjetiva e expressiva, mas também seguiu a meta de situar em seu trabalho fotográfico questões básicas de área e espaço, que ele por último examinara no âmbito de seus quadros de espaços ilusórios, montados de pedaços de laminado de madeira. Diferentemente de outros quadros, não se formavam áreas da junção de superfícies geométricas, mas sim, principalmente do contraste claro-escuro e do jogo entre elementos abstratos e retratados. As imagens mostravam áreas que as introduzidas áreas negras, desfaziam. Os espaços ilusórios ficavam

ilhados: as negras "áreas de sombras" dominando e sustentando toda a composição do quadro.

Também são impressionantes, do ponto de vista técnico, os quadros que Geraldo de Barros montou a partir de fragmentos de negativo e material já revelado. Como que trabalhando em transe, a princípio não pensou se seria tecnicamente possível fazer cópias destes "negativos". Após

Wechselspiel von abbildenden und abstrakten Elementen. Die Abbilder gaben Räume wieder, die durch die eingefügten schwarzen Flächen erneut aufgehoben wurden. Aus den illusionistischen Räumen wurden Binnenräume: Die schwarzen ›Schattenflächen‹ geben die Bildstruktur vor und halten die gesamte Komposition in der Bildfläche.

Aus technischer Sicht bemerkenswert sind auch die Bilder, die de Barros aus Fragmenten von Negativen und ausgeschnittenem Positivmaterial zusammensetzte. Wie in einem Rausch arbeitend hatte er sich zunächst überhaupt keine Gedanken gemacht, wie es technisch lösbar sei, von solchen ›Negativen‹ Abzüge zu fertigen. Nach zahlreichen Experimenten entschied er sich schließlich für eine der neuesten technischen Lösungen, für digitale Farbprints, die über Laserscans angefertigt wurden. Schließlich wurden sämtliche Negative abgezogen und von ihm kurz vor seinem Tod überprüft, so daß das heute vorliegende Bildmaterial zurecht als authentisch angesehen werden kann. De Barros hatte sich zuletzt auch für das kleine Format entschieden. So sehr diese Arbeiten der neunziger Jahre der Bildwelt dieses Jahrzehnts und einer weit jüngeren Generation von Künstlern verpflichtet sind, so schwer sind sie letztlich aufgrund ihres Formates in diesen Kontext einzuordnen. In einer Zeit, in der Fotoarbeiten nicht groß genug sein können und in Format und Gewicht mit Leinwänden in Konkurrenz treten, wirken derartige Kabinettstücke antiquiert. Sie drängen sich nicht in die Ausstellungshallen der Museen und Ausstellungen, werden eher in den grafischen Kabinetten gezeigt. Dennoch müssen gerade de Barros' Arbeiten der neunziger Jahre, anders als das Frühwerk, das sich in den Kontext der damaligen Fotografie gut einfügt, im Rahmen der bildenden Kunst der Gegenwart gesehen werden. Erst dann erschließt sich ihre Bedeutung für die Gegenwartskunst, aber auch für das Werk

to the practical problem of making prints from such "negatives." After numerous experiments he finally decided on one of the newest technical solutions, digital color prints produced by laser scanning. Ultimately the entire stock of negatives was printed and checked by de Barros shortly before his death, so that the material available today can justifiably be considered authentic. Also, in the end, de Barros decided on the small format.

As closely associated as the 1990s works are with the imagery of the decade and of a much younger generation of artists, their small format makes it difficult to place them in this context. In a period when photographic works cannot be large enough and when they compete with canvases in terms of sheer size and impact, such cabinet pieces may well appear antiquated. They cannot make themselves heard above the visual clamor in today's museum halls and gallery spaces; their preferred milieu is the intimacy of the department of prints and drawings. Nevertheless, unlike his earlier oeuvre, which fits very well into the context of the photography of the day, de Barros's works of the 1990s deserve to be seen within the framework of contemporary visual art. Only then does their significance for the art of our day become apparent, as does their meaning for de Barros's oeuvre itself, the apex of a lifetime's achievement and a reconciliation of painting with photography.

*Translated from the German
by John W. Gabriel*

von de Barros, als Vollendung seines Lebenswerks und als Versöhnung seines malerischen und fotografischen Œuvres.

1 André Comte-Sponville, "Pauvre comme la vie," *La Recherche Photographique*, 18, November 1995, p. 22: "L'éternité de la photographie, car elle a aussi la sienne, est plutôt dans la rencontre de deux instants: c'est le plus petit présent possible, comme attrapé au vol, c'est la miminum d'éternité disponible. Un 'instantané,' dit-on, et toute photographie, même posée, en est un. La

1 André Comte-Sponville, ›Pauvre comme la vie‹ in *La Recherche Photographique*, 18, November 1995, S. 22: »L'éternité de la photographie, car elle a aussi la sienne, est plutôt dans la rencontre de deux instants: c'est le plus petit présent possible, comme attrapé au vol, c'est le minimum d'éternité disponible. Un ›instantané‹, dit-on, et toute photographie, même posée, en est un. La pauvreté est son lot, comme il est le nôtre. La grandeur de la photographie est là, qui peut-être a tué la peinture. Le réel est plus important que l'art. La vérité, plus importante que la création. La pauvreté de la photographie est sa grandeur, son humilité, sa vertu propre. Pauvre comme la vérité.«
2 Franz Roh, ›Der Wert der Fotografie‹, zit. nach *Film und Foto der zwanziger Jahre*, hrsg. von Ute Eskildsen und Jan-Christopher Horak, Stuttgart 1979, S. 166.
3 Garry Garrels, ›Hans-Peter Feldmann‹ in *Fotografie in der Deutschen Gegenwartskunst*, hrsg. von Reinhold Misselbeck, Stuttgart 1993, S. 134.
4 Gottfried Jäger, ›Fotogene Kunst. Von der experimentellen zur bildgebenden Fotografie‹ in *Das Foto als autonomes Bild, Experimentelle Gestaltung, 1839–1989*, Ausstellungskatalog Kunsthalle Bielefeld 1989, S. 38.
5 Sergio Pizoli, in *Geraldo de Barros, Precursor*, Ausstellungskatalog Rio de Janeiro 1996, S. 11: »Geraldo de Barros is a man in tune with the world. His is the knowledge of a new impulse that impels him to use freedom« – as his friend Mario Pedrosa affirms. This is doubtless the fundamental condition for the artist in modern society, ›the spiritual exercise of Freedom‹. A freedom the artist reinvents and retakes, as he is the inventor of evidences between art and man … Geraldo de Barros deconstructs the meaningful image, predominantly imitative; he endeavours again and again to place himself at a distance from its literariness …«
6 Ebenda S. 11: »At seventy-two, Geraldo de Barros warns, ›Enough of work‹ and reclaims with his customary sense of ›humour‹ that he will now dedicate himself to ›left-overs‹.«
7 S. D. Sauerbier, ›Der Schatten Lichtbildner‹ in *Eikon, Internationale Zeitschrift für Fotografie und Medienkunst* 1, 1991, S 6.
8 siehe Floris M. Neusüss, *Das Fotogramm in der Kunst des 20. Jahrhunderts*, Köln 1990, Abb. S. 29, 394.
9 z.B. *Nachtbild* von 1987, siehe Floris M. Neusüss, *Fotogramme*, Ausstellungskatalog Heidelberger Kunstverein, 1992, S. 44.
10 z.B. Nachtfotografien von 1979–81, siehe: *Behind the Eyes, Eight German Artists,*

pauvreté est son lot, comme il est le nôtre. La grandeur de la photographie est là, qui peut-être a tué la peinture. Le réel est plus important que l'art. La vérité, plus importante que la création. La pauvreté de la photographie est sa grandeur, son humilité, sa vertu propre. Pauvre comme la vérité."

2 Franz Roh, "Der Wert der Photographie," quoted in Ute Eskildsen and Jan-Christopher Horak (eds.), *Film und Foto der zwanziger Jahre*, Stuttgart, 1979, p. 166.

3 Garry Garrels, "Hans-Peter Feldmann," in Reinhold Misselbeck (ed.) *Fotografie in der Deutschen Gegenwartskunst*, Stuttgart, 1993, p. 134.

4 Gottfried Jäger, "Fotogene Kunst. Von der experimentellen zur bildgebenden Fotografie," in *Das Foto als autonomes Bild, Experimentelle Gestaltung, 1839–1889* (exh. cat.), Kunsthalle Bielefeld, 1989, p. 38.

5 Sergio Pizoli, quoted in Geraldo de Barros, *Precursor* (exh. cat.), Rio de Janeiro, 1996, p. 11.

6 Ibid.

7 S. D. Sauerbier, "Der Schatten Lichtbildner," in *Eikon, Internationale Zeitschrift für Fotografie und Medienkunst*, 1, 1991, p. 6.

8 See Floris M. Neusüss, *Fotogramm in der Kunst des 20. Jahrhunderts*, Cologne, 1990, figs. pp. 29 and 394.

9 *Nachtbild*, 1987. See Floris M. Neusüss, *Fotogramm* (exh. cat.), Heidelberger Kunstverein, Heidelberg, 1992, p. 44.

10 *Night Photographs*, 1979–81. See *Behind the Eyes, Eight German Artists* (exh. cat.), San Francisco Museum of Modern Art, 1986, pp. 58–63.

11 *Essen und Trinken*, 1985. See *Reste des Authentischen, Deutsche Fotobilder der achtziger Jahre* (exh. cat.), Museum Folkwang, Essen, 1986.

12 *Die Neuordnung der Partitur*, in Harald Fuchs, *de gele rijder* (exh. cat), Arnhem, 1989, p. 25.

13 *Da Capo*, 1988. See *Dokument und Erfindung, Fotografien aus der Bundesrepublik Deutschland, 1945 bis heute*, Berlin, 1989, pp. 165–169.

pauvreté est son lot, comme el est le nôtre. La grandeur de la photographie est là, qui peut-être a tué la peinture. Le réel est plus important que l'art. La vérité, plus importante que la création. La pauvreté de la photographie est sa grandeur, son humilité, sa vertu propre. Pauvre comme la vérité."

2 Franz Roh, 'Der Wert der Fotografie', citado de Film und Foto der zwanziger Jahre, editado por Ute Eskildsen e Jan-Christopher Horak, Stuttgart 1979, pág. 166.

3 Garry Garrels, 'Hans-Peter Feldmann' em Fotografie in der Deutschen Gegenwartskunst, editado por Reinhold Misselbeck, Stuttgart 1993, pág. 134.

4 Gottfried Jäger, 'Fotogene Kunst'. Von der experimentellen zur bildgebenden Fotografie' em Das Foto als autonomes Bild, Experimentelle Gestaltung, 1839–1989, catálogo da exposição na Kunsthalle Bielefeld, 1989, pág. 38.

5 Sergio Pizoli, em Geraldo de Barros, Precursor, catálogo da exposição no Rio de Janeiro 1996, pág. 11:"Geraldo de Barros is a man in tune with the world. His is the knowledge of a new impulse that impels him to use freedom – as his friend Mario Pedrosa affirms. This is doubtless the fundamental condition for the artist in modern society, 'the spiritual exercise of Freedom'. A freedom the artist reinvents and retakes, as he is the inventor of evidences between art and man … Geraldo de Barros deconstructs the meaningful image, predominantly imitative; he endeavours again and again to place himself at a distance from its literariness …"

6 Da mesma fonte, pág. 11: "At seventy-two, Geraldo de Barros warns 'Enough of work' and reclaims with his customary sense of 'humour' that he will now dedicate himself to 'left-overs'

7 S. D.Sauerbier, 'Der Schatten Lichtbildner', em Eikon, Internationale Zeitschrift für Fotografie und Medienkunst 1, 1991, pág. 6.

8 Veja Floris M. Neusüss, Das Fotogramm in der Kunst des 20. Jahrhunderts, Colónia, ilustração pág. 29, 234.

9 P. ex. Nachtbild de 1987, veja Floris M. Neusüss, Fotogramme, catálogo da exposição da Heidelberger Kunstverein, 1992, pág. 44.

10 P. ex. Nachtfotografien de 1979–81, veja Behind the Eyes, Eight German Artists, catálogo da exposição no San Francisco Museum of Modern Art 1986, pág. 58–63.

11 P. ex. Essen und Trinken de 1985, veja Reste des Authentischen, Deutsche Fotobilder der achtziger Jahre, catálogo da exposição no Museum Folkwang, Essen 1986.

12 P. ex. Die Neuordnung der Partitur, em Harald Fuchs, catálogo da exposição de gele rijder, Arnhem, 1989, pág. 25.

13 P. ex. Da Capo de 1988, veja Dokument und Erfindung, Fotografien aus der Bundesrepublik Deutschland, 1945 bis heute, Berlin 1989, pág. 165–169.

Ausstellungskatalog San Francisco Museum of Modern Art 1986, S. 58–63.

11 z.B. *Essen und Trinken* von 1985, siehe: *Reste des Authentischen, Deutsche Fotobilder der achtziger Jahre,* Ausstellungskatalog Museum Folkwang, Essen, 1986.

12 z.B. *Die Neuordnung der Partitur*, in Harald Fuchs, Ausstellungskatalog *de gele rijder*, Arnhem, 1989, S. 25

13 z.B. *Da Capo* von 1988, siehe: *Dokument und Erfindung, Fotografien aus der Bundesrepublik Deutschland, 1945 bis heute*, Berlin 1989, S. 165–169.

Sobras
1996–1998

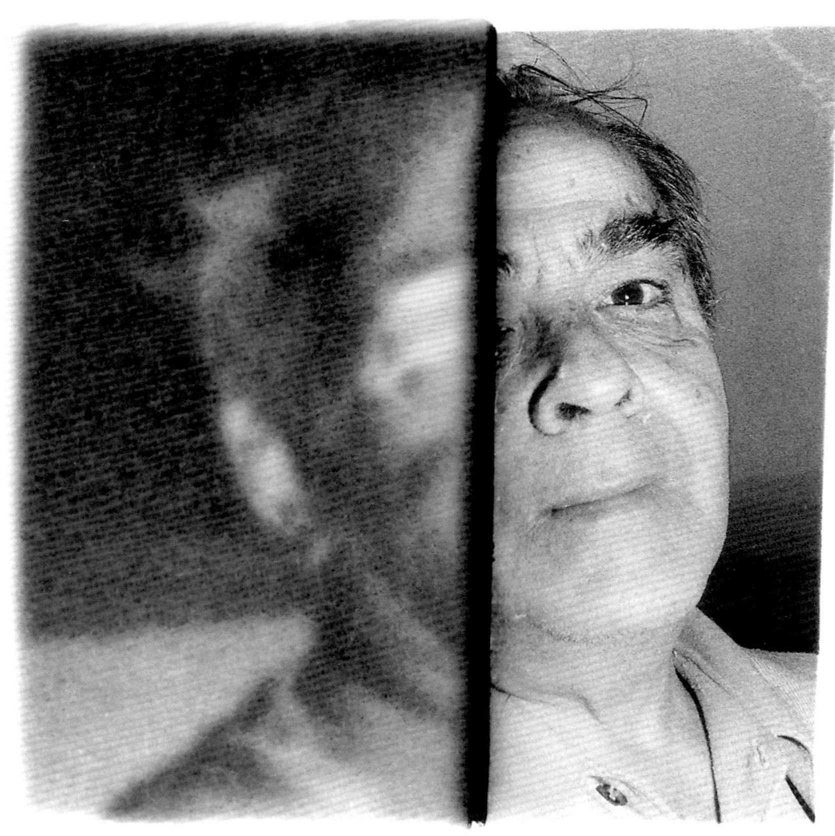

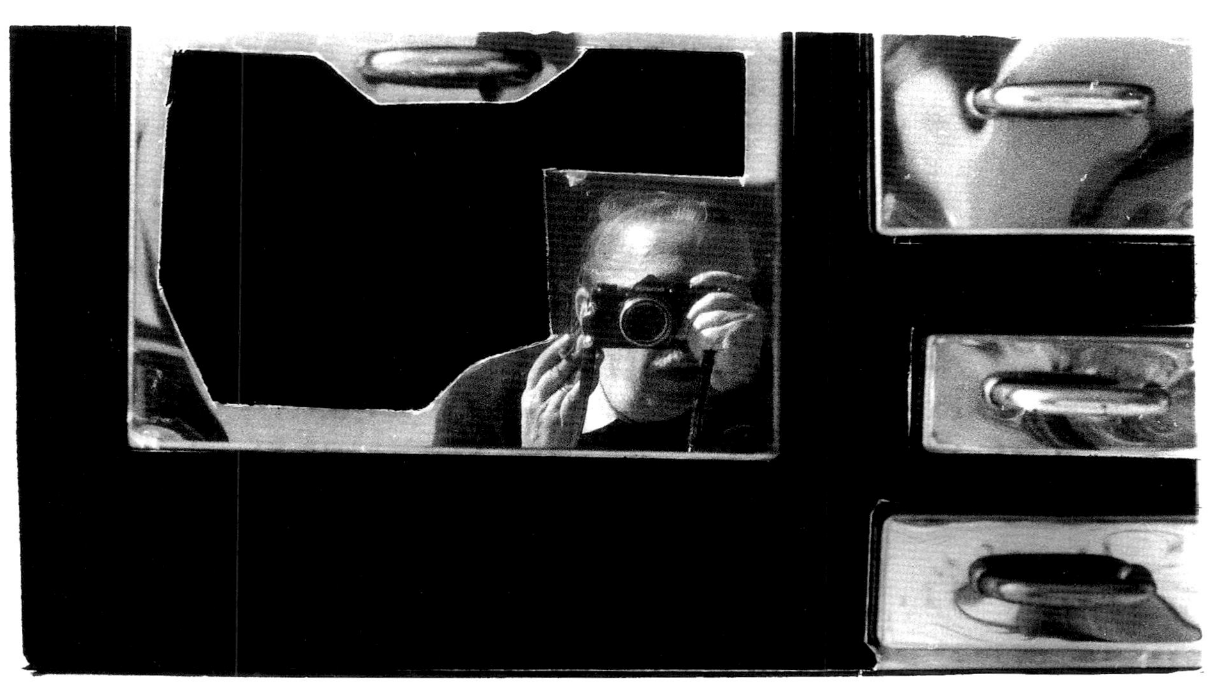

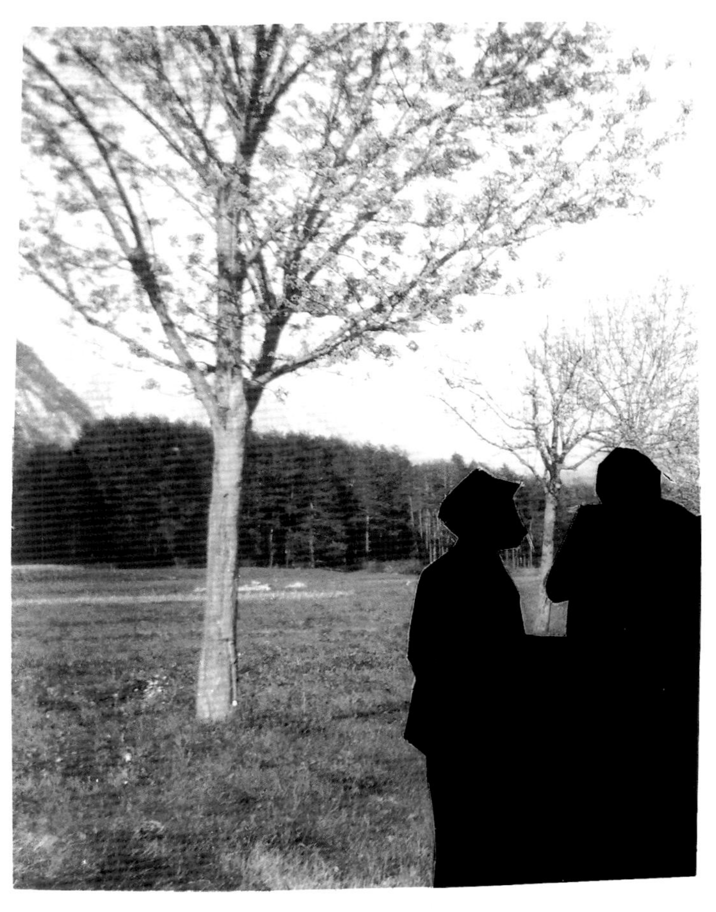

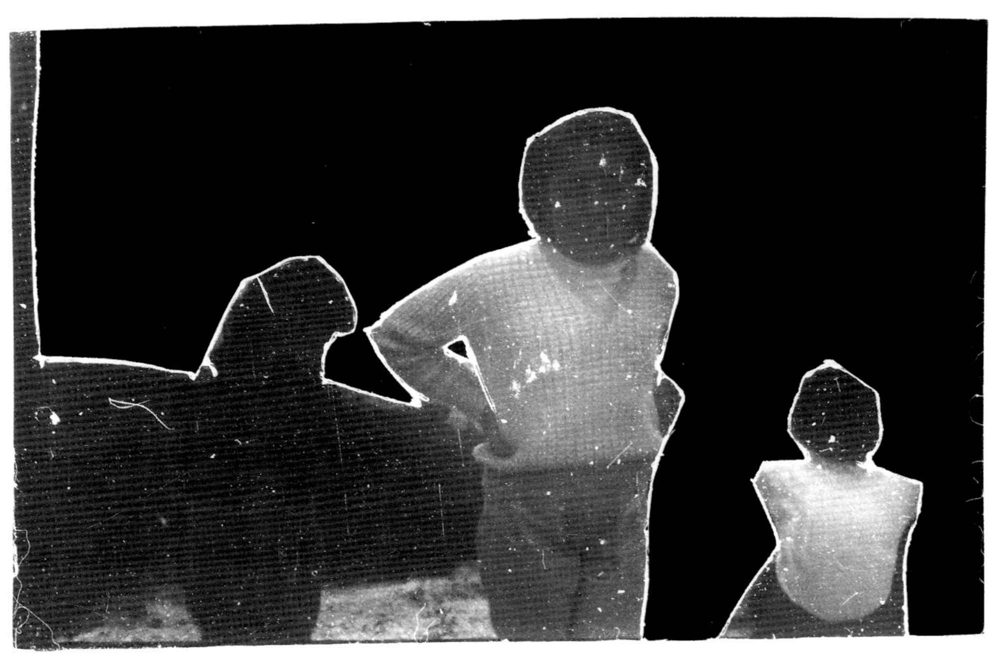

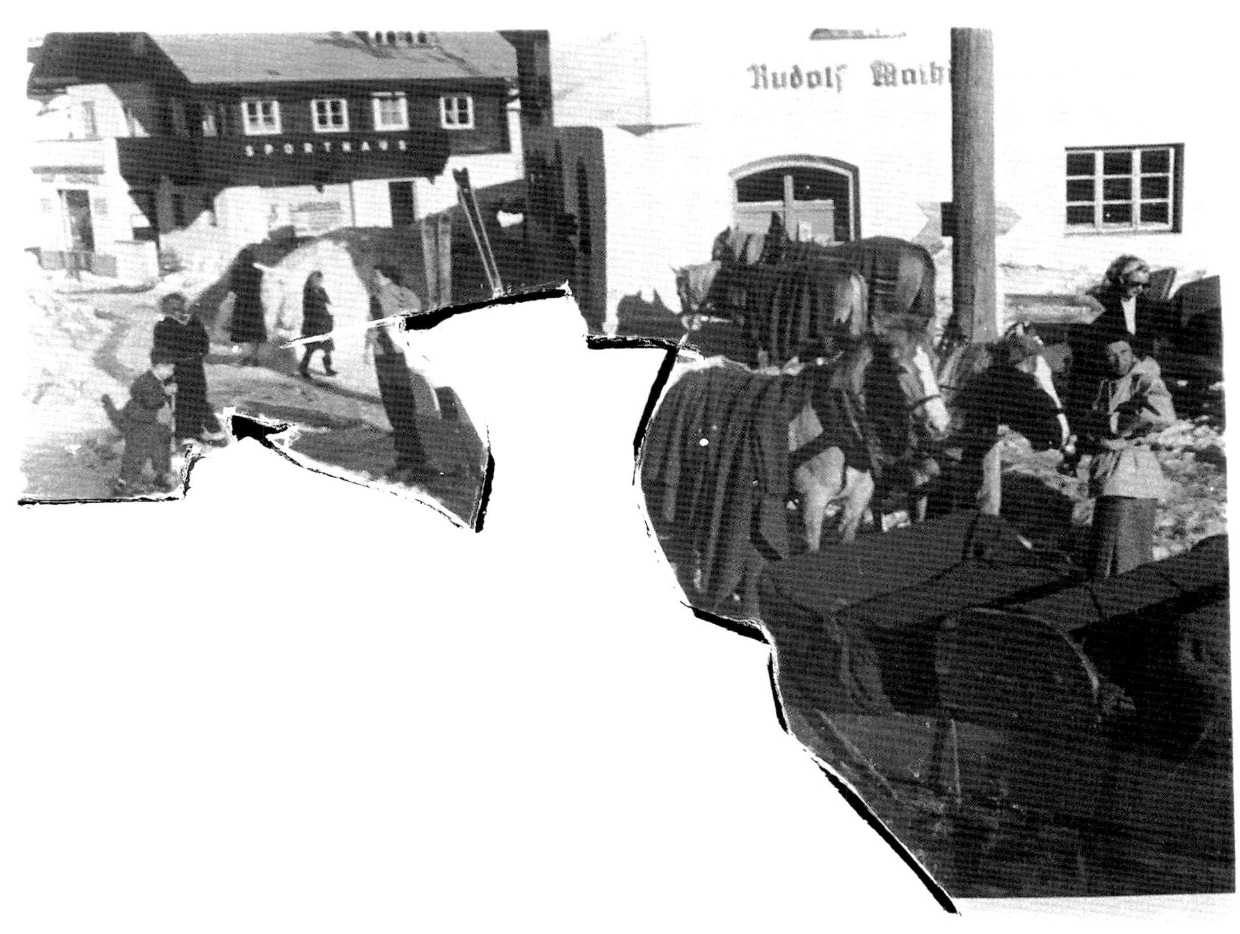
SPORTHAUS
Rudolf Mai

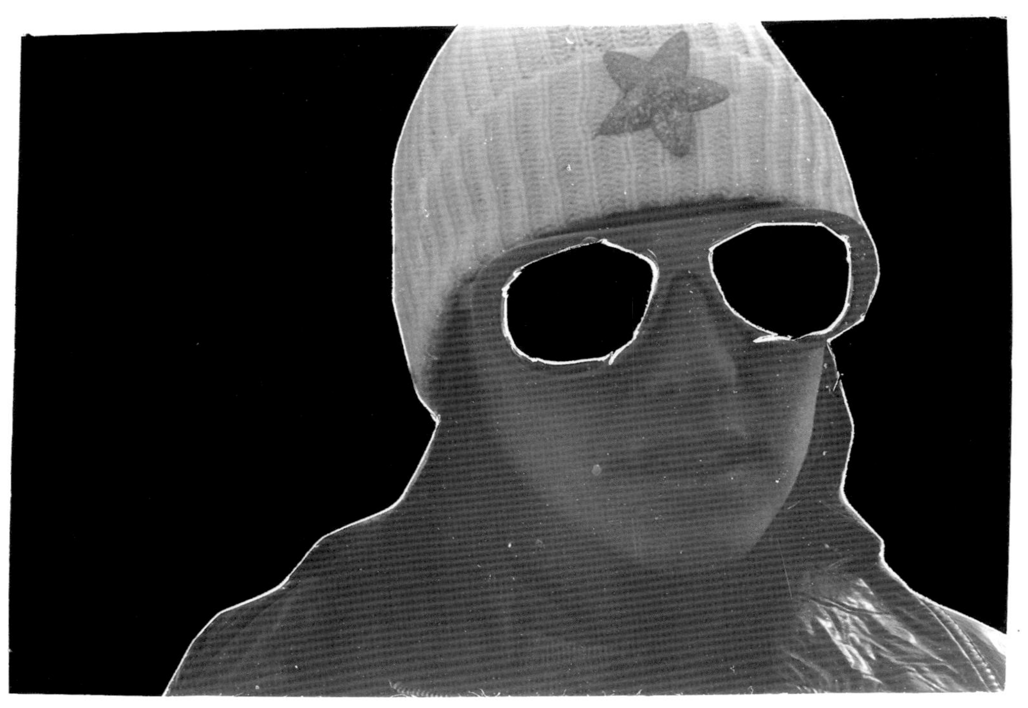

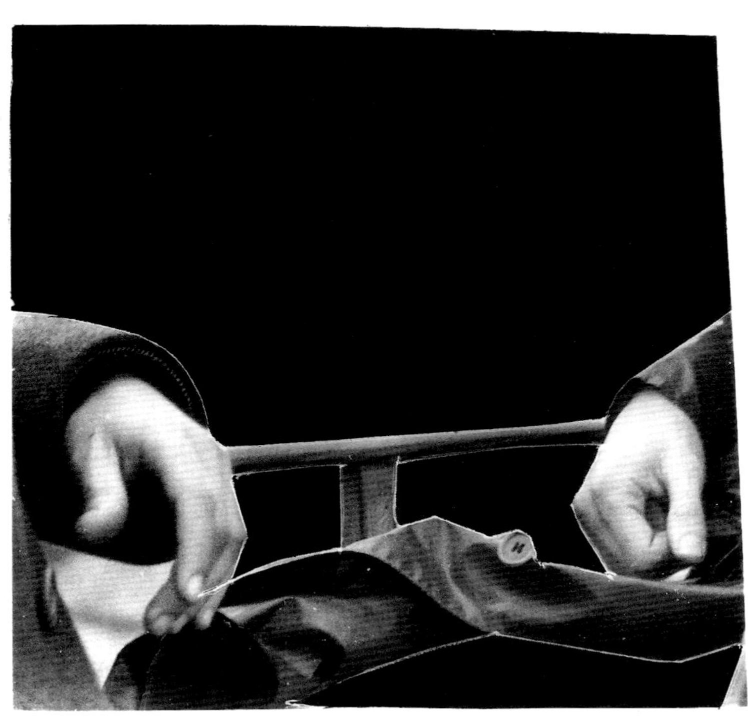

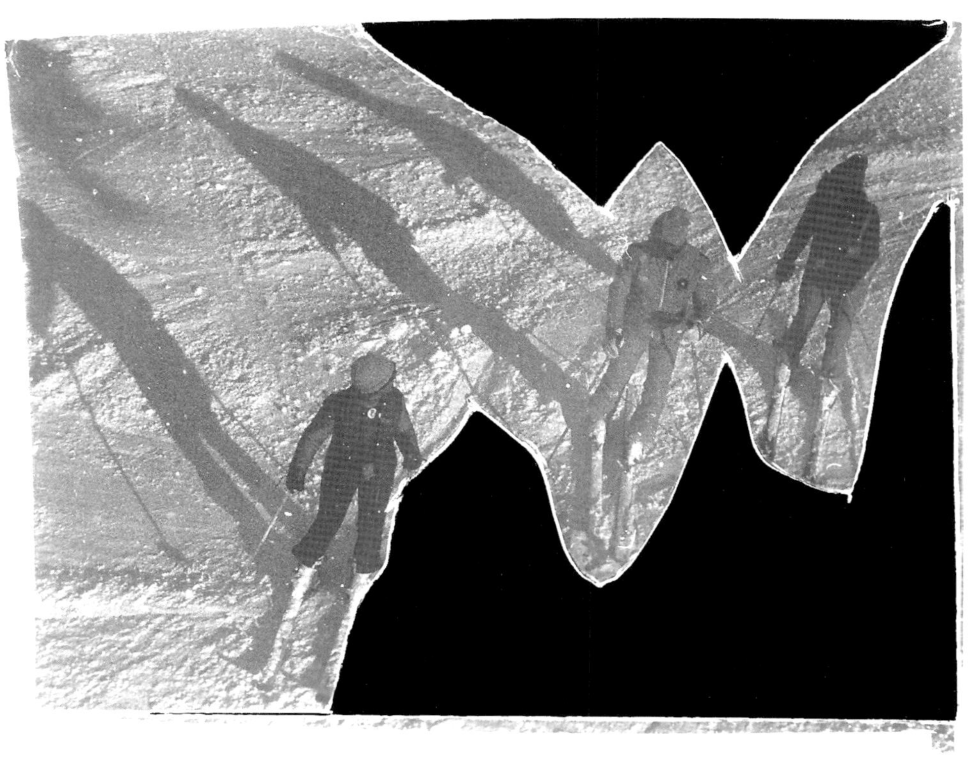

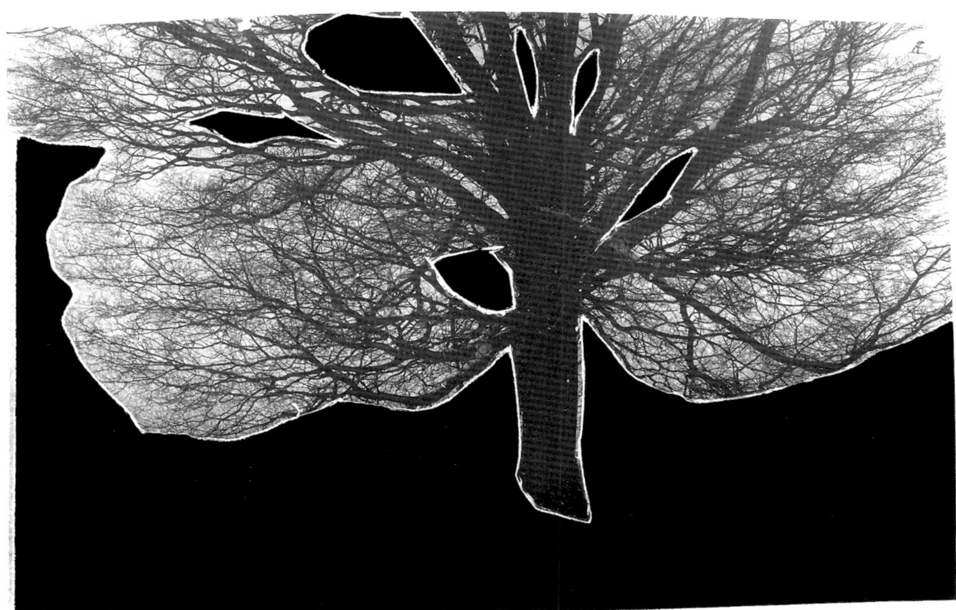

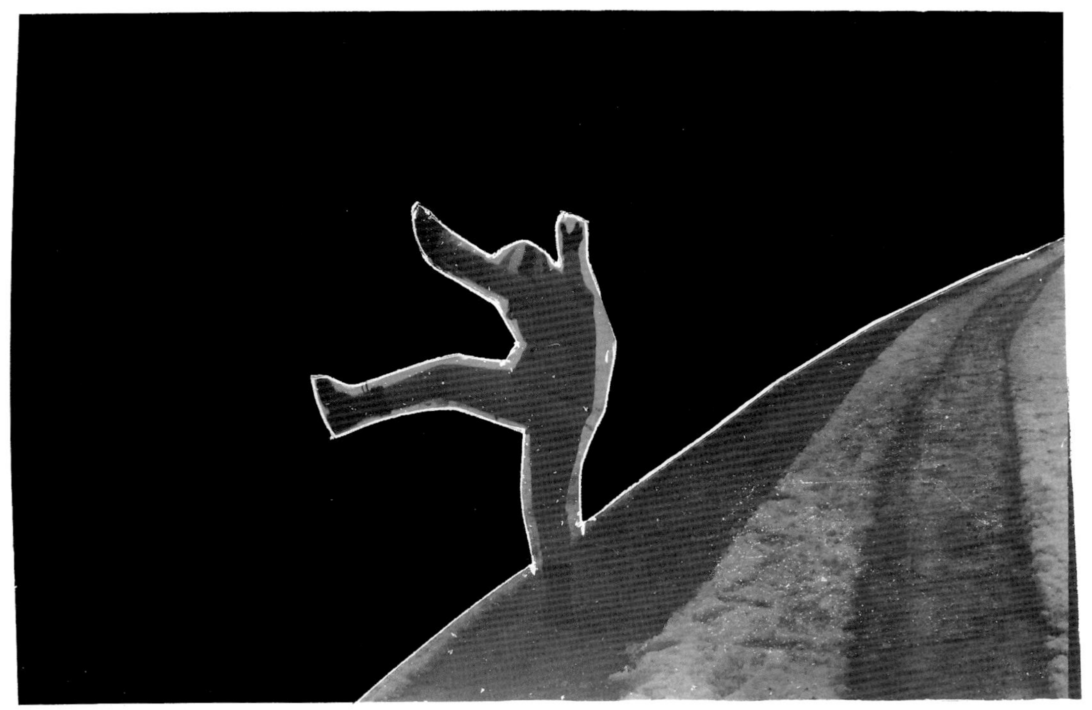

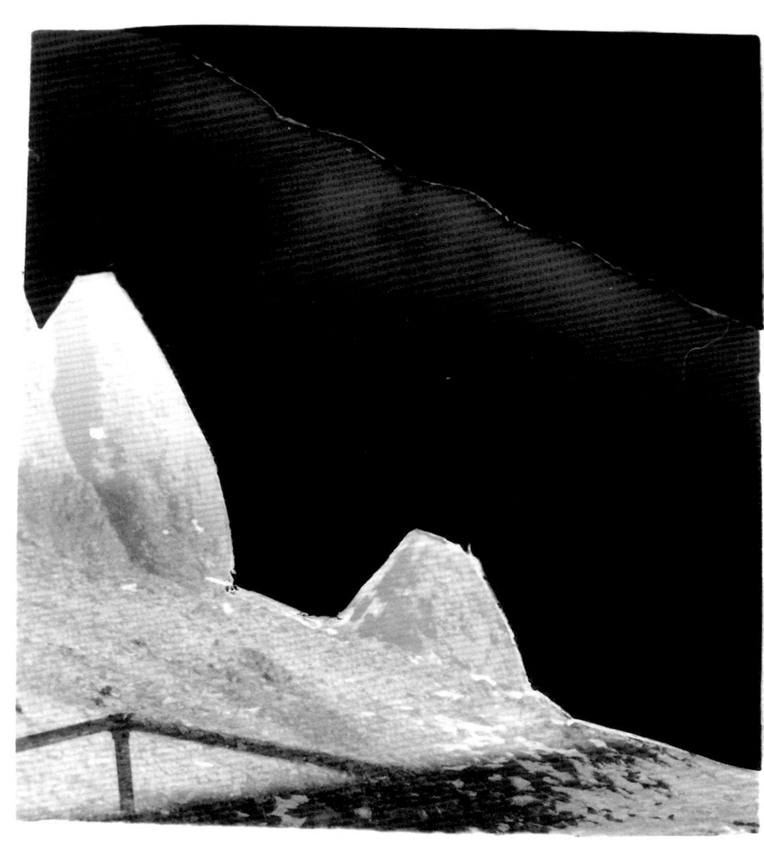

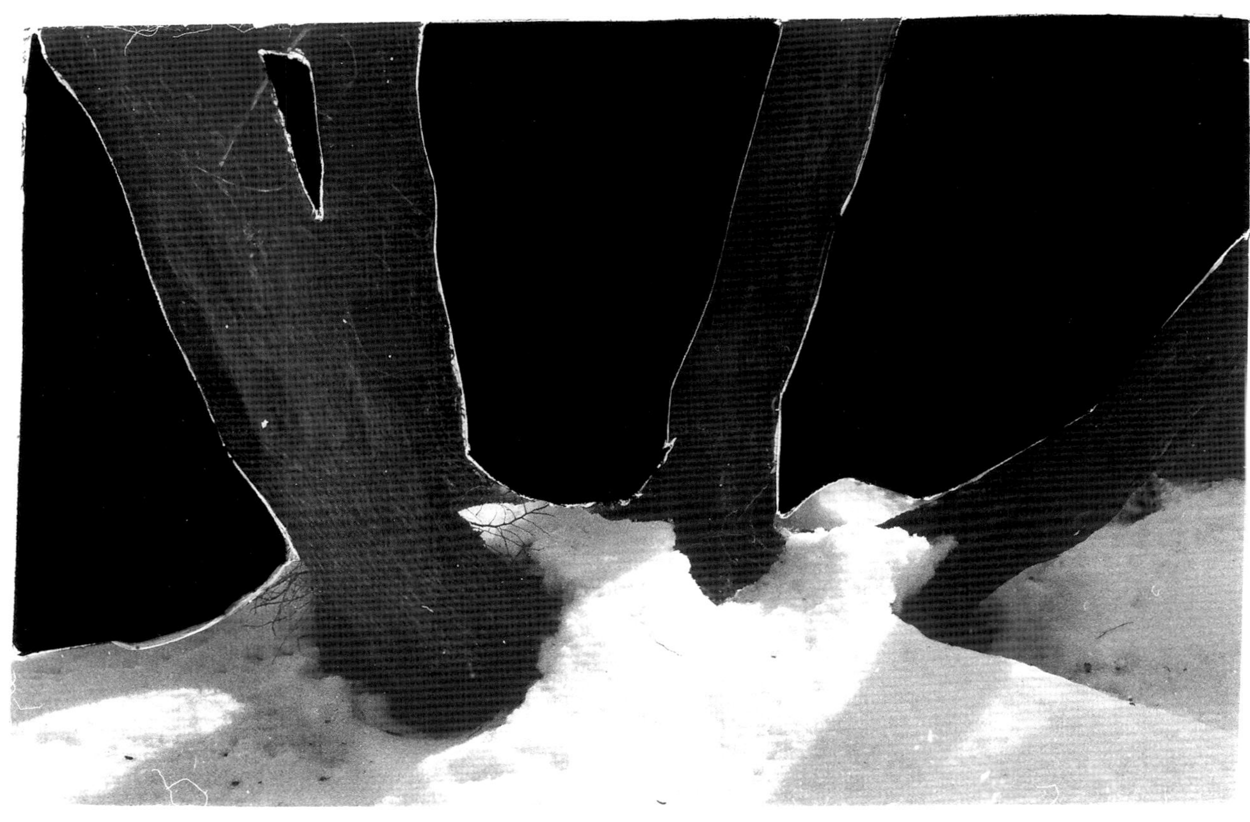

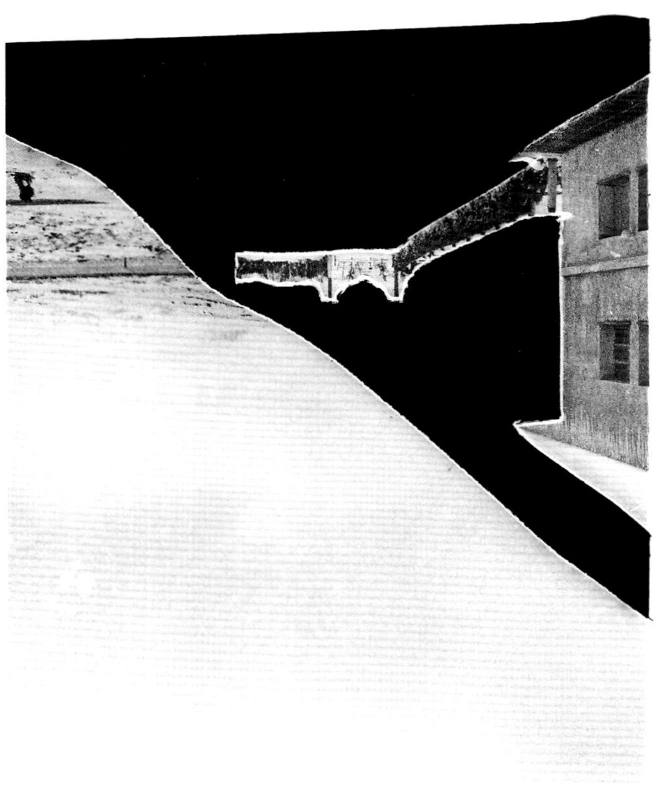

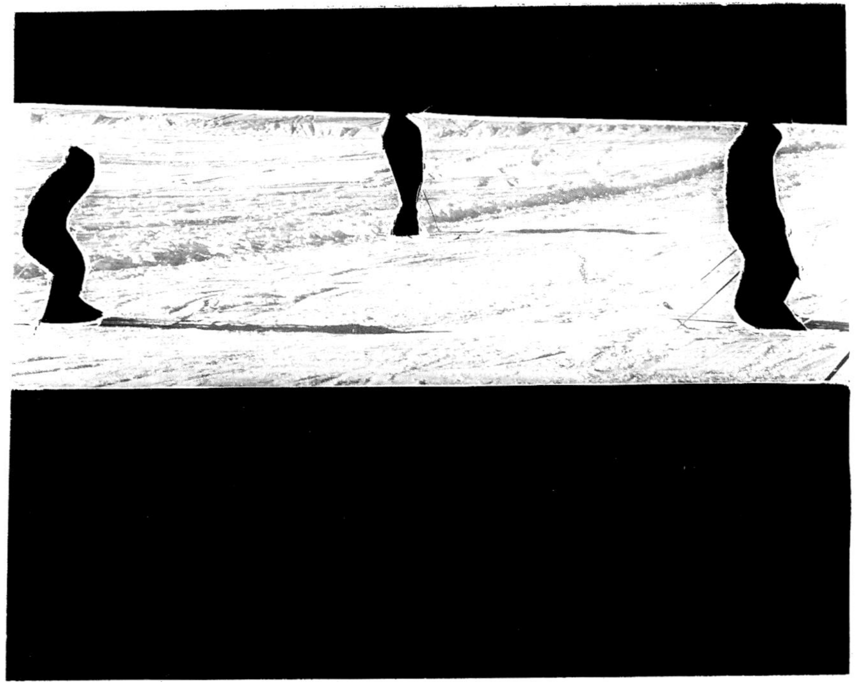

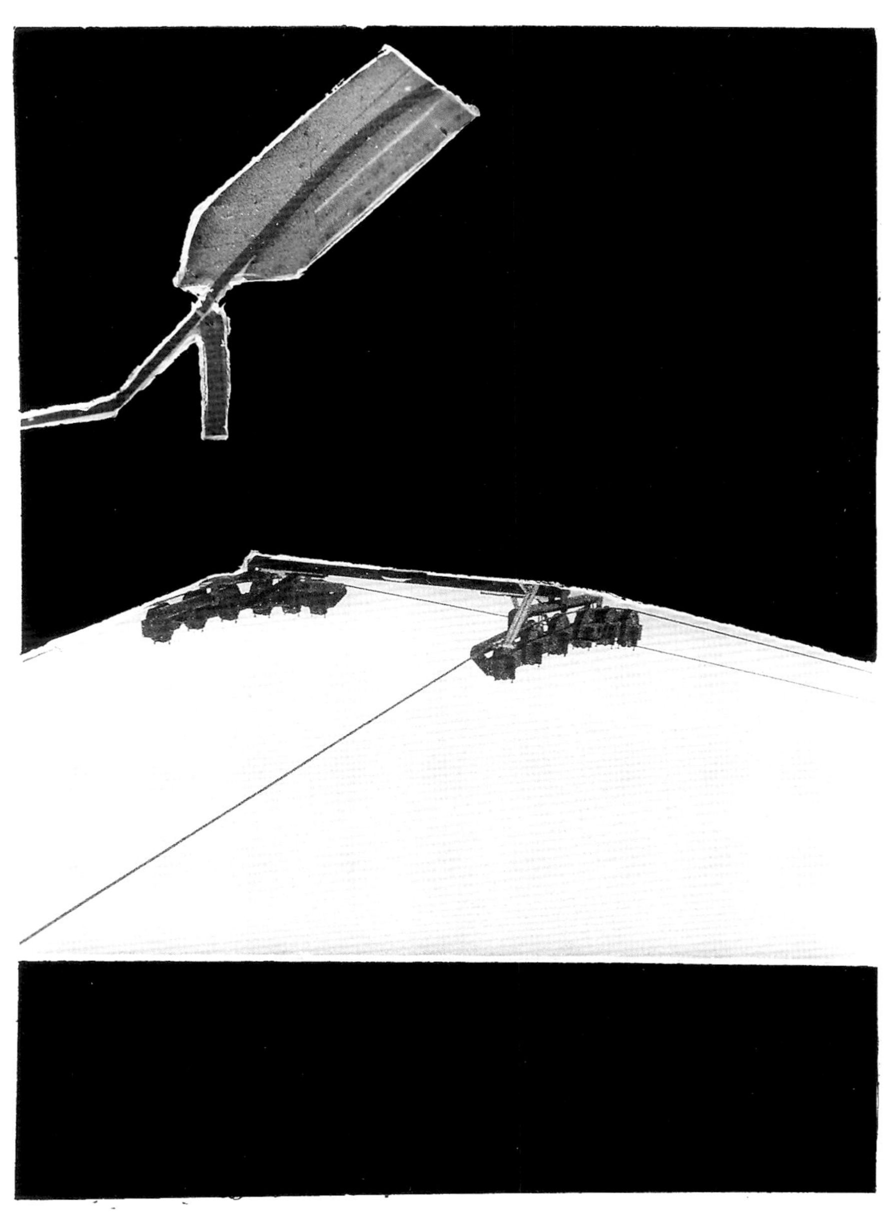

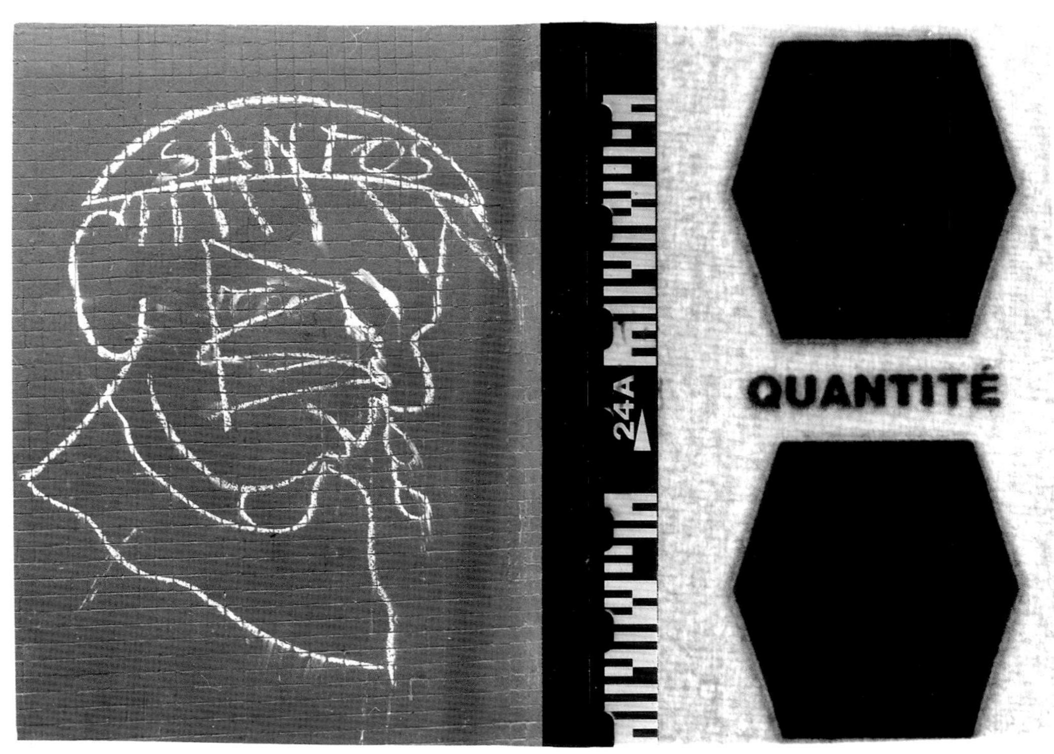
SANTOS
24A
QUANTITÉ

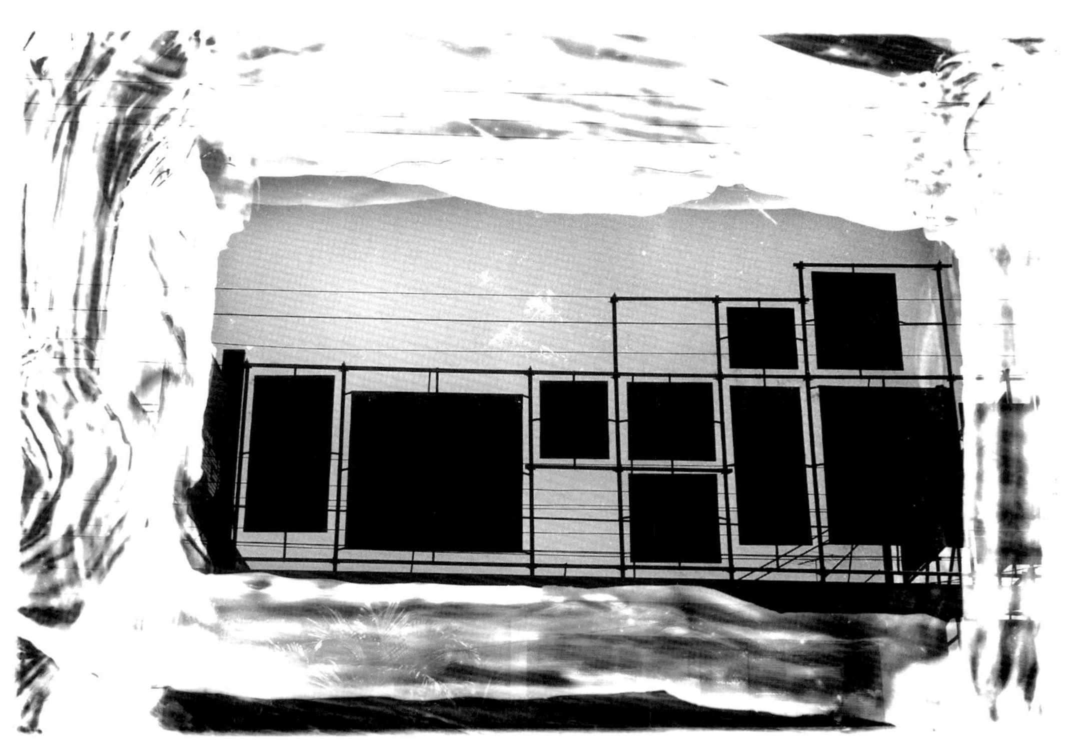

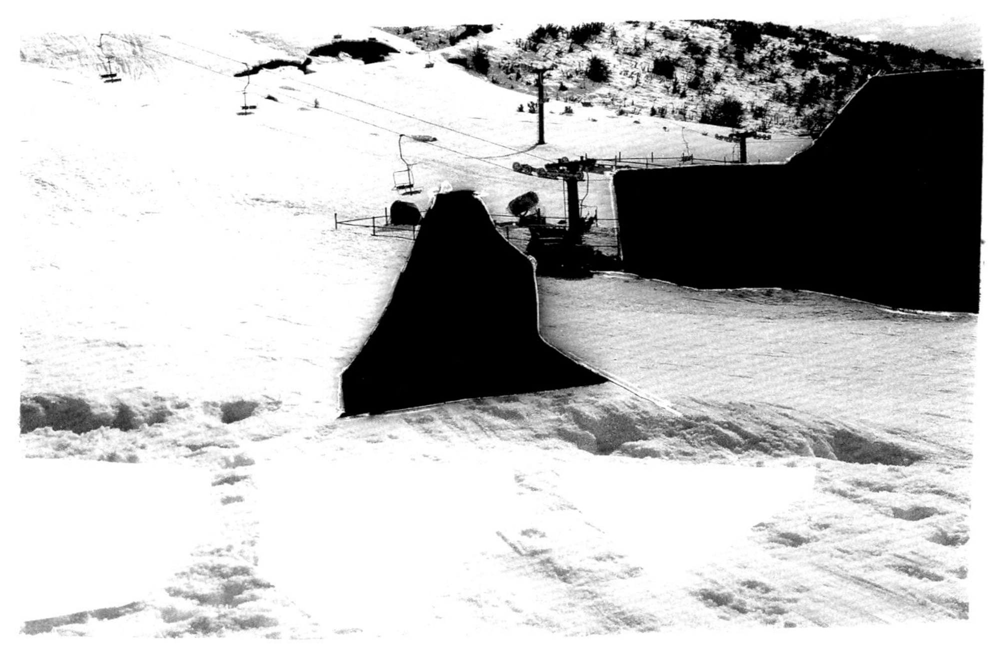

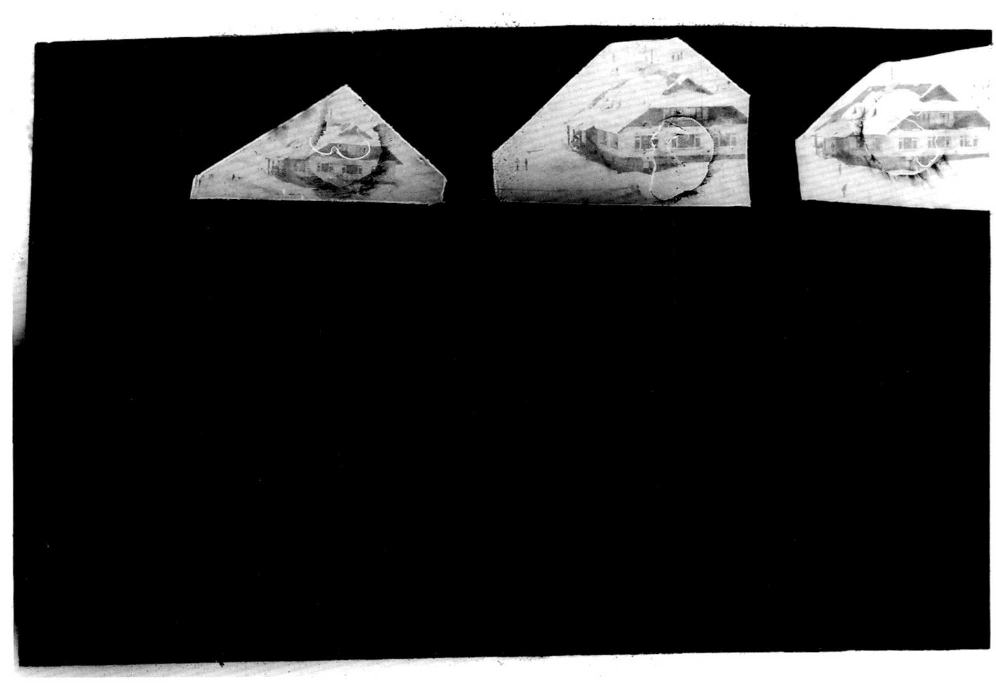

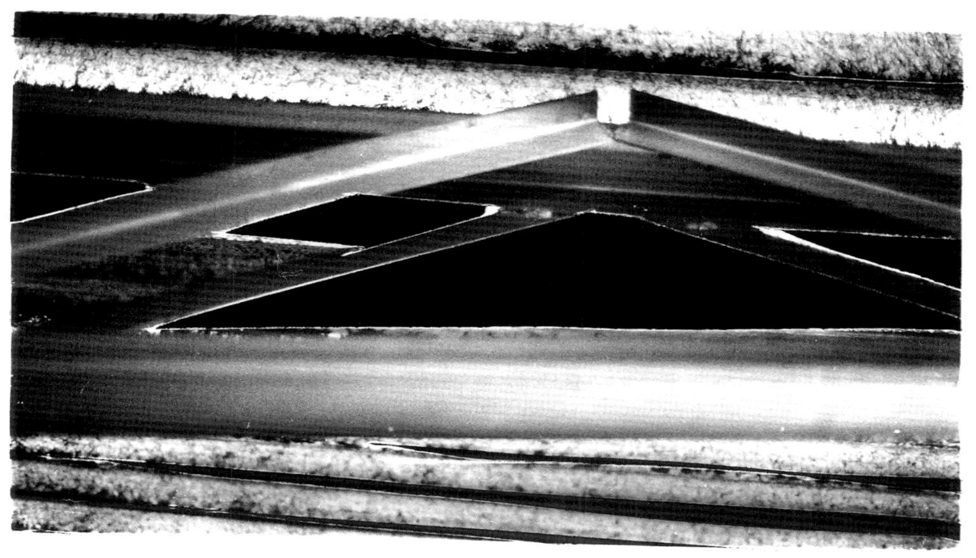

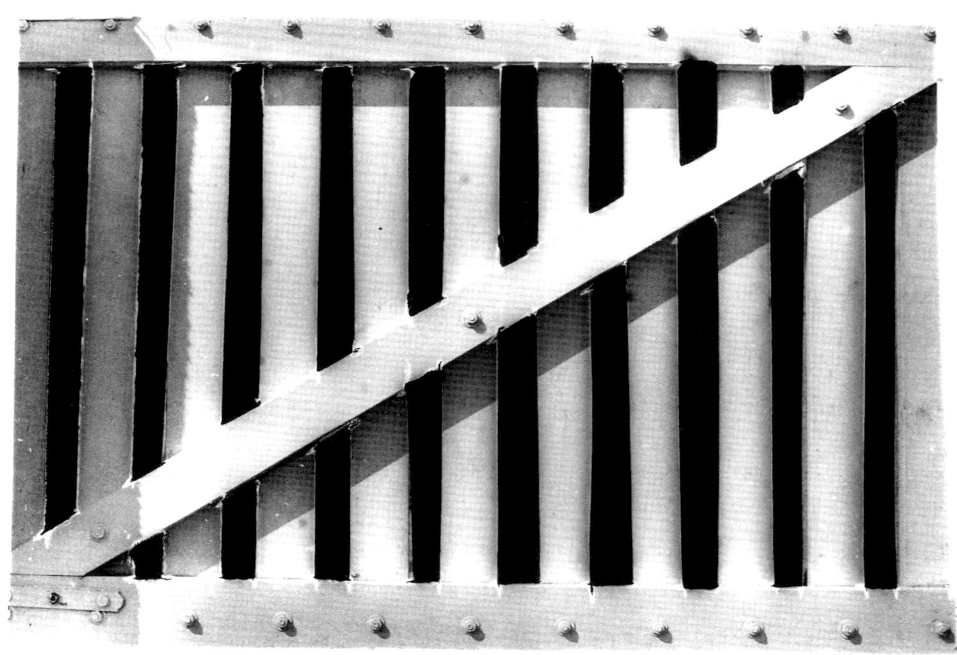

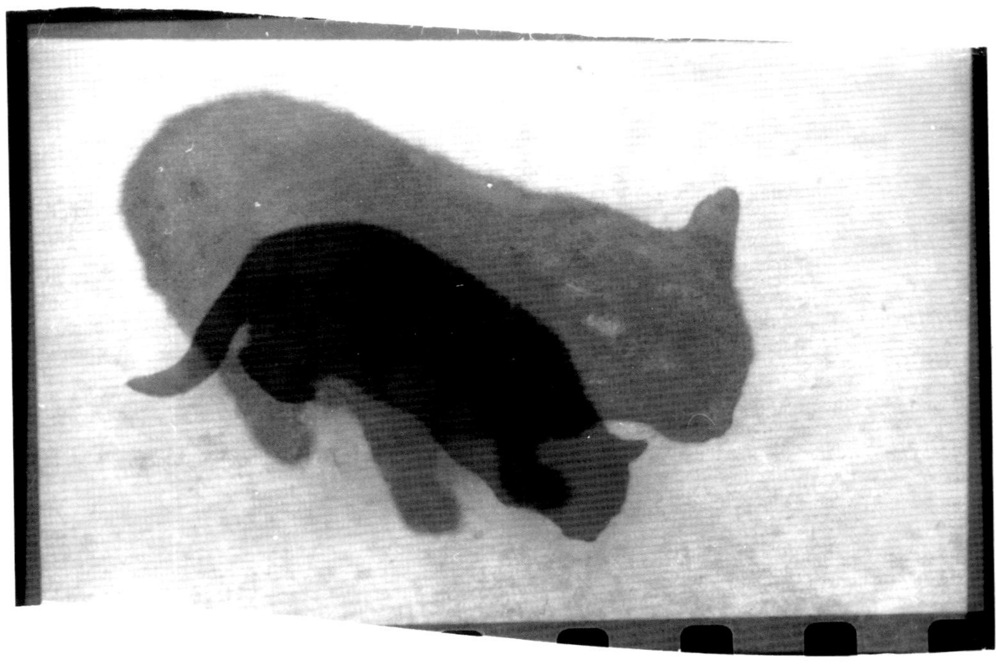

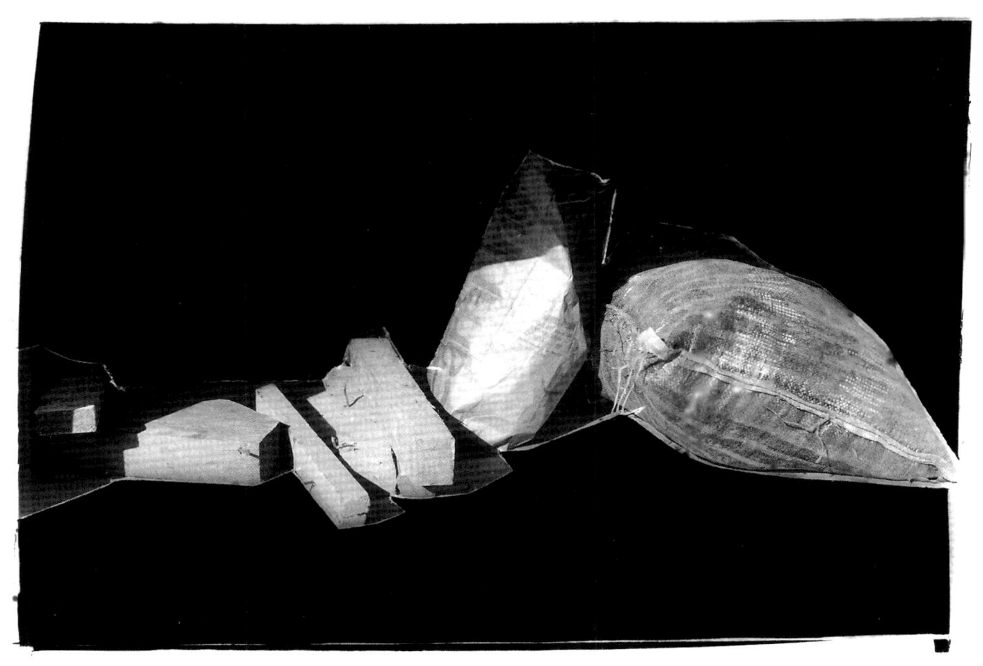

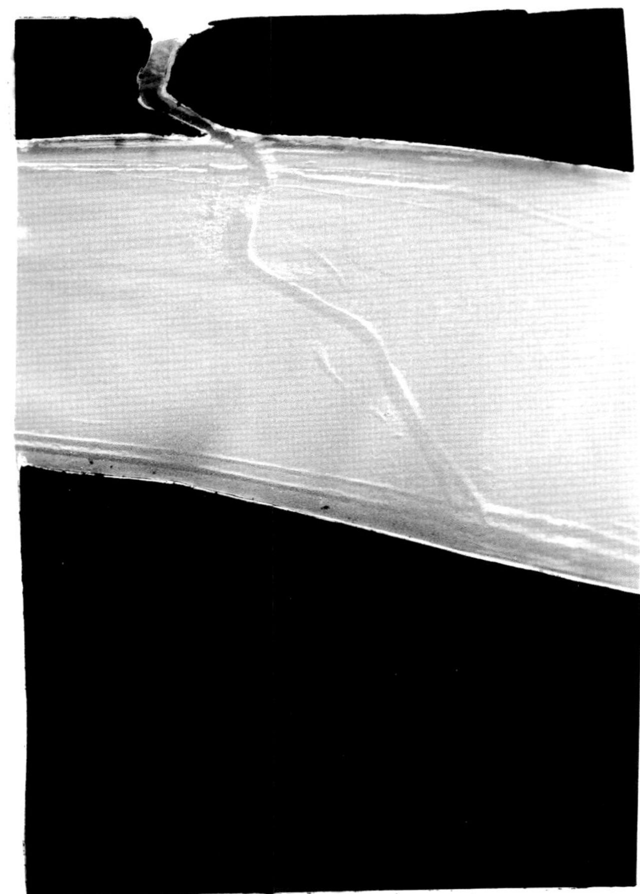

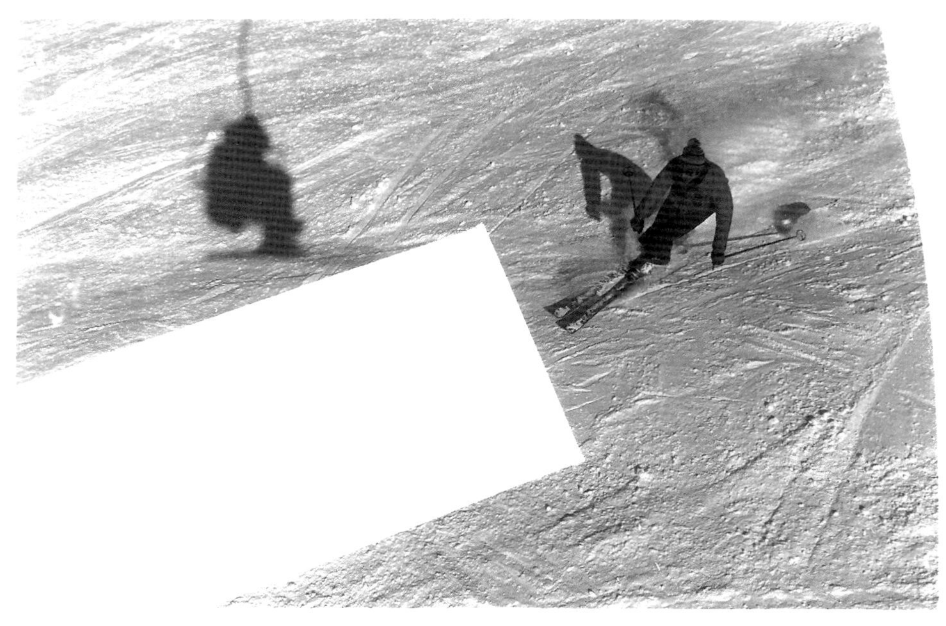

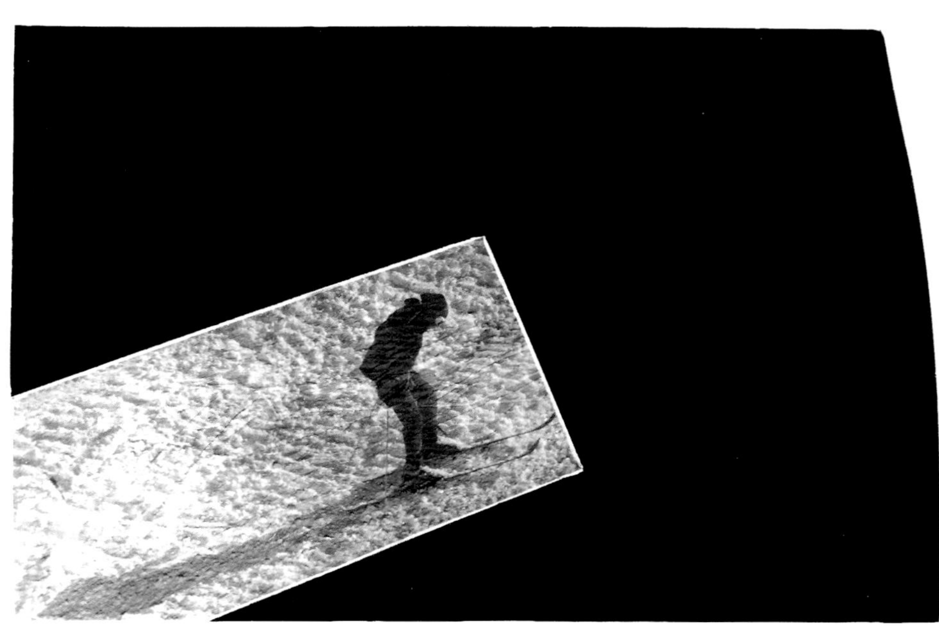

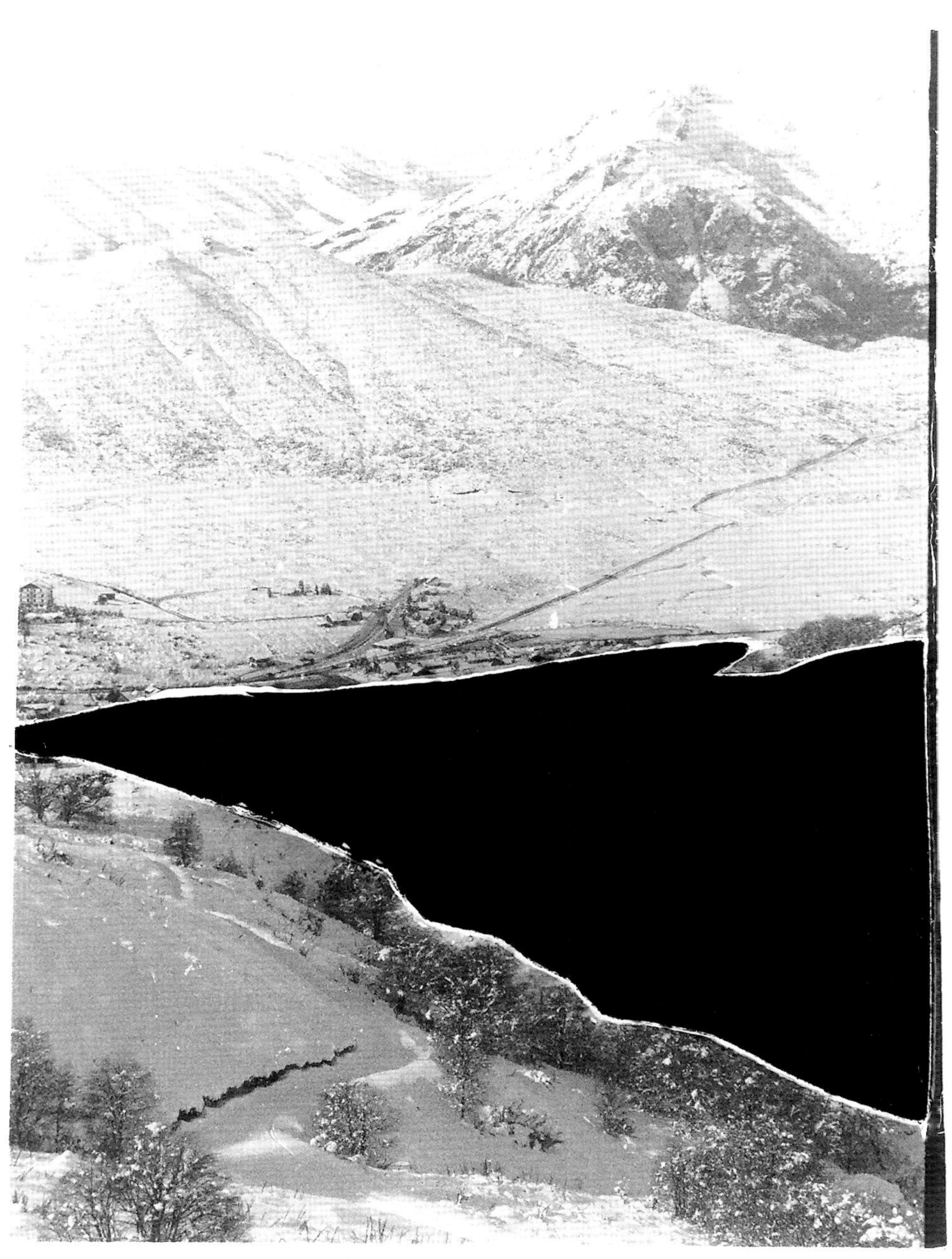

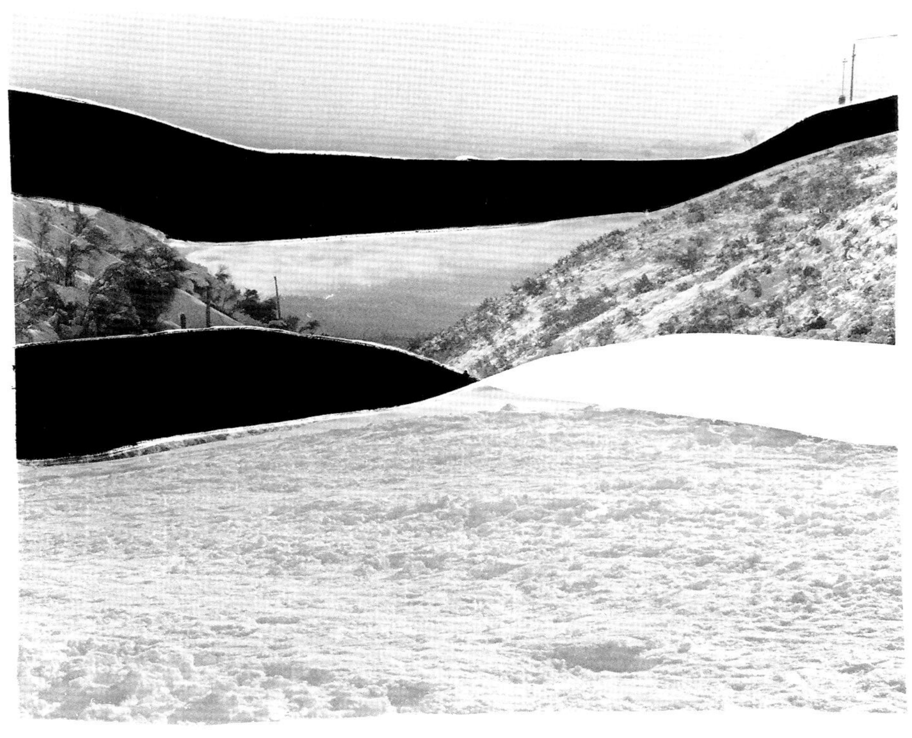

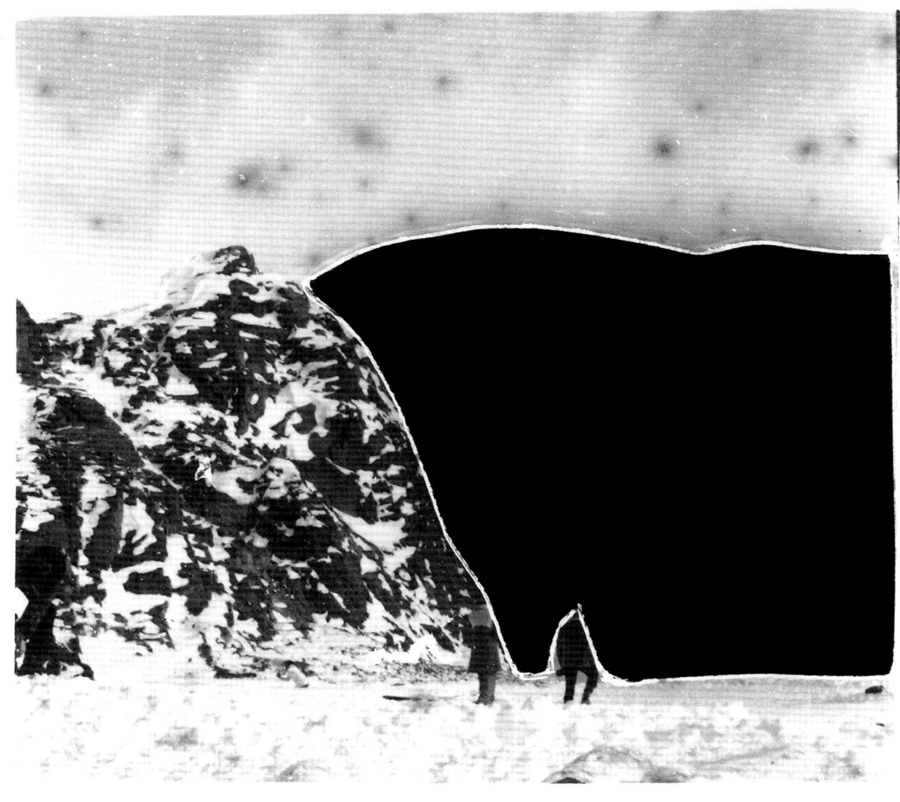

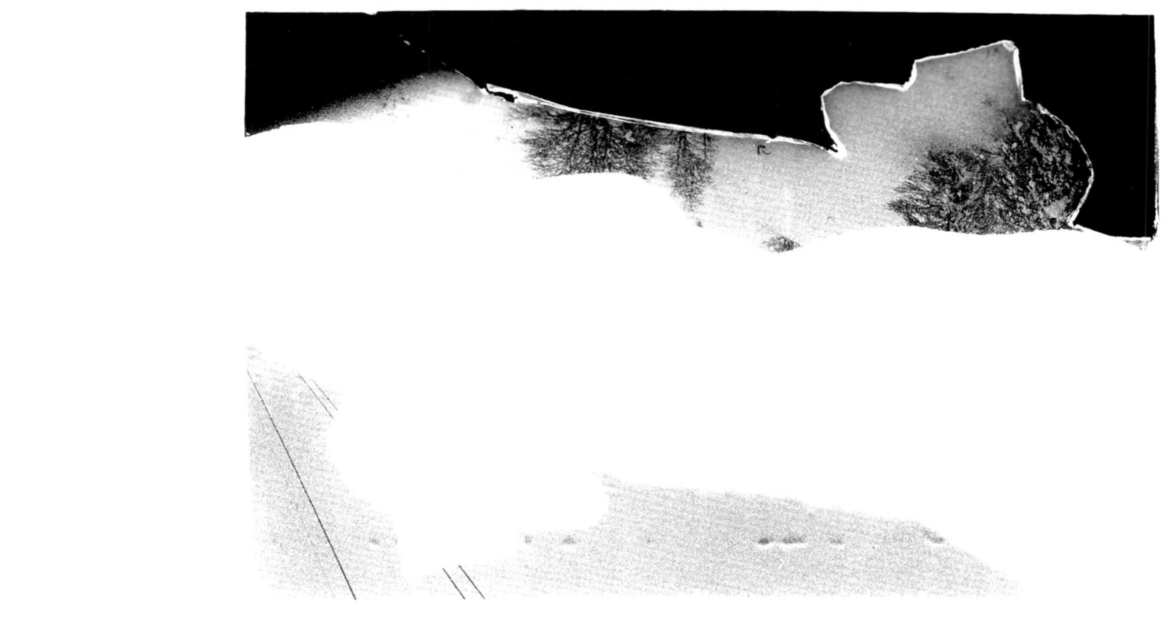

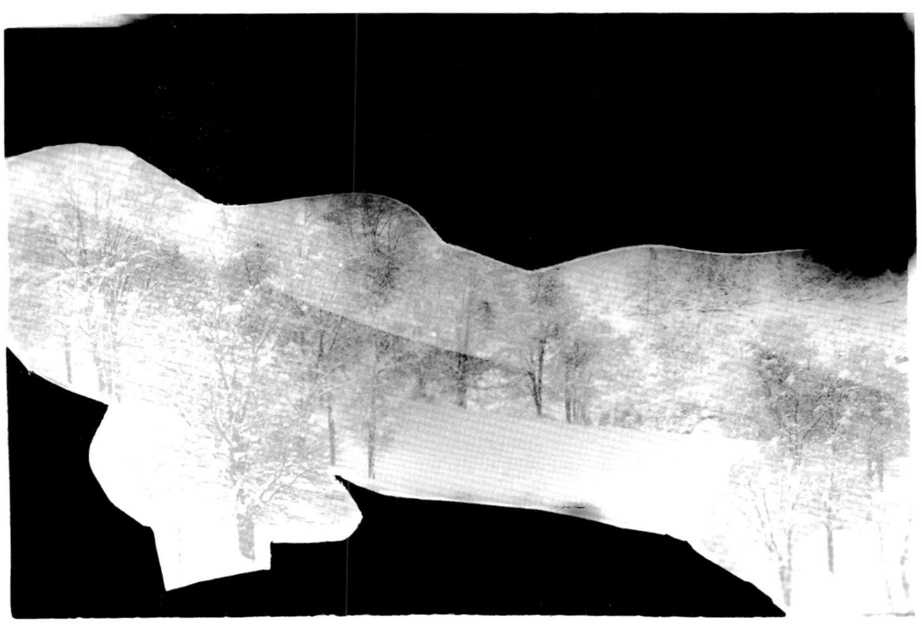

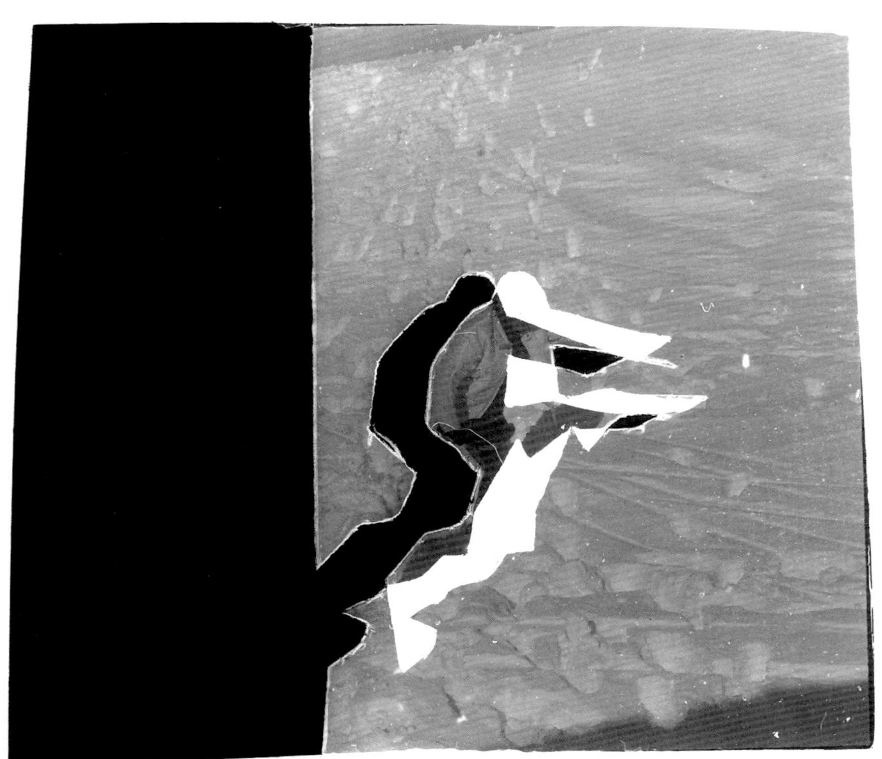

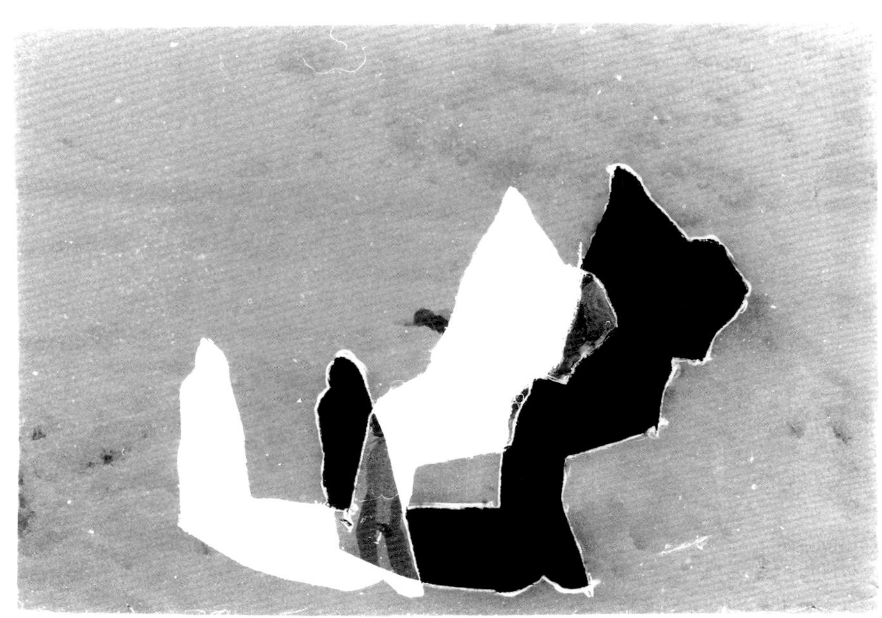

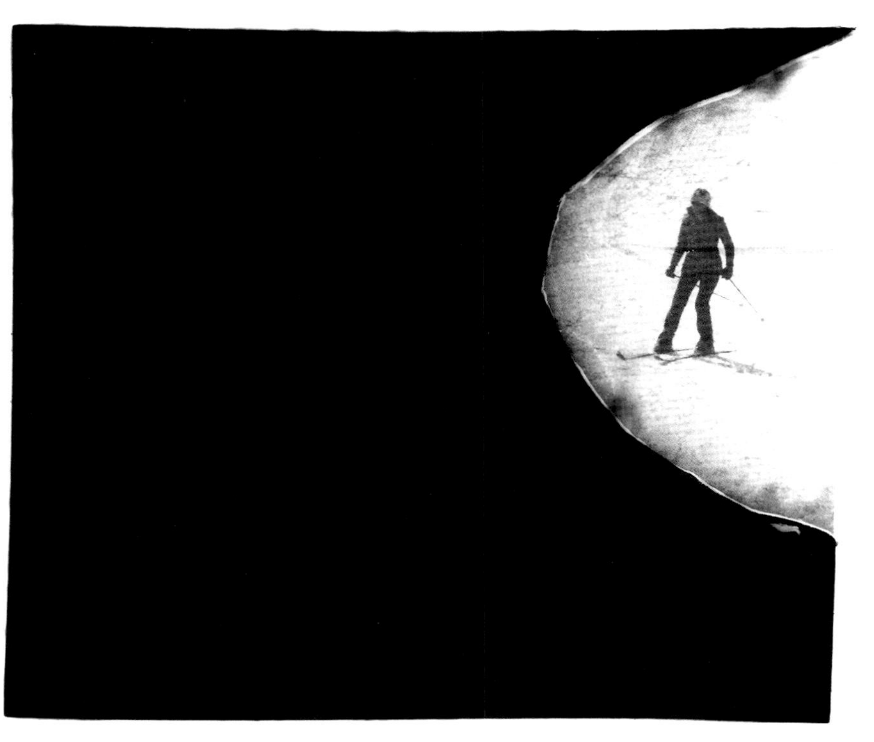

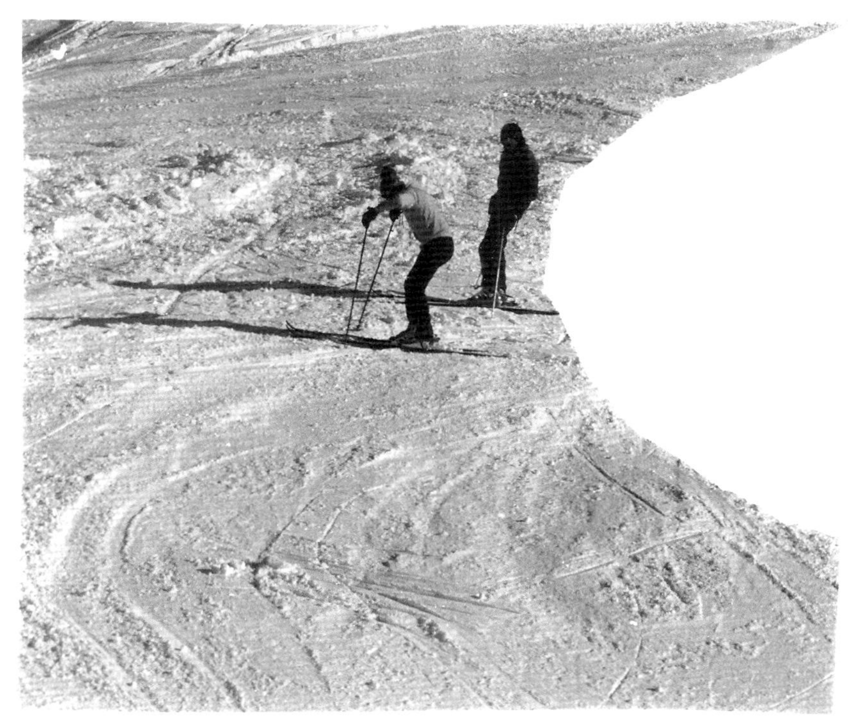

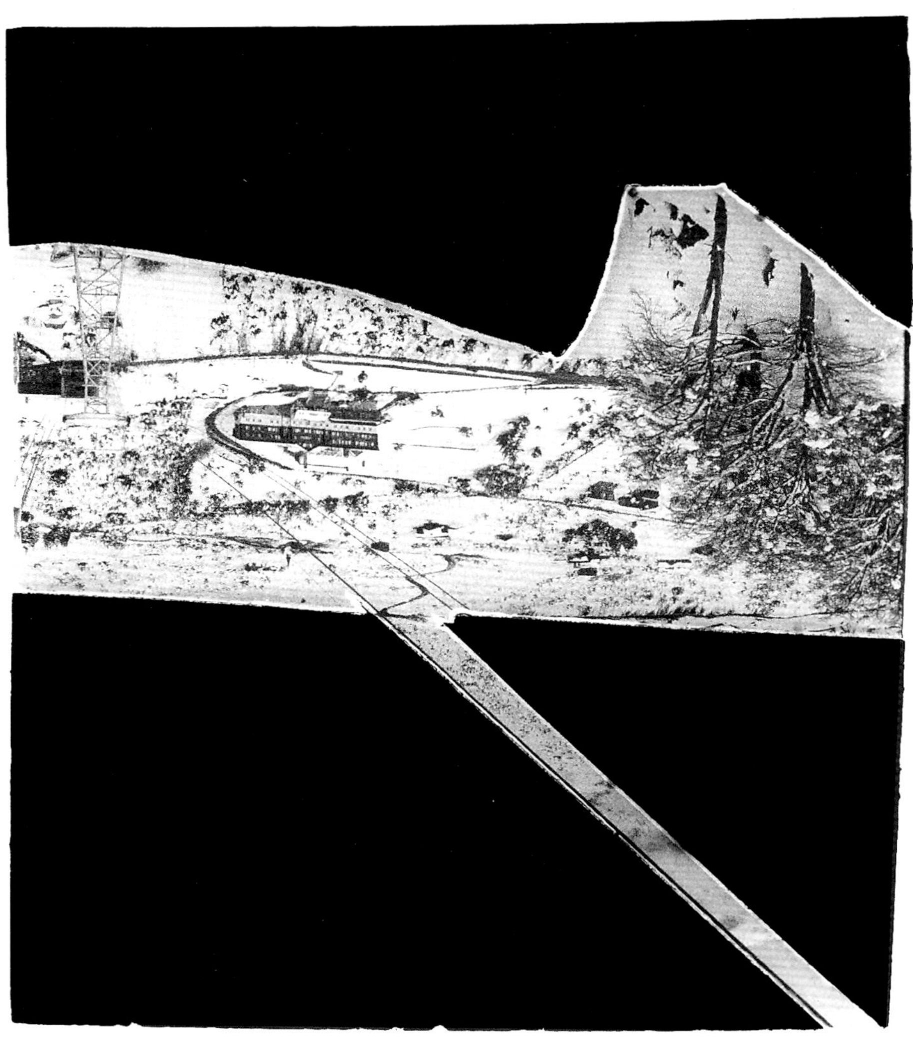

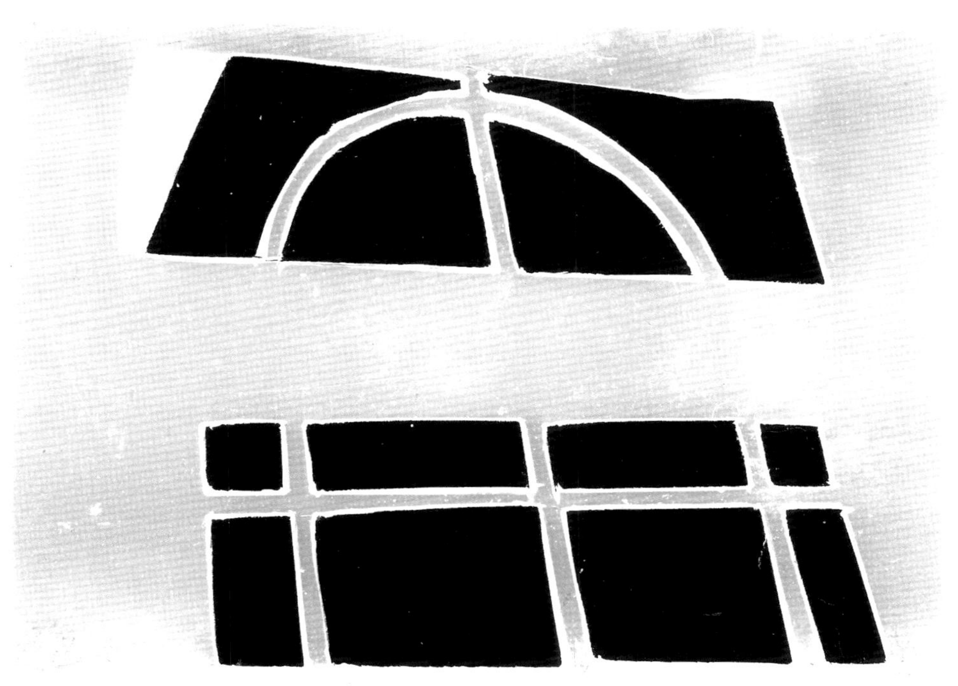

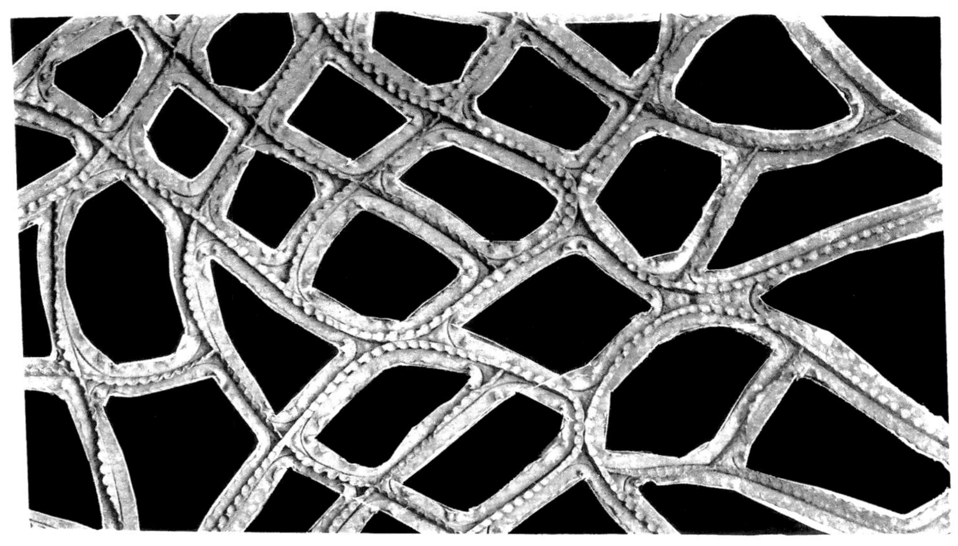

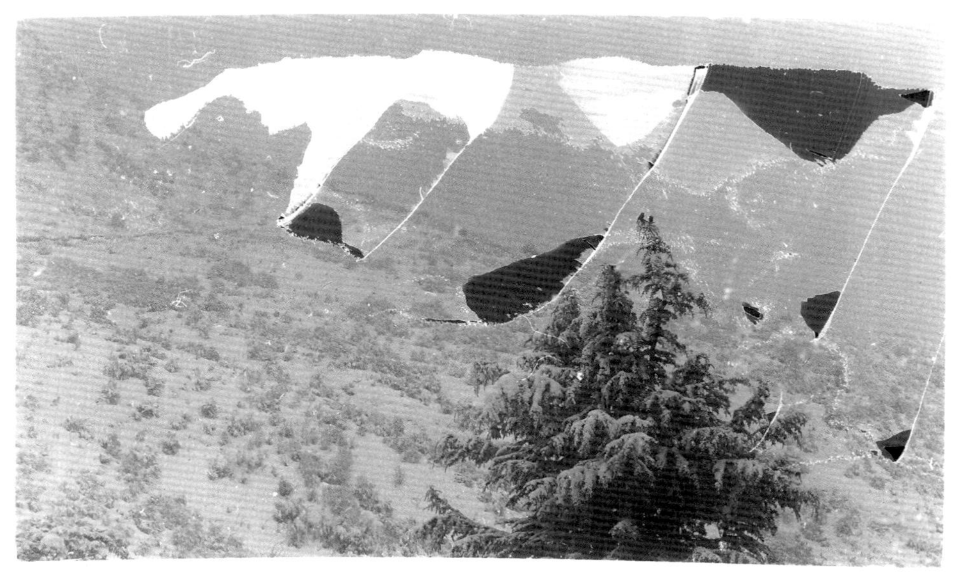

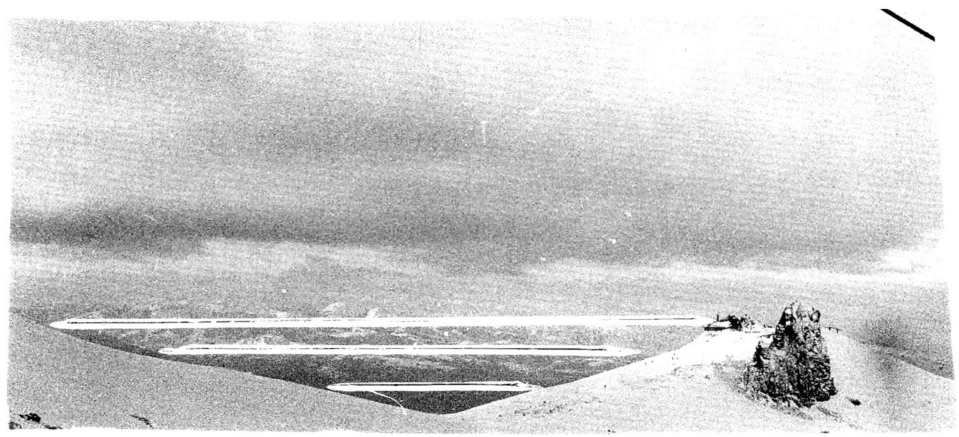

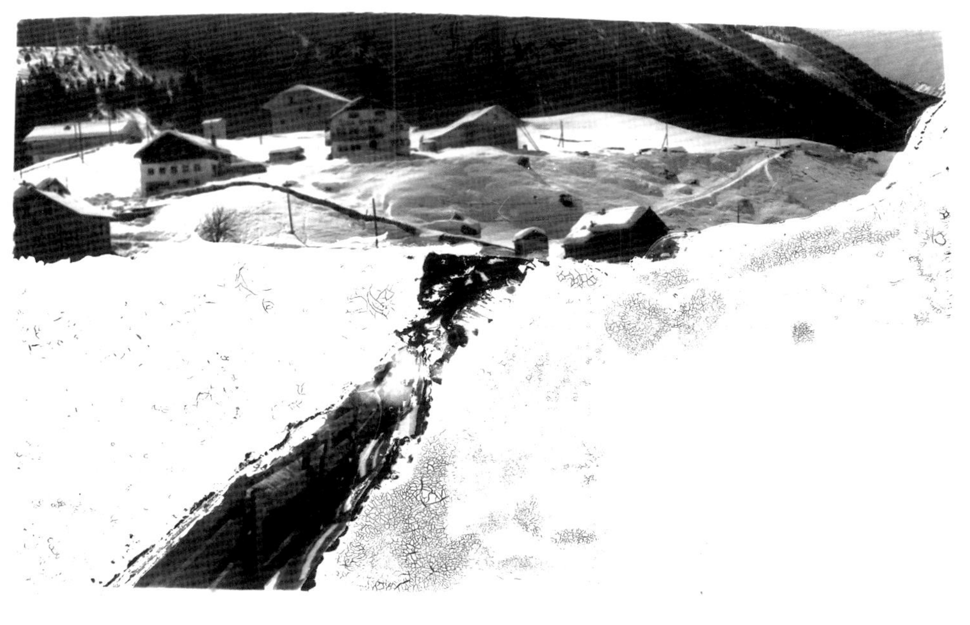

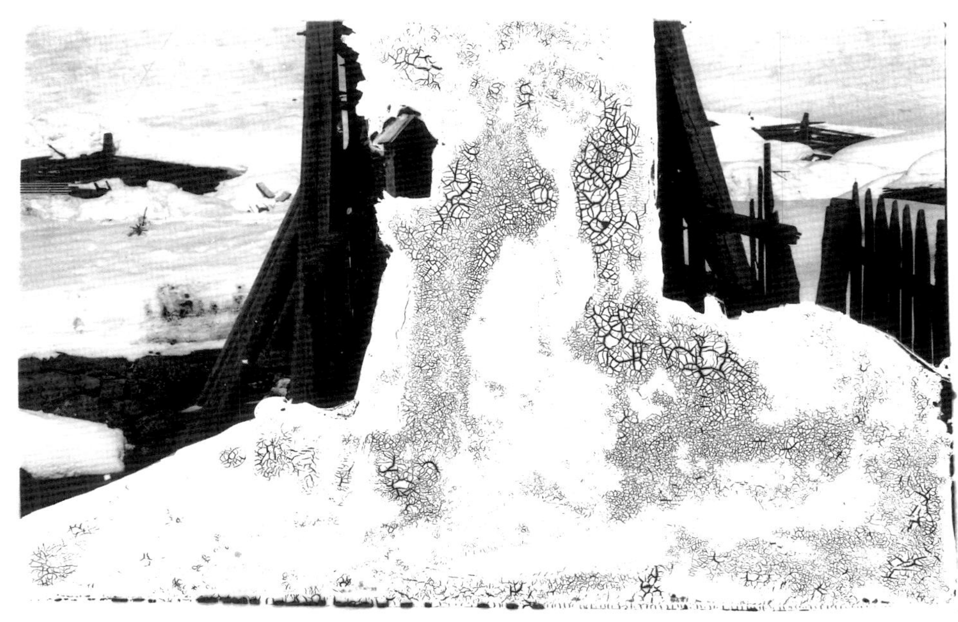

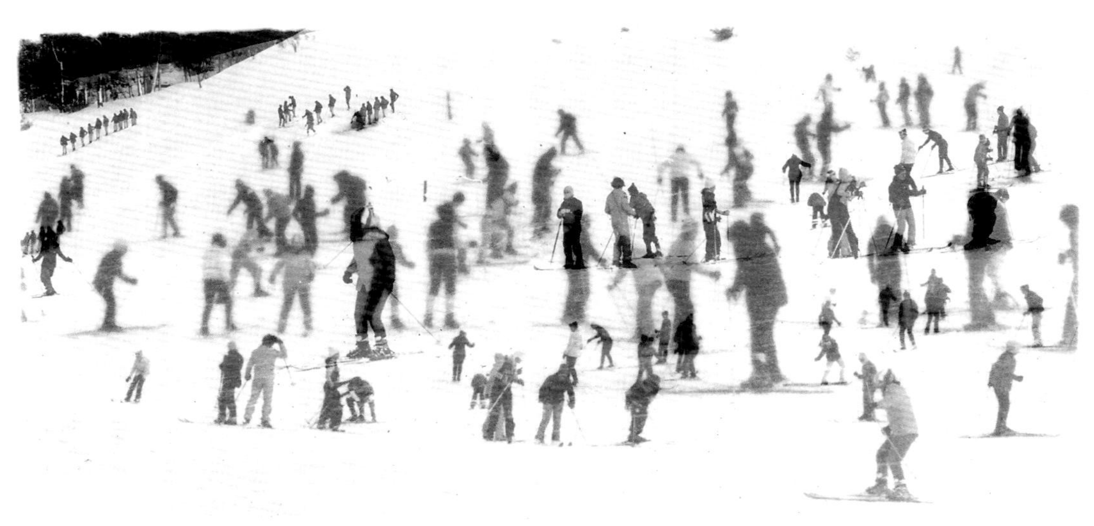

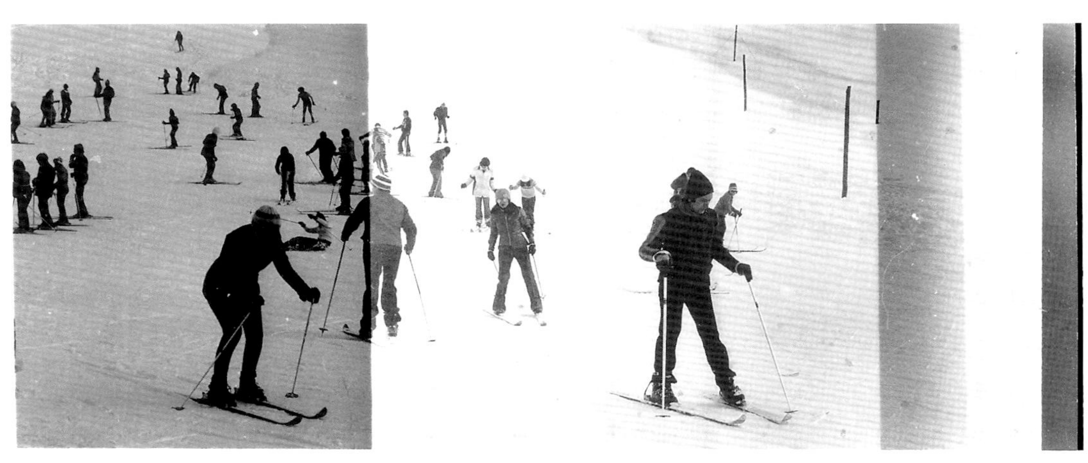

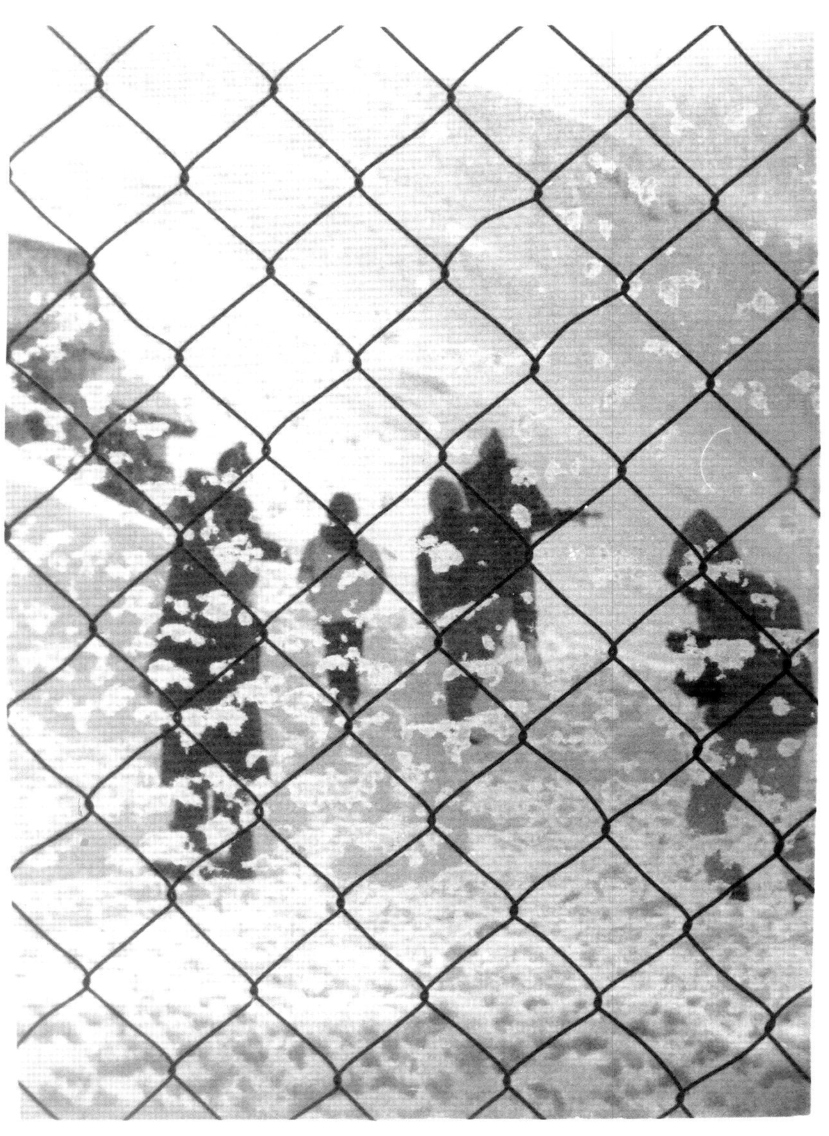

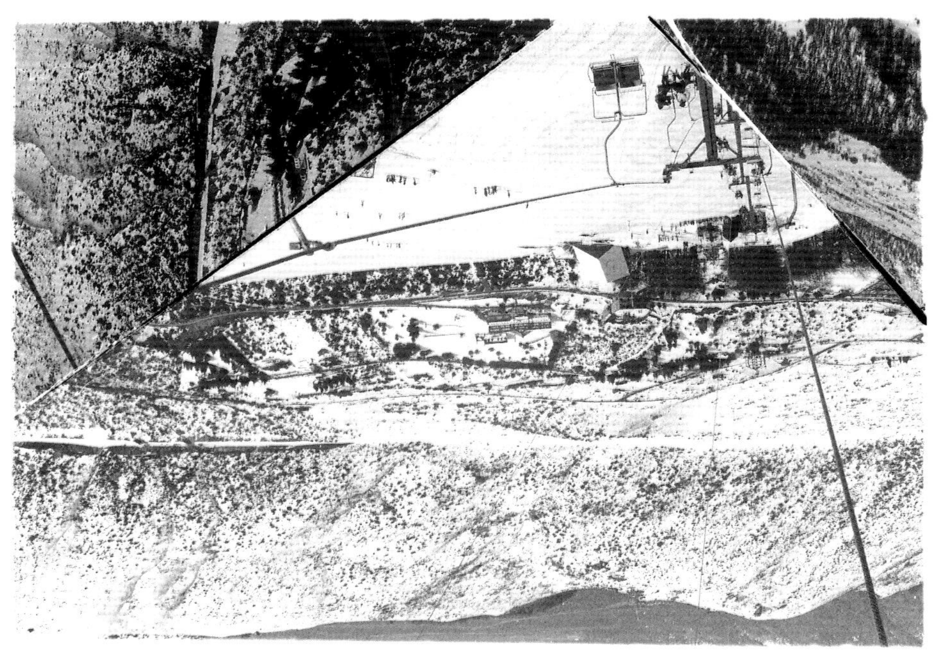

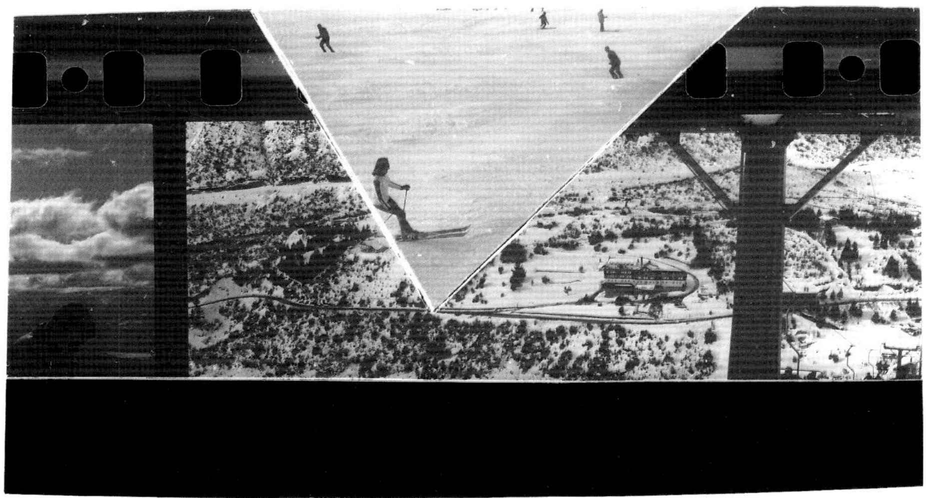

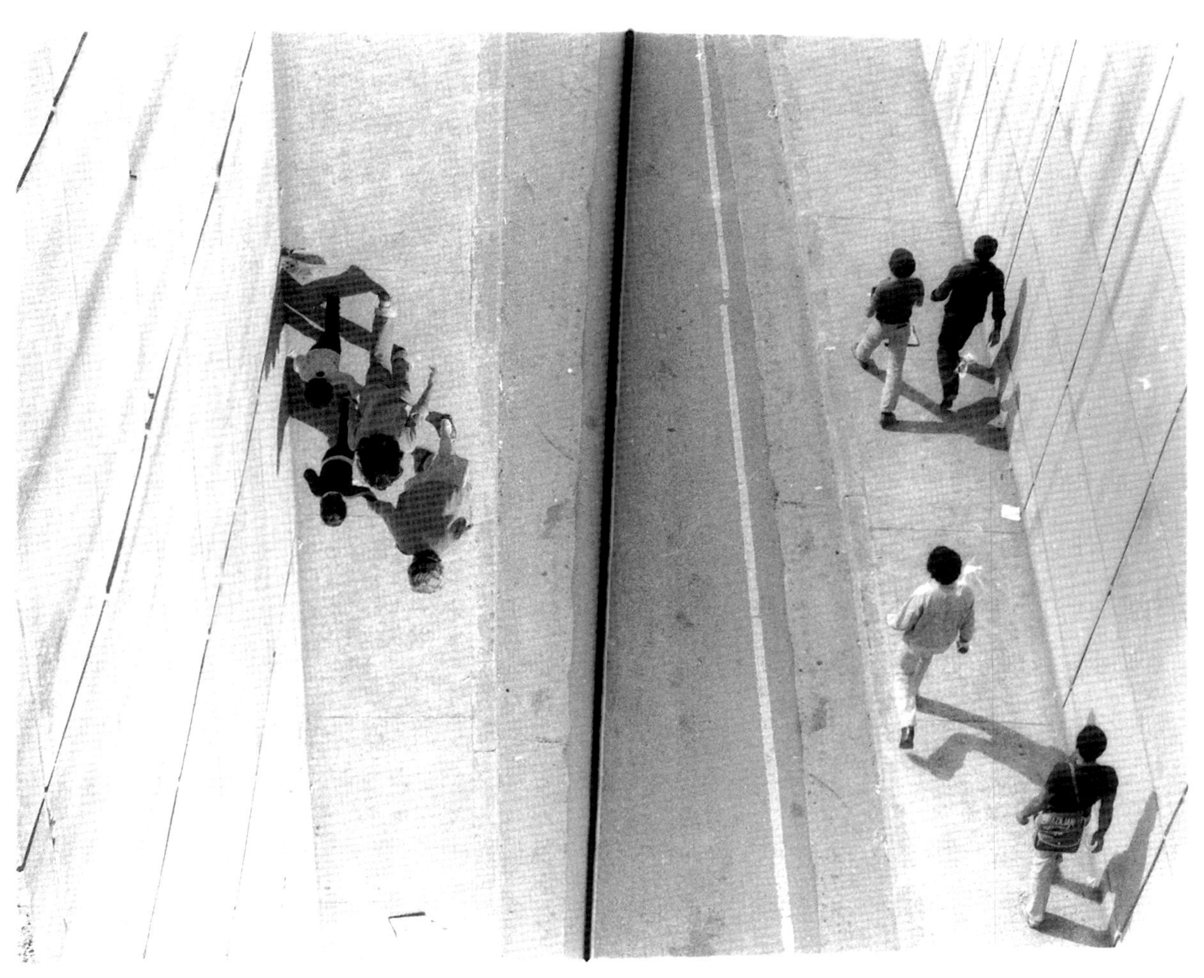

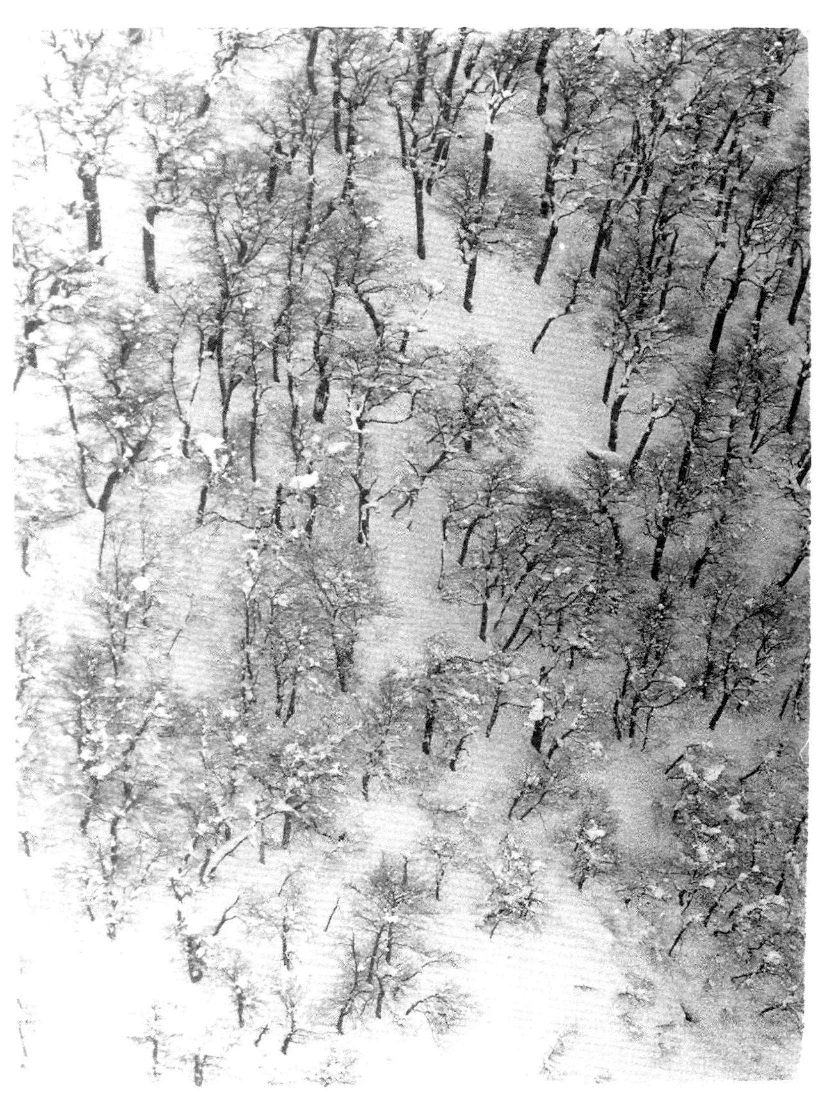

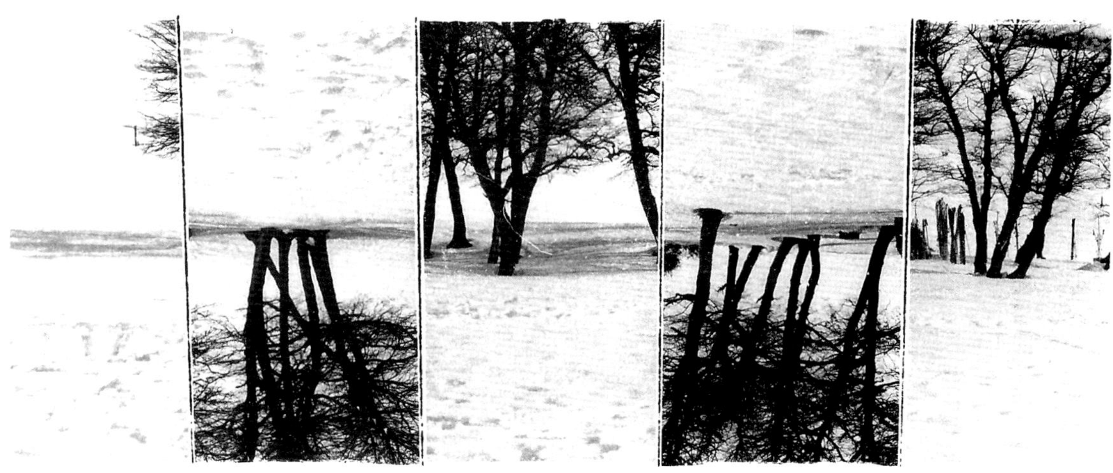

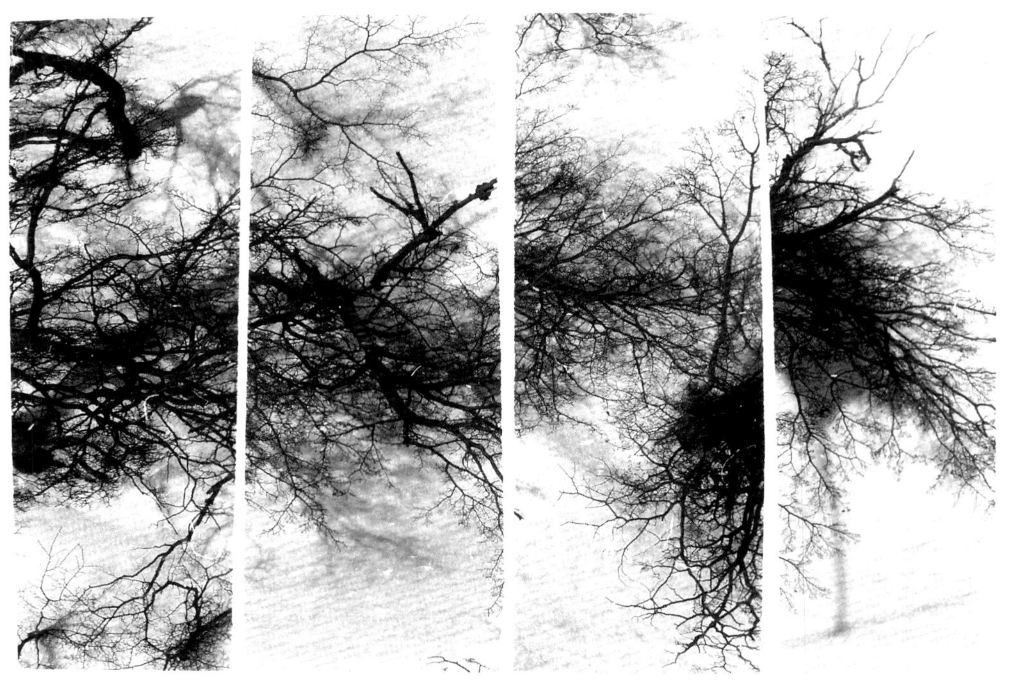

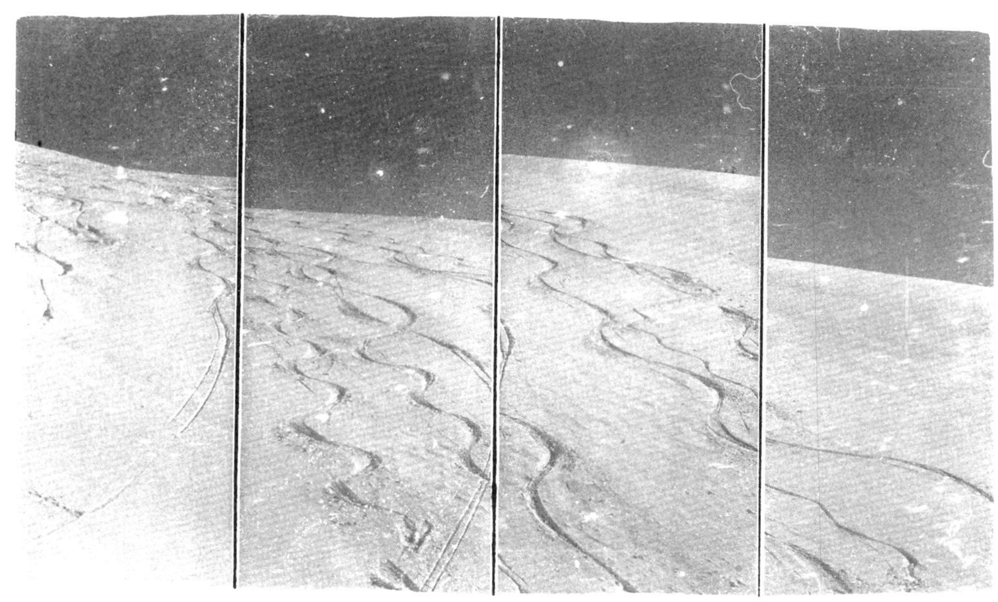

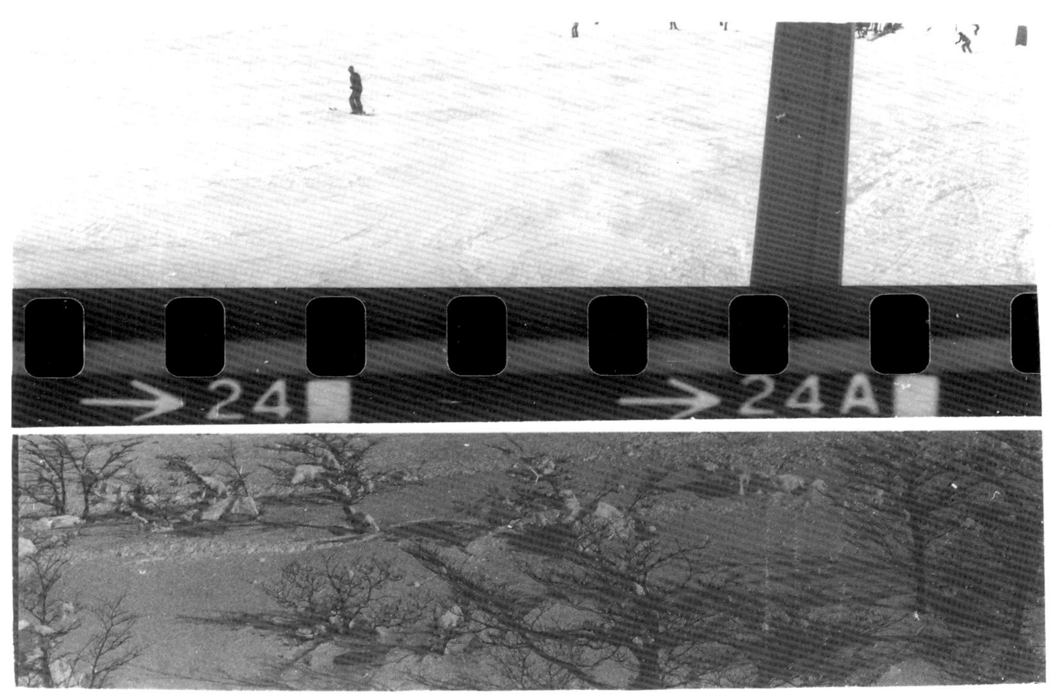

24
24A

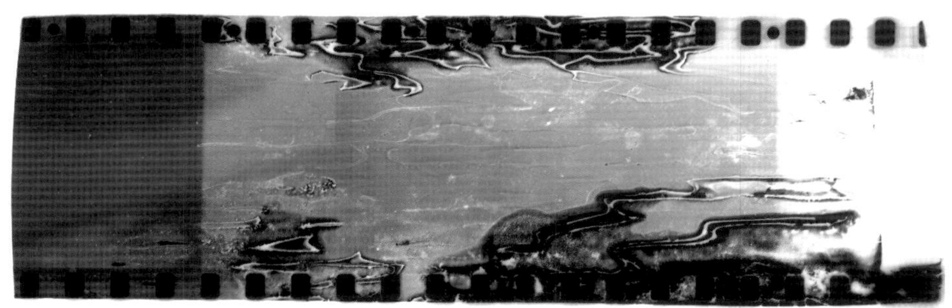

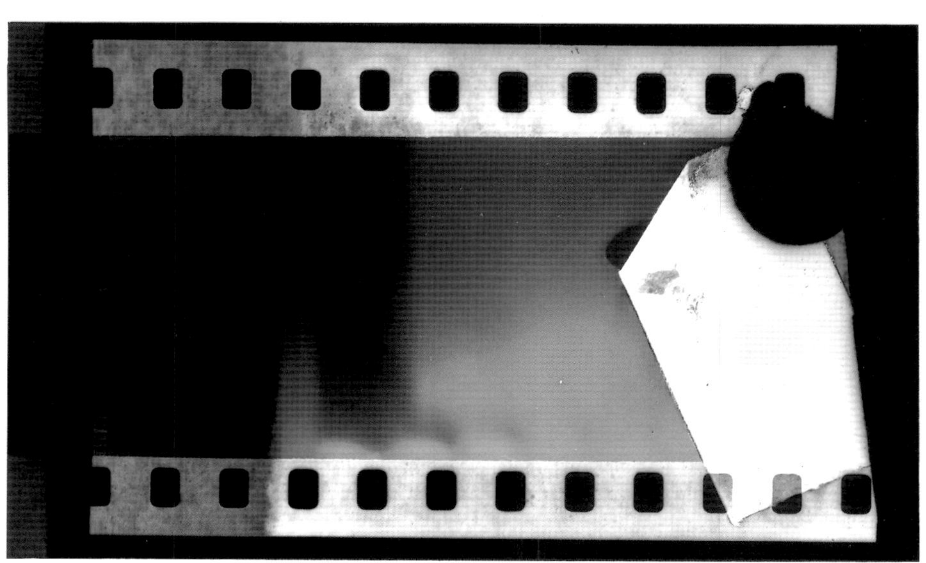

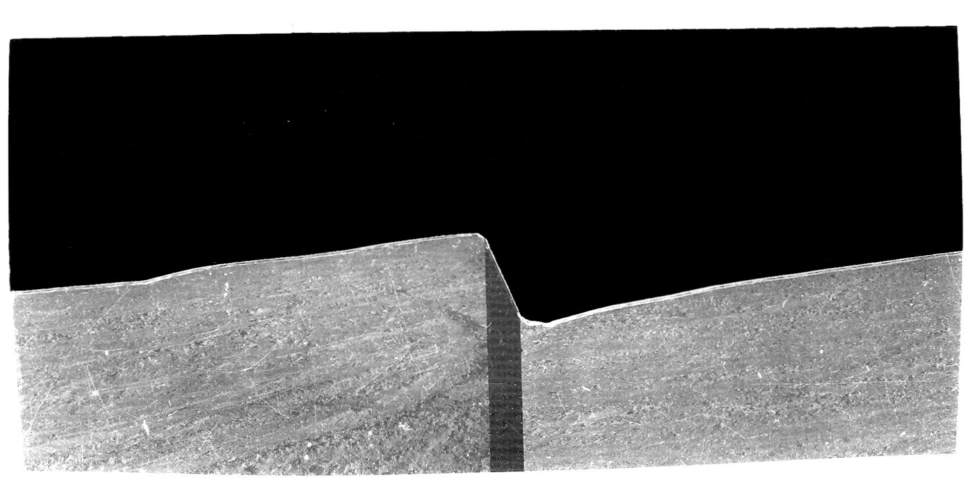

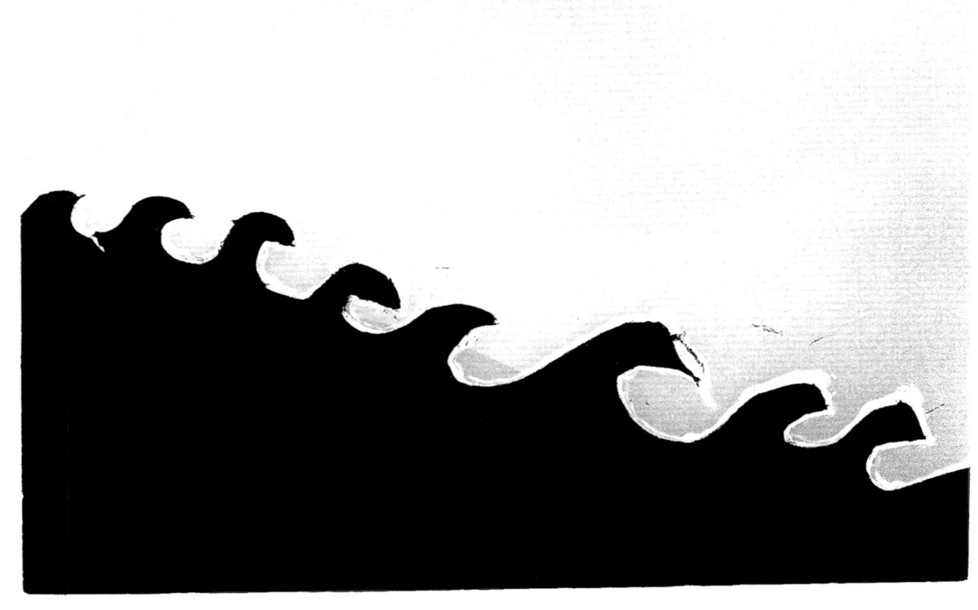

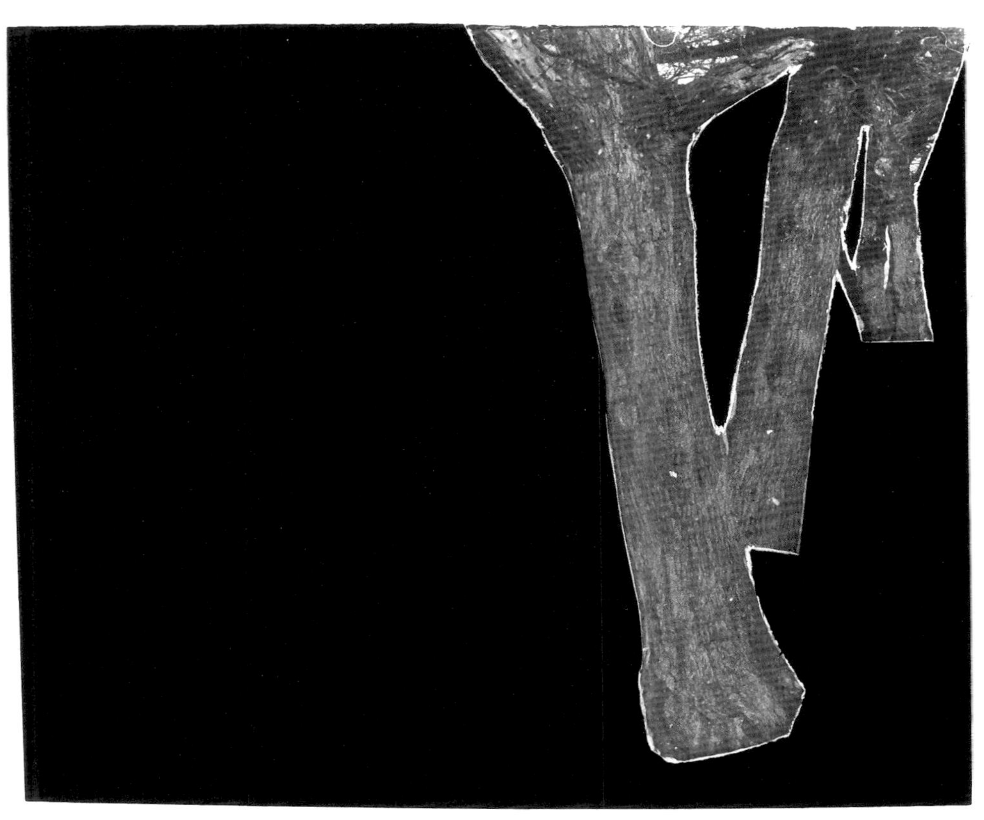

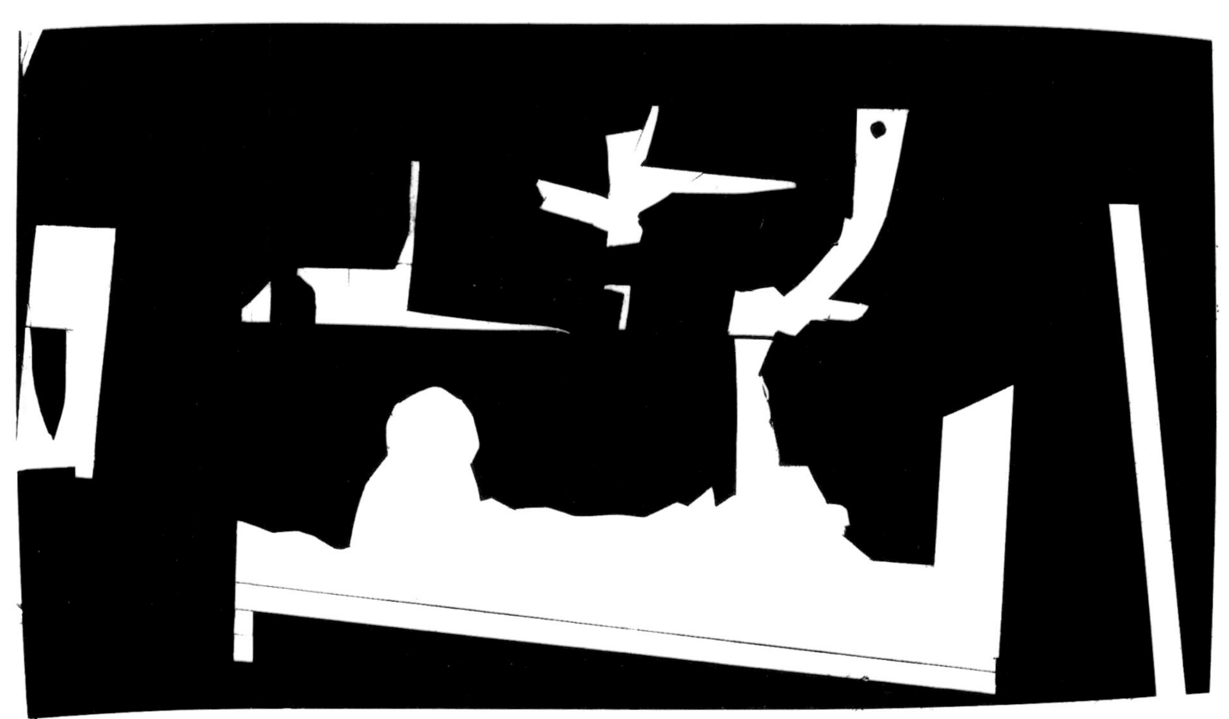

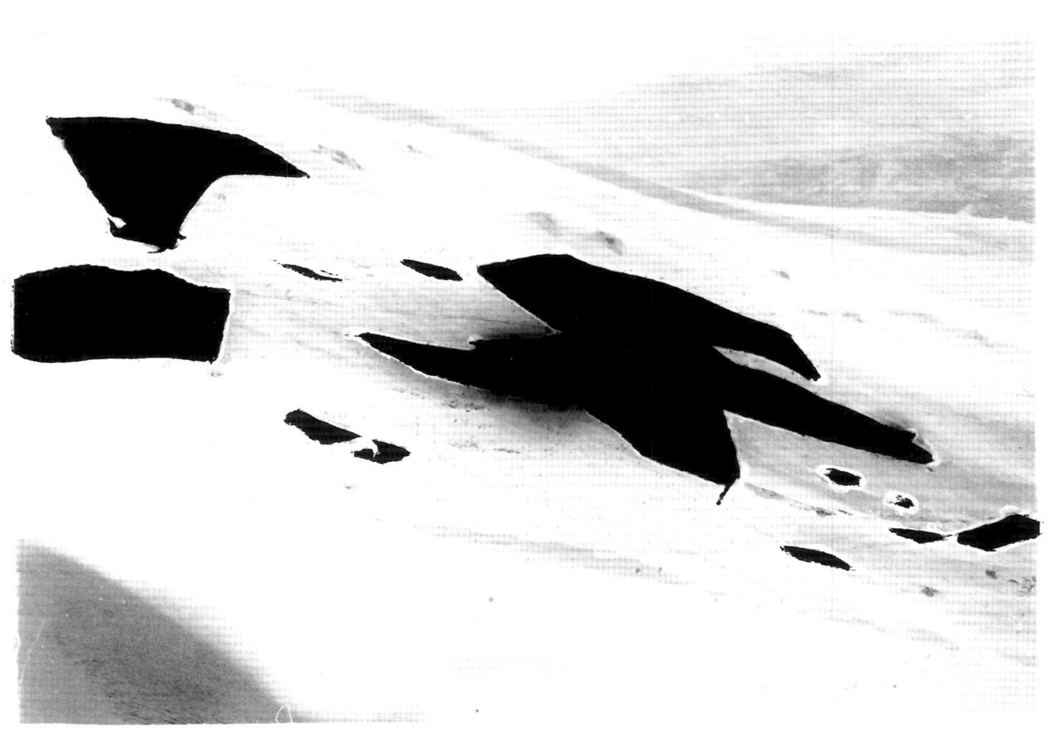

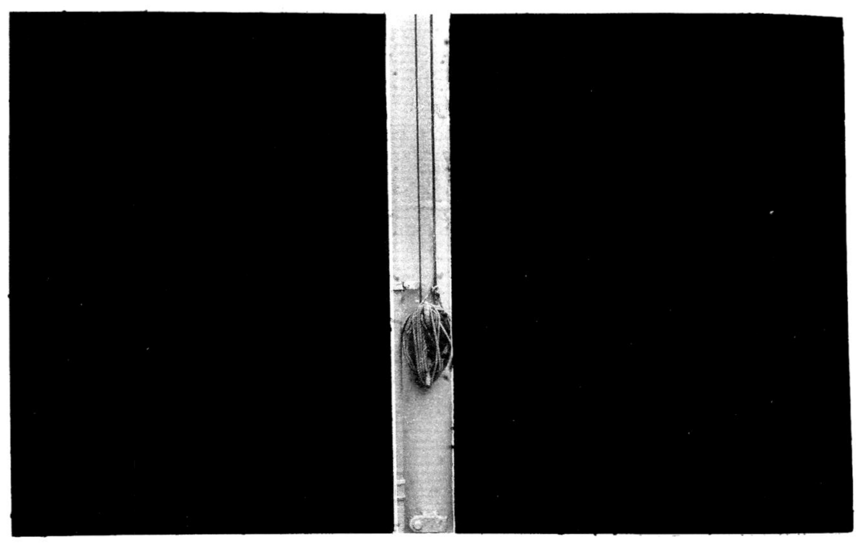

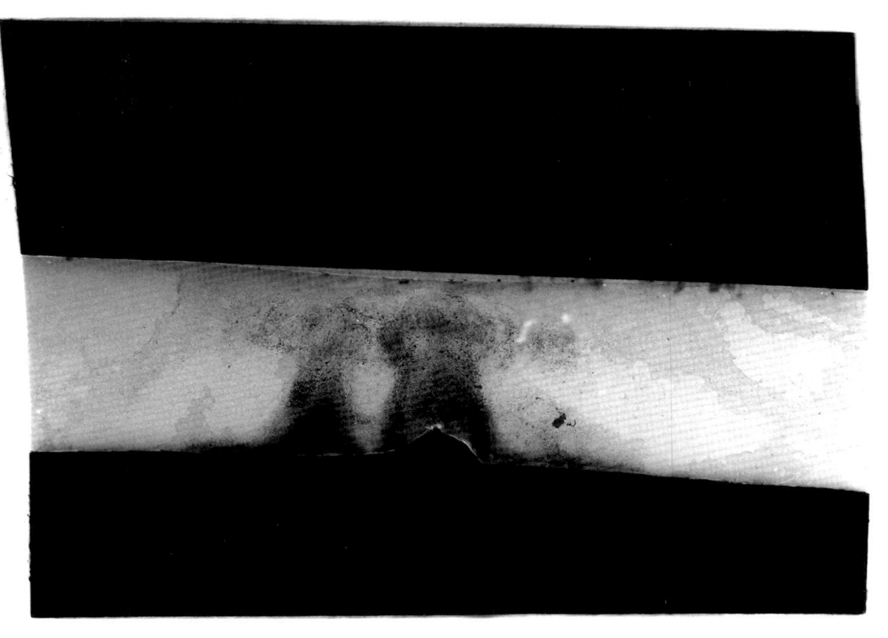

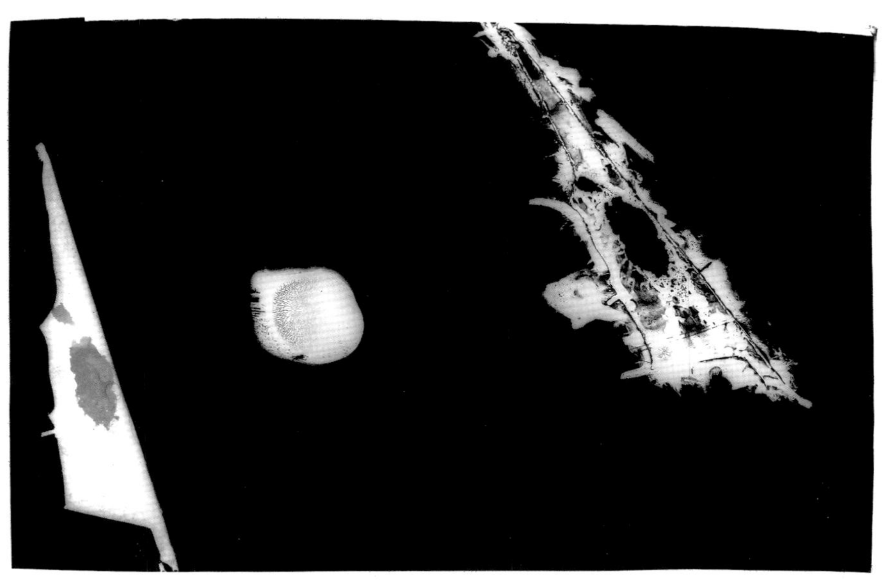

Michel Favre

Biography of the Artist

Geraldo de Barros was born on 27 February 1923, in Xavantes, a small inland town in the state of São Paolo. In 1930, the family settled in São Paulo, shortly after the price of coffee had plummetted.

In 1946, six months after the death of his elder brother, Geraldo decided to study painting and drawing. He went to see the artist Clóvis Graciano, frequented his studio, got to know the painters of São Paulo, and enrolled at the Associação Paulista de Belas Artes. São Paulo (both the city and the state) had undergone heavy industrialisation during the war, and the recent democracy had brought about a great many changes in society. Geraldo took lessons in painting and drawing and met other artists, including the Japanese master Takaoka, with whom he began to learn the rudiments of painting in earnest.

Among the many young artists who frequented Takaoka's studio was Athaíde de Barros, with whom Geraldo became friends and held his first exhibition in the Teatro Municipal, São Paulo, in 1947.

Some time around 1946, Athaíde de Barros, who was set on becoming a professional photographer, invited Geraldo to team up with him and earn a bit of money photographing the amateur football teams who played on Sundays on the wastelands on the outskirts of town. Using a camera he had built himself with the aid of a DIY manual, Geraldo discovered the techniques of photography.

In 1948, Takaoka, Geraldo and Athaíde got together with a number of other young artists (including Antonio Carelli) and founded "Group XV" in a studio in the center of town. There were fifteen artists in all, sharing the space

Biografia

Em 27 de fevereiro de 1923, Geraldo de Barros nasce em Xavantes, no interior do Estado de São Paulo. Em 1930, a família transfere-se para a cidade de São Paulo depois da crise do café.

Em 1946, seis meses depois da morte do irmão mais velho, Geraldo decide estudar desenho e pintura. Procura o artista Clóvis Graciano, freqüenta seu atelier, descobre o meio artístico da pintura em São Paulo e inscreve-se na Associação Paulista de Belas Artes. A cidade e o país se industrializaram muito durante a guerra e a recente democracia provoca várias mudanças na sociedade. Geraldo segue cursos de pintura e desenho e encontra outros artistas, entre os quais o mestre japonês de pintura Takaoka com quem começa realmente a aprender os rudimentos da pintura.

O atelier de Takaoka é freqüentado por artistas jovens como Athaíde de Barros com quem Geraldo realiza sua primeira exposição, em 1947, no Hall do Teatro Municipal de São Paulo.

Por volta de 1946, Athaíde de Barros, que pretende tornar-se fotógrafo profissional, convida Geraldo a acompanhá-lo e assim ganhar algum dinheiro fotografando times de futebol amador que costumam jogar aos domingos nos terrenos baldios da periferia da cidade. Com a ajuda de uma máquina construída por ele conforme instruções de um manual de ofícios, Geraldo descobre então as técnicas da fotografia.

Em 1948, Takaoka, Geraldo, Athaíde e outros jovens artistas como Antonio Carelli associam-se para criar o "Grupo XV" em um atelier no centro da cidade. São 15 artistas a dividir o espaço, as despesas com o local e

Biographie

Geraldo de Barros wird am 27.2.1923 in Xavantes, einer Kleinstadt im Bundesstaat São Paulo, geboren. Infolge des Kursverfalls des Kaffees läßt sich die Familie 1930 in der Hauptstadt São Paulo nieder.

Sechs Monate nach dem Tod seines älteren Bruders faßt Geraldo 1946 den Entschluß, Zeichnung und Malerei zu studieren. Er wendet sich an den Künstler Clóvis Graciano und besucht dessen Atelier. Geraldo entdeckt die Malerszene São Paulos und schreibt sich an der Associação Paulista de Belas Artes ein. Stadt und Land werden während des Krieges stark industrialisiert, und die junge Demokratie erlebt zahlreiche gesellschaftliche Veränderungen. Geraldo besucht die Mal- und Zeichenklassen und lernt andere Künstler kennen, darunter den japanischen Maler Takaoka, von dem er systematisch in die Grundlagen der Malerei eingewiesen wird. Das Atelier Takaokas wird von zahlreichen jungen

Geraldo at age fourteen, 1937
Geraldo aos 14 anos, 1937
Geraldo mit 14 Jahren, 1937

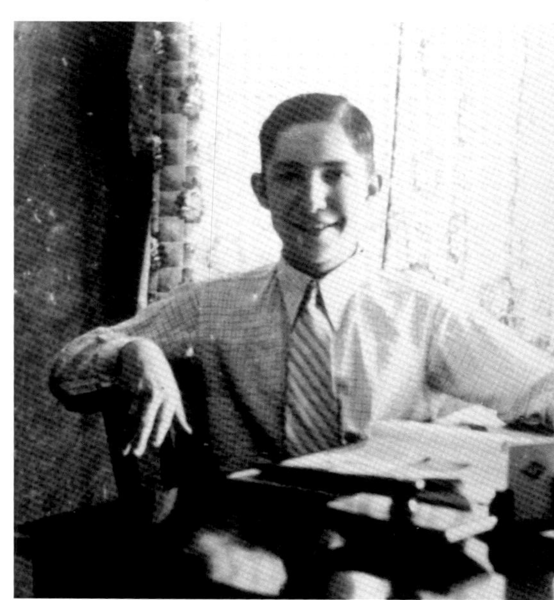

and paying for the upkeep and the cost of models. The dominant style of painting in the group was Expressionism. A lack of information about what was going on elsewhere naturally led to a form of expression marked by spontaneity and intuition. The themes most frequently chosen for the paintings ranged from the studio nude to the humble landscapes they would seek out on the outskirts of São Paulo. Geraldo de Barros was singled out on several occasions at salons and exhibitions organised by the

com os modelos. O estilo de pintura dominante no grupo é de influência expressionista. Na verdade, a falta de informações sobre o que vem sendo feito no exterior provoca naturalmente uma forma de expressão marcada pela espontaneidade e a intuição. Com freqüência, os temas escolhidos para as pinturas vão do modelo vivo de observação às paisagens simples encontradas na periferia de São Paulo. Por várias vezes, Geraldo de Barros se distingue em diferentes salões e ex-

Künstlern frequentiert, unter ihnen auch Athaíde de Barros, mit dem er 1947 seine erste Ausstellung im Foyer des Teatro Municipal de São Paulo ausrichtet.

Etwa 1946 lädt Athaíde de Barros, der Berufsfotograf werden will, Geraldo ein, mit ihm Amateur-Fußballmannschaften, die sonntags auf Plätzen am Stadtrand gegeneinander spielen, zu fotografieren, um auf diese Weise etwas Geld zu verdienen. Mit einer selbstgebastelten Kamera unternimmt Geraldo so seine ersten Schritte in der Fotografie.

1948 schließen sich Takaoka, Geraldo, Athaíde und andere junge Künstler, unter ihnen Antonio Carelli, zusammen und gründen in einem im Stadtzentrum gelegenen Atelier die ›Gruppe XV‹. Fünfzehn Künstler teilen sich diesen Raum, die Unterhaltskosten sowie die Ausgaben für die Modelle. Der Malstil der Gruppe ist stark expressionistisch beeinflußt. Der Mangel an Informationen darüber, was andernorts produziert wird, führt mehr oder weniger zwangsläufig zu einem Ausdrucksmodus, der von Spontaneität und Intuition geprägt ist. Zu den besonders häufig gewählten Themen zählen nach dem lebenden Modell gezeichnete Akte und bescheidene

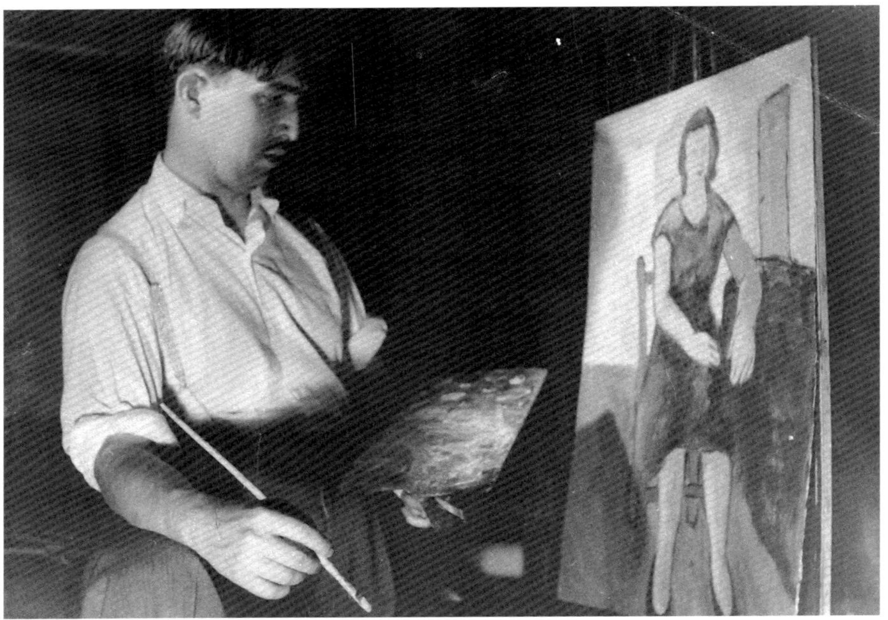

Geraldo de Barros in his Group XV studio, 1947
Pintando no ateliê do Grupo XV. 1947
Arbeit im Atelier der ›Gruppe XV‹, 1947

painters of the Associação Paulista de Belas Artes.

With Athaíde de Barros, Geraldo built a small photographic laboratory in the Group XV studio. He acquired a real camera, a 1939 Rolleiflex, and began haunting the spots where previously he had placed his painter's easel (the outskirts of town, the neighborhoods surrounding his mother's house, the railroad station). In this way, he discovered

posições de pintura da Associação Paulista de Belas Artes.

Com Athaíde de Barros, Geraldo constrói um pequeno laboratório de fotografia no atelier do Grupo XV. Compra uma máquina fotográfica de verdade, uma Rolleiflex 1939, e começa a percorrer os lugares onde costumava pousar o cavalete de pintura: a periferia, os bairros próximos à casa de sua mãe, a Estação da Luz. É assim que descobre

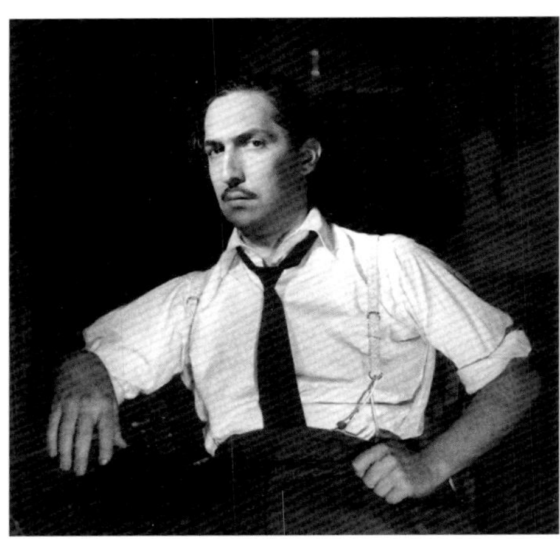

Geraldo de Barros, *Self-Portrait*, 1947
Auto-retrato, feito no ateliê do Grupo XV. 1947
Selbstbildnis, 1947 im Atelier der ›Gruppe XV‹ entstanden

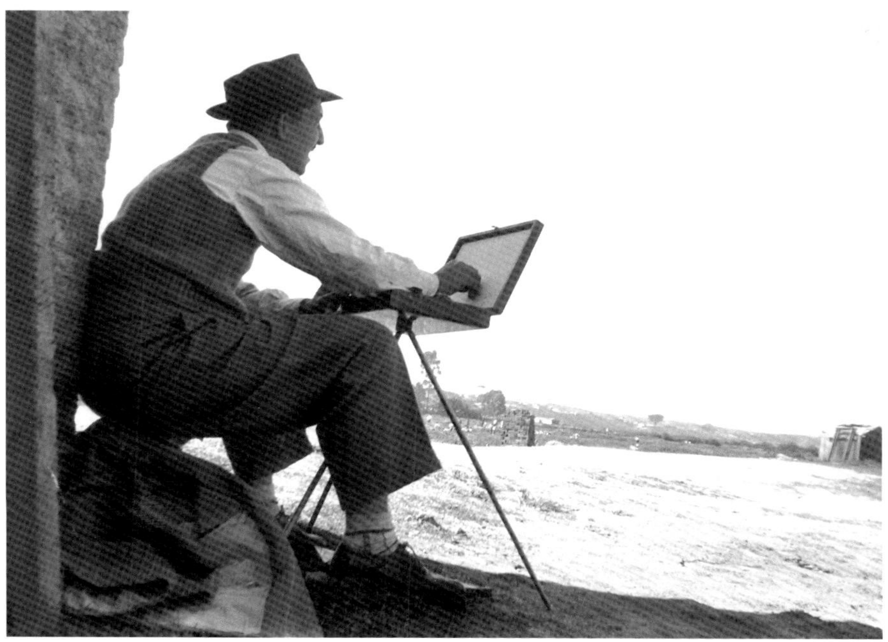

the possibilities of photography, super-imposing shots of the metallic structures of São Paulo train station, or isolating a section of wall or an interesting shadow encountered in the dusty streets of the working-class districts.

Having no wish to become a commercial photographer, he parted company with Athaíde and started frequenting the only place in São Paulo where photography lovers could meet, the Foto Cine Club Bandeirante. When he joined the club in 1949, he was one of its youngest members and his ideas did not tally with the only approach favoured by the club, pictorialism. The liberty with which he experimented with the medium and his disregard for the traditional rules of photography earned him the reputation of an eccentric among the photographers of the group. His experiments with scraping negatives and taking multiple exposures, and his commitment to integrating chance in his photography, led to heated discussions during club meetings. "Each artist must be utterly free, must only strike a compromise with himself," he declared when accused of not paying enough attention to pure technique.

as possibilidades da fotografia, fazendo superposições de imagens das estruturas metálicas da estação, captando um detalhe de parede ou uma sombra interessante encontrada nas ruas empoeiradas dos bairros populares.

Como não pretende se tornar fotógrafo comercial, separa-se de Athaíde para freqüentar o único local em São Paulo que reúne amadores de fotografia. Integra-se assim, em 1949, ao Foto Cine Club Bandeirantes do qual é o mais jovem membro e cujas idéias não correspondem ao comportamento único preconizado pelo pictorialismo.

Por sua total liberdade de pesquisa e por não respeitar as regras tradicionais de fotografia, era visto como um original entre os fotógrafos do grupo.

Suas experiências com riscos nos negativos, as múltiplas exposições de imagens e a reivindicação de integrar o aleatório em sua própria percepção da fotografia provocam violentos debates nas reuniões do clube. *Todo artista deve ser completamente livre, ter compromisso apenas consigo próprio* – retruca ele quando é criticado por não se preocupar o bastante com a técnica pura.

Landschaften am Stadtrand São Paulos. Geraldo wird auf den Salons und Ausstellungen der Maler der Associação Paulista de Belas Artes mehrfach ausgezeichnet.

Zusammen mit Athaíde de Barros richtet Geraldo im Atelier der ›Gruppe XV‹ ein kleines Fotolabor ein. Er erwirbt einen richtigen Fotoapparat, eine Rolleiflex 1939, und besucht wieder die Orte, an denen er zuvor seine Staffelei aufgestellt hatte: die Peripherie, die Viertel in der Umgebung des Hauses seiner Mutter, den Bahnhof von São Paulo. Auf diese Weise entdeckt er die Möglichkeiten der Fotografie, erprobt die Überlagerung von Bildern durch Mehrfachbelichtung, wenn er etwa die Metallstrukturen des Bahnhofs von São Paulo vor sich hat, ein Mauerdetail isoliert oder einen interessanten Schatten, auf den er in einer destaubigen Straßen der Arbeiterviertel stößt.

Da er kein kommerzieller Fotograf werden will, trennt er sich von Athaíde, um sich 1949 dem ›Foto Cine Club Bandeirante‹ anzuschließen, jenem einzigartigen Ort, an dem sich in São Paulo die Amateurfotografen versammeln. Er ist eines der jüngsten Clubmitglieder, und seine Vorstellungen stehen nicht in Einklang mit dem Piktorialismus, der einzigen dort gepflegten fotografischen Ausdrucksform.

Aufgrund seiner Experimentierfreude und seiner Respektlosigkeit gegenüber den traditionellen Regeln der Fotografie gilt er unter den Kollegen als Original. Seine Experimente mit Schabretuschen von Negativen, seine Mehrfachbelichtungen und seine Forderung, den Zufall in den fotografischen Prozeß zu integrie-

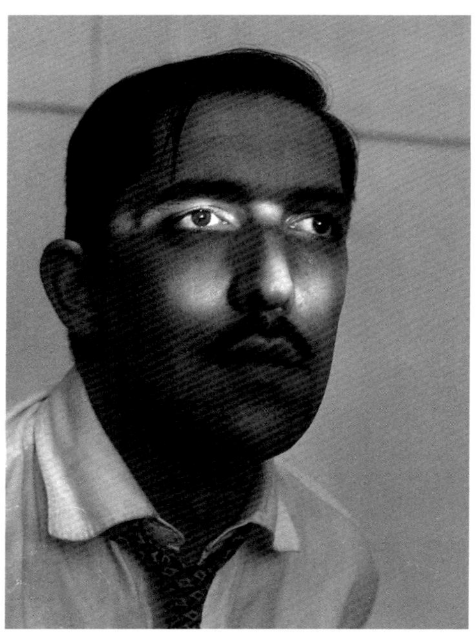

Geraldo de Barros
Self-Portrait, 1949
Auto-retrato, 1949
Selbstbildnis, 1949

A pioneer of abstract photography in Brazil, he was not acknowledged by members of the Foto Cine Club, and his photographs were regularly excluded from the club's exhibitions.

In addition to his work as a photographer, Geraldo played an increasingly active role in the artistic movements of São Paulo. He took a keen interest in the founding of the Museu de Arte de São Paulo, the first step in the modernisation of Brazilian thought and culture. In 1949, he accepted an invitation from the museum's founding director, Pietro Maria Bardi, to organise a photographic laboratory, introducing photography as a fine art for the first time in Brazil.

That same year, Geraldo met the critic and essayist Mário Pedrosa. The latter was to play an important role in Geraldo's intellectual and political education, for it was through Pedrosa that he discovered the Gestalt theory of form and got to know the artists of Rio, such as Almir Mavignier and Ivan Serpa. He also made several visits to the Engenho de Dentro psychiatric hospital of Rio,

Pioneiro da fotografia abstrata no Brasil, ele não é reconhecido pelos membros do Foto Cine Club e suas fotografias são constantemente recusadas nas exposições organizadas pelo Clube.

Paralelamente à fotografia, Geraldo participa cada vez mais dos movimentos artísticos de São Paulo. Entusiasmado, ele acompanha a fundação do Museu de Arte de São Paulo, primeiro marco da modernização do pensamento e da cultura. Em 1949, a convite de Pietro Maria Bardi, fundador e diretor do MASP, organiza o laboratório de fotografia do Museu introduzindo a fotografia, pela primeira vez, no âmbito das Belas Artes.

No mesmo ano, Geraldo conhece o crítico e ensaísta Mário Pedrosa o qual virá a ter um papel importante na sua formação intelectual e política. No Rio, por intermédio de Pedrosa, Geraldo de Barros descobre a teoria da forma (*Gestalt Theorie*) e encontra os artistas cariocas, entre eles Almir Mavignier e Ivan Serpa. Faz várias visitas ao Hospital Psiquiátrico Engenho de Dentro, do Rio, e fica muito impressionado com o trabalho que Almir Mavignier realiza com a Doutora Nise da Silveira. Começa então a ter contato com a terapia ocupacional utilizada no Hospital que permite aos pacientes reencontrar a realidade através do desenho e da modelagem. Essa experiência será fundamental para Geraldo pois abrirá caminho para grandes reflexões sobre figura e forma relacionadas à liberdade de representação. Geraldo adquire também uma dimensão ética e humana que vai caracterizá-lo para o resto da vida.

Em 1950, Geraldo expõe no MASP a série "Fotoformas". A exposição reúne o conjunto de seu trabalho de fotografia que será o elemento incentivador de uma nova evolução em sua obra. Graças ao sucesso dessa exposição, que antecipa o futuro movimento geométrico, Geraldo recebe uma bolsa para

ren, führen bei den Zusammenkünften des Clubs zu heftigen Debatten. »Jeder Künstler muß völlig frei sein, darf sich auf keine Kompromisse einlassen, außer mit sich selbst«, verkündet er, als man ihm vorhält, er beschäftige sich zu wenig mit der reinen Technik.

Der Pionier der abstrakten Fotografie Brasiliens ist bei den Mitgliedern des Foto Cine Clubs nicht anerkannt, und seine Fotografien werden bei den vom Club organisierten Ausstellungen regelmäßig abgelehnt.

Neben der Fotografie beteiligt sich de Barros zunehmend an den künstlerischen Bewegungen, die São Paulo neue Impulse geben. Mit Enthusiasmus verfolgt er die Gründung des Museu de Arte de São Paulo Assis Chateaubriand – Ausdruck einer Modernisierung des Denkens und der Kultur. 1949 organisiert er auf Einladung Pietro Maria Bardis, des Gründers und Direktors dieser Institution, das Fotolabor des Museums und führt so erstmals die Fotografie in die Sphäre der bildenden Kunst ein.

Im selben Jahr lernt de Barros den Kritiker und Essayisten Mário Pedrosa kennen, der für seine weitere intellektuelle und politische Entwicklung wichtig werden wird. Über Pedrosa entdeckt de Barros in Rio de Janeiro die Gestalttheorie und tritt mit Künstlern aus dieser Stadt in Kontakt, unter ihnen Almir Mavignier und Ivan Serpa. Mehrmals begibt er sich in die psychiatrische Klinik Engenho de Dentro von Rio, wo ihn die Arbeit Mavigniers und der Ärztin Nise da Silveira beeindrucken. Er lernt die Beschäftigungstherapie kennen, die es den Patienten ermöglicht, über den Umweg des Zeichnens und Modellierens zur Realität zurückzufinden. Für de Barros wird dies zu einer grundlegenden Erfahrung, die weitreichende Reflexionen über die Figur und die Form in ihrem Verhältnis zur Freiheit der Darstellung zur Folge hat. Zugleich eignet er sich hier eine ethische und humane Dimension an, die ihn sein ganzes Leben charakterisieren wird.

where the work being done by Mavignier with the physician Nise da Silveria made a powerful impression on him. It was here that he discovered occupational therapy, in which drawing and sculpture are used to help patients recover a grasp on reality. The experience was to prove crucial for Geraldo, opening the way to far-ranging considerations on figure and form in relation to freedom of representation. Geraldo's work, likewise, took on an ethical and human dimension that it was to retain throughout his life.

In 1950, Geraldo exhibited his *Fotoformas* series at the Museu de Arte de São Paulo Assis Chateaubriand (MASP). The exhibition brought together all his photographic work to date and would trigger a new departure. With the success of the exhibition, which looked ahead to the geometric movement of later years, he obtained a scholarship to study photography abroad. But Geraldo was already moving away from photography. His work in that field, he felt, was complete, and he now wanted to study painting and engraving in Paris. Just before leaving, he discovered the work of Max Bill, while helping to unpack an exhibition by the Swiss artist at MASP.

His stay in Europe in 1951 was marked by his eagerness to discover painting and engraving. He attended courses in the morning, and in the afternoon visited museums. He travelled through Europe—from Seville to Edinburgh and from Germany to Italy, where he met Giorgio Morandi.

He went to Zurich to meet Max Bill, and to Ulm to meet Otl Aicher. Aicher taught him on a casual basis some of the rudiments of drawing. In Paris, he went around with Paulo Emilio Sales Gomes, who taught film at the Sorbonne and later founded the Brazilian film archives. Towards the end of 1951, Almir Mavignier, whom he had known in Rio, arrived in Paris. Together, they struck up a friendship with the artist François Morellet.

estudar fotografia no exterior. Porém, a fotografia já não lhe interessa tanto, ele considera seu trabalho encerrado e prefere estudar pintura e gravura em Paris. Pouco antes de partir, descobre a obra de Max Bill ao ajudar na montagem de uma exposição do artista suíço no MASP.

Sua estadia na Europa durante o ano de 1951 é marcada por uma enorme sede de descoberta da pintura e da gravura. Freqüenta cursos de manhã e visita museus de tarde, viaja pela Europa, de Sevilha a Edimburgo, da Alemanha à Itália onde encontra Giorgio Morandi.

Vai a Zurique para encontrar Max Bill e a Ulm para conhecer Otl Aicher que lhe ensina, de maneira informal, alguns princípios do grafismo. Em Paris, Geraldo freqüenta também Paulo Emilio Sales Gomes, professor de cinema na Sorbonne e futuro fundador da cinemateca brasileira.

No final de 1951, Almir Mavignier, que Geraldo havia conhecido no Rio, chega em Paris onde juntos tornam-se amigos do artista François Morellet.

Em 1952, de volta ao Brasil, Geraldo participa da criação do movimento "Ruptura" com Waldermar Cordeiro, Luis Sacilotto e outros. O manifesto por uma arte liberada do "hedonismo figurativo" anuncia o movimento da arte concreta no Brasil.

Os artistas do grupo concretista de São Paulo, recém-saídos da modernização e da recente industrialização do país, têm um papel preponderante nos debates artísticos da época. Em geral, são altamente politizados e conscientes da função social que desempenham. Geraldo de Barros se interessa também pela noção da industrialização do gesto artístico, da reprodutibilidade da obra de arte e, naturalmente, pelo desenho industrial e as artes gráficas.

Em 1952, recebe um prêmio pelo cartaz comemorativo do IV Centenário da Cidade de São Paulo. No mesmo

1950 stellt de Barros im Museu de Arte de São Paulo sein gesamtes fotografisches Schaffen aus, darunter die Serie *Fotoformas*. Aufgrund des Erfolgs dieser Ausstellung, welche die zukünftige geometrische Bewegung bereits vorwegnimmt, erhält er ein Stipendium für ein Auslandsstudium der Fotografie. Doch hat er sich inzwischen schon von der Fotografie abgewandt und möchte in Paris Malerei und Grafik studieren.

Kurz vor seiner Abreise entdeckt er beim Auspacken der Exponate für eine Ausstellung im Museu de Arte de São Paulo das Werk des Schweizer Künstlers Max Bill.

Sein Europaaufenthalt 1951 ist von einer großen Entdeckerfreude auf den Gebieten Malerei und Grafik gekennzeichnet. Am Vormittag besucht er den Unterricht, am Nachmittag die Museen. Er reist kreuz und quer durch Europa, von Sevilla nach Edinburgh und von Deutschland nach Italien, wo er Giorgio Morandi kennenlernt.

Er begibt sich nach Zürich, um Max Bill, und nach Ulm, um Otl Aicher kennenzulernen. Bei Aicher lernt er auf formelle Weise neue grafische Prinzipien kennen. In Paris besucht er regelmäßig Paulo Emilio Sales Gomes, der an der Sorbonne Film unterrichtet und die brasilianische Cinemathek gründen wird. Ende 1951 trifft Mavignier, den er in Rio kennengelernt hatte, in Paris ein. Sie schließen Freundschaft mit dem Künstler François Morellet.

Nach seiner Rückkehr nach Brasilien wird de Barros 1952 gemeinsam mit Waldemar Cordeiro, Luis Sacilotto und anderen Mitbegründer der Bewegung ›Ruptura‹. Ihr Manifest für eine vom »figürlichen Hedonismus« befreite Kunst kündigt die konkrete Kunst Brasiliens an.

Einen Bezug zur Modernisierung und Industrialisierung des Landes suchend, nimmt die Gruppe der Konkreten in São Paulo einen maßgeblichen Platz innerhalb der künstlerischen Debatte jener Jahre ein. Die Künstler der Gruppe sind

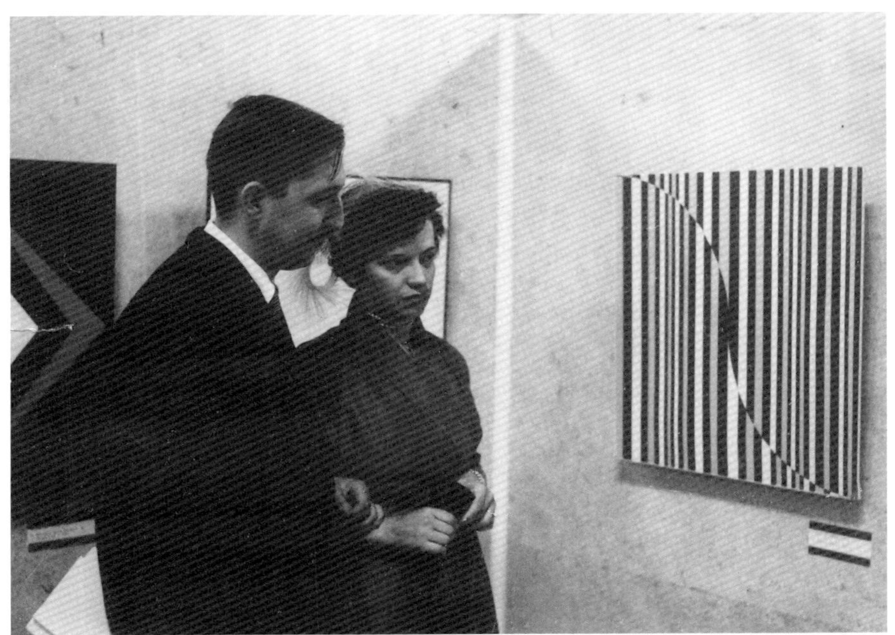

Geraldo de Barros and his wife in front of his paintings at the *Ruptura* exhibition, 1952
O artista com sua esposa, em frente a um de seus quadros, na exposição do Grupo Ruptura, 1952
Der Künstler und seine Frau vor einem seiner Bilder, Ausstellung der Gruppe ›Ruptura‹, 1952

In 1952, back in Brazil, Geraldo helped create the *Ruptura* movement, which also included Waldemar Cordeiro and Luis Sacilotto. The group's manifesto, which called for an art freed from "figurative hedonism," looked ahead to the Concrete Art movement in Brazil.

The Concrete artists of São Paulo sought to establish a connection to the modernisation of Brazil, especially with its recent industrialisation, and so doing, played a dominant role in the artistic discussions of the day. The artists in the group were often highly politicised and conscious of their social role. Geraldo de Barros became interested in concepts such as the industrialisation of the artistic gesture, the reproducibility of works of art, and, as a natural progression, in design and graphic art.

In 1952, he won a prize for the poster commemorating the four hundredth anniversary of the city of São Paulo. That same year, he married Electra Delduque, who was to be his life-long companion and with whom he would have two daughters, Lenora and Fabiana.

In 1954, Geraldo gave himself over entirely to design and, with the Dominican friar João Batista Pereira dos Santos, set

ano, casa-se com Electra Delduque que o acompanhará por toda a vida e com quem terá duas filhas, Lenora e Fabiana.

A partir de 1954, Geraldo dedica-se exclusivamente ao desenho e, com o padre dominicano Frei João Batista

vielfach politisch engagiert und sich ihrer gesellschaftlichen Rolle bewußt. De Barros interessiert sich für die Idee der Industrialisierung der künstlerischen Geste, für die Reproduzierbarkeit des Kunstwerks und damit naturgemäß auch für Design und Grafik.

1952 erhält er einen Preis für ein Plakat zur Vierhundertjahrfeier der Stadt São Paulo. Im selben Jahr heiratet er Electra Delduque, mit der er sein ganzes Leben zusammenbleiben und mit der er zwei Töchter, Lenora und Fabiana, haben wird.

Ab 1954 widmet sich de Barros ganz dem Design und ruft mit dem Dominikanerbruder Frei João Batista Pereira dos Santos die Arbeitsgemeinschaft Unilabor ins Leben, eine kollektiv ge-

Geraldo de Barros with his co-workers and first prototype chair designed for Unilabor, 1954
Entre colegas da Unilabor. Geraldo de Barros com o braço sobre a primeira cadeira que criou para a Unilabor. 1954
Mitarbeiter von Unilabor, 1954; de Barros hinter seinem ersten für Unilabor entworfenen Stuhl

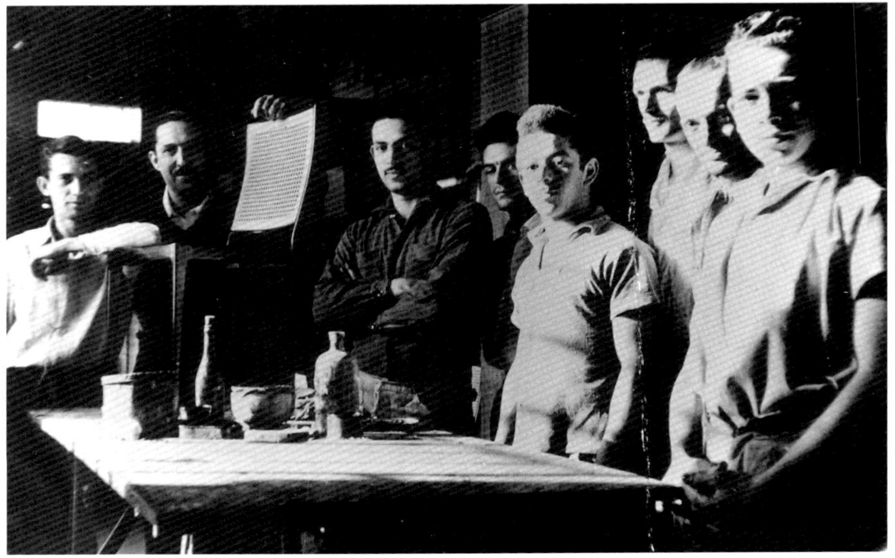

up the Unilabor cooperative, a furniture factory run on collectivist lines. Applying the rational principles he had developed in his work with the Concrete Art movement, Geraldo developed a range of furniture distinguised by its sobriety of design. The Unilabor market consisted of the upper middle-classes and of intellectuals sympathetic to a socially conscious approach to the means of production. Geraldo realised that the transition from canvas and brush to wood and metal was perfectly feasible, and that his furniture, and by extension the principles of Concrete Art, could be circulated on a large scale.

In 1956, he took part in the premiere *Exposição Nacional de Arte Concreta* (National Exhibition of Concrete Art), and, in 1960, in the international exhibition *Konkrete Kunst, 50 Jahre Entwicklung* (Concrete Art: 50 Years of Development), organised by Max Bill in Zurich.

In 1957, with Alexandre Wollner and Rubens Martins, Geraldo founded Forminform, Brazil's first graphic design studio. For several years, the group furnished innovative visual advertising concepts for companies, newspapers, and cultural events.

In 1964, Geraldo left Unilabor. The furniture factory's collectivist approach had resulted in serious internal management difficulties that were further aggravated by the economic and political crisis affecting the country after the recent coup d'état. In this uncertain context, Geraldo teamed up with Aluisío Bioni, a joiner he had worked with in his Unilabor days. Together, they created the Hobjeto furniture factory, soon to become one of the largest of its kind in Brazil.

That same year, he exhibited a series of figurative paintings with the artist Nelson Leirner. Abandoning geometric constructivism, he became interested in Pop Art, both as a project and as a form of social criticism, painting on advertising posters so as to provide a subjective

Pereira dos Santos, cria a comunidade de trabalho UNILABOR, fábrica de móveis com regras coletivistas de gestão.

Ao aplicar os princípios racionais desenvolvidos em seu trabalho de Arte Concreta, Geraldo desenvolve linhas de móveis com formas depuradas. O mercado de UNILABOR é a classe média alta, assim como os intelectuais sensíveis às idéias socializantes do processo de fabricação.

Geraldo realiza que é possivel passar, sem problemas, da tela e do pincel para a madeira e o metal; que os móveis que ele constrói e, portanto, os principios da arte concreta, podem ser difundidos em grande escala.

Em 1956 participa da primeira Exposição Nacional de Arte Concreta e em 1960 da exposição "Konkrete Kunst, 50 Jahre Entwicklung", organizada por Max Bill, em Zurique.

Em 1957, com Alexandre Wollner e Rubens Martins, Geraldo cria o grupo "Forminform", primeiro atelier de grafismo no Brasil. Durante alguns anos, o grupo vai propor soluções de comunicação visual inovadoras para as empresas, jornais e manifestações culturais.

Em 1964, Geraldo retira-se da Unilabor. A fábrica de móveis enfrenta grandes dificuldades de gestão interna ligadas ao modelo coletivista e ao agravamento da crise econômica e política do país após o golpe de estado militar. Nesse contexto arriscado, Geraldo une-se a Aluísio Bioni, um marcineiro com o qual havia trabalhado na época da Unilabor. Juntos criam a fábrica de móveis Hobjeto que logo será uma das mais importantes do Brasil.

No mesmo ano, com o artista Nelson Leirner, expõe uma série de pinturas figurativas. Abandona o construtivismo geométrico e se interessa pela Pop Art como projeto e crítica social. Trabalha na execução de cartazes publicitários que repinta,

führte Möbelfabrik. Unter Anwendung rationaler Prinzipien, die er im Rahmen der Konkreten Kunst entwickelt hat, entwirft de Barros Möbelserien in einem stark purifizierten Stil. Abnehmer der Produkte von Unilabor ist die gehobene Mittelklasse sowie Intellektuelle, die gegenüber einem am Sozialismus orientierten Herstellungsprozeß aufgeschlossen sind.

De Barros erkennt, daß er problemlos von Leinwand und Pinsel zu Holz und Metall übergehen kann und daß sich seine Möbel und damit auch die Prinzipien der Konkreten Kunst im großen Maßstab vertreiben lassen.

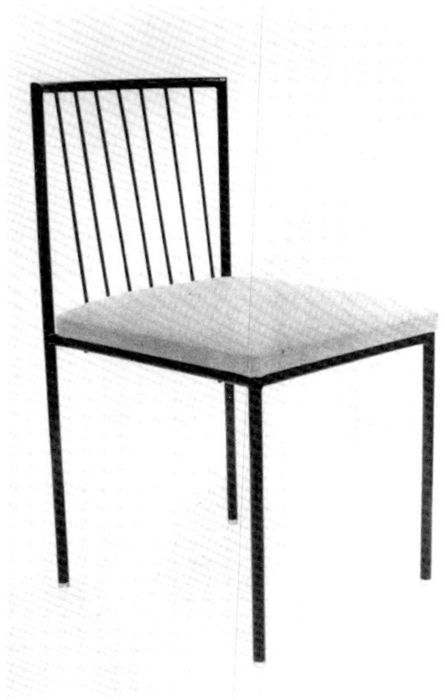

Geraldo de Barros
Chair design for Unilabor, 1956
Cadeira criada para a Unilabor, 1956
Stuhl, 1956 für Unilabor entworfen
(Photograph: German Lorca)

1956 nimmt er an der ersten ›Exposition Nationale d'Art‹ teil und 1960 an der von Max Bill in Zürich organisierten internationalen Ausstellung ›Konkrete Kunst, 50 Jahre Entwicklung‹.

1957 gründet de Barros mit Alexandre Wollner und Rubens Martins die Gruppe ›Forminform‹, das erste

and critical reading of them, and deprive them of their immediacy.

In 1966, Geraldo joined forces with Nelson Leirner and Wesley Duke Lee to found the Rex Gallery and Sons in the back room of the main Hobjeto sales outlet. The Rex Gallery was a forerunner of the Brazilian Pop Art movement and of the first Happenings in São Paulo. Six

retirando as características de imediatismo para propor uma leitura subjetiva e crítica.

Em 1966, na sala de fundos da primeira loja Hobjeto, Geraldo se associa a Nelson Leirner e Wesley Duke Lee para fundar a galeria "Rex Gallery and Sons", precursora do movimento de pop art brasileiro e dos primeiros

Grafikatelier in Brasilien. Einige Jahre lang entwickelt die Gruppe innovative Lösungen für die visuelle Kommunikation von Industrie, Zeitschriften und Kulturveranstaltungen.

1964 verläßt de Barros Unilabor. Die Möbelfabrik hat mit erheblichen Schwierigkeiten zu kämpfen, die mit der kollektiven Geschäftsführung zu tun haben und durch die wirtschaftliche und politische Krise noch verschärft werden, die das Land infolge des Militärputsches durchläuft. In dieser riskanten Situation tut sich de Barros mit Aluisío Bioni zusammen, einem Tischler, mit dem er bei Unilabor gelegentlich zusammengearbeitet hatte. Sie gründen die Möbelfabrik Hobjeto, die sich schon bald zu einer der bedeutendsten Brasiliens entwickeln wird.

Im selben Jahr stellt er zusammen mit dem Künstlerkollegen Nelson Leirner eine Serie figürlicher Bilder aus. Er wendet sich vom geometrischen Konstruktivismus ab und beginnt sich für die Pop Art als sozialkritisches Projekt zu interessieren. Er arbeitet mit Reklameplakaten, die er übermalt; damit nimmt er ihnen den Anschein der Unmittelbarkeit und fordert zu einer subjektiven und kritischen Lektüre auf.

1966 gründet de Barros mit Leirner und Wesley Duke Lee im Hinterraum der ersten Verkaufsstelle von Hobjeto die Rex Gallery and Sons, eine Vorhut der brasilianischen Pop Art und Ort der ersten Happenings in São Paulo. Die Galerie wird zur einzigartigen Experimentierstätte, die aus dem starren Rahmen ausbricht, der den Markt in diesen Jahren des Rückzugs und des Konservativismus beherrscht, und organisiert sechs turbulente Ausstellungen.

Während seiner Jahre bei Hobjeto gewinnt de Barros zahlreiche Preise für seine Entwürfe, und das Unternehmen expandiert rasch. 1972 steht es wirtschaftlich auf dem Gipfel und beschäftigt mehr als 700 Angestellte.

In einem Atelier auf dem Firmengelände setzt Geraldo seine Übermalun-

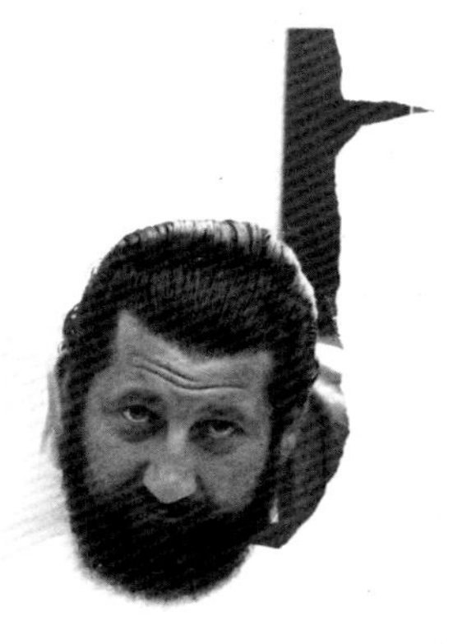
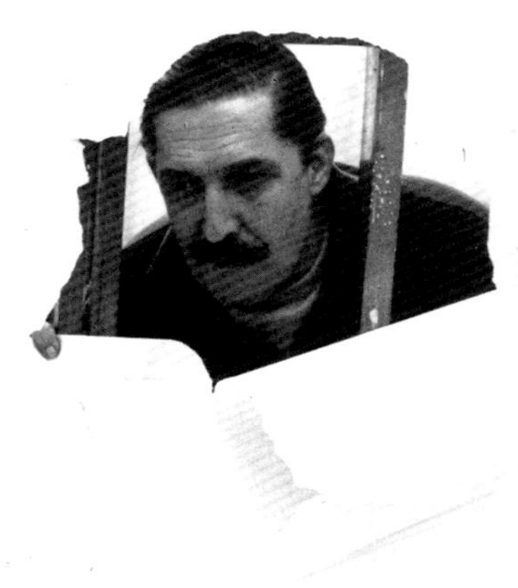

Geraldo de Barros and artist Nelson Leirner during their exhibition at Atrium Gallery, São Paulo, 1965
Geraldo de Barros e o artista Nelson Leirner por ocasião de sua exposição na Galeria Atrium de São Paulo. 1965
Geraldo de Barros und der Künstler Nelson Leirner, fotografiert anläßlich ihrer Ausstellung in der Galerie Atrium, São Paulo, 1965

tumultuous exhibitions were organised during the year in which the gallery was active, and the unique experimental space it afforded made a change from the rigid framework that dominated the art market at a time of conservatism and economic decline.

Geraldo was soon winning a great many awards for his Hobjeto designs, and the company expanded rapidly. In 1972, the factory was at its height, employing more than seven hundred staff. In a studio set up in the heart of the

"happenings" de São Paulo. Seis exposições tumultuosas são realizadas durante o ano de atividade da Galeria Rex, único espaço de experimentação a sair dos moldes rígidos que dominam o mercado nesses anos fechados de conservadorismo.

Através da Hobjeto, Geraldo ganha rapidamente numerosos prêmios pelos desenhos e a empresa começa logo a crescer. Em 1972, a fábrica está no seu apogeu, contando com mais de 700 empregados.

factory itself, Geraldo continued to paint collages of advertising posters, this time employing very large formats.

In 1975, his daughter, Fabiana, came across his photographs from the forties while sorting through an old box. The excitement Geraldo felt on seeing these pictures, that he had almost forgotten existed, led to his making a new series of prints. Around the same period, he renewed contact with his painter friends in the Concrete Art group and in artistic circles. After several years of intense design activity with Hobjeto, seeing his old friends again gave him a new lease on life, and he began drawing up new projects.

In 1979, at a time when Hobjeto was starting to feel the effects of the economic crisis afflicting the country, Geraldo suffered an attack of cerebral ischaemia, the first of four. He was forced to withdraw from the factory. At the same moment, he abandoned figurative

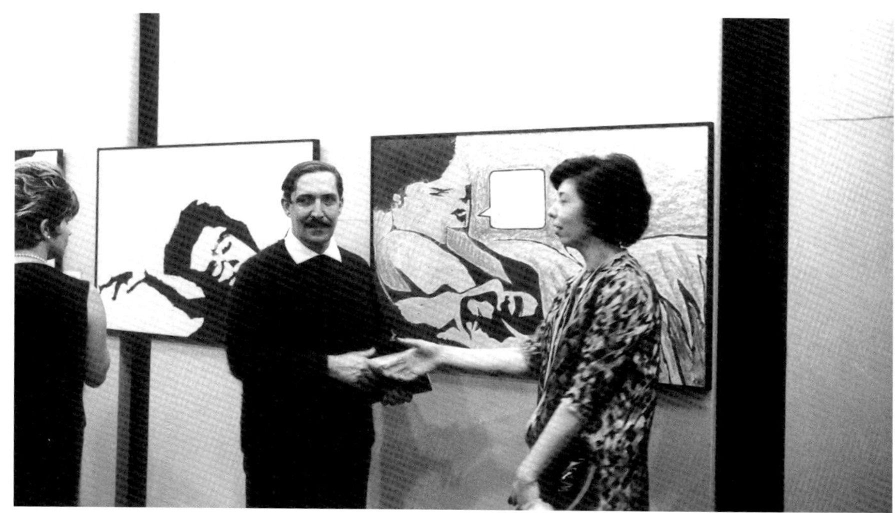

Geraldo de Barros and critic Radhá Abramo in front of his paintings, Atrium Gallery, São Paulo, 1965
Geraldo de Barros diante de seus quadros com a crítica Radha Abramo, Galeria Atrium de São Paulo, 1965
Geraldo de Barros mit der Kritikerin Radhá Abramo vor seinen Bildern, Galerie Atrium, São Paulo, 1965

No atelier montado na própria fábrica. Geraldo continua a fazer pinturas sobre colagens de cartazes publicitários, agora em formatos gigantescos.

gen von Werbeplakat-Collagen fort, wobei er diesmal überdimensionale Formate benutzt.

1975 findet seine Tochter Fabiana beim Aufräumen in einer alten Schachtel Fotografien aus den vierziger Jahren. Als de Barros diese Bilder sieht, die er fast vergessen hatte, stellt er eine Serie neuer Abzüge her. Im gleichen Zeitraum nimmt er den Kontakt zu seinen Malerfreunden der Gruppe ›Konkret‹ und aus dem Künstlermilieu wieder auf. Nach mehreren Jahren intensiver Design-Arbeit bei Hobjeto läßt er sich von diesem Fund zu neuen Projekten inspirieren.

Als die Wirtschaftskrise, die das Land heimsucht, auch Hobjeto in Mitleidenschaft zieht, wird Geraldo 1979 von einem Schlaganfall heimgesucht. Es ist der erste von insgesamt vier, und er sieht sich gezwungen, die Mitarbeit an dem Unternehmen einzustellen. Zur gleichen Zeit gibt er die figürliche Malerei auf und wendet sich wieder geometrischen Motiven zu, die er in den fünfziger Jahren entwickelt hatte. Er läßt seine Gemälde von einem Mitarbeiter der Möbelfabrik ausführen und präsentiert seine Rückkehr zur Konkreten Kunst auf der 15. Biennale von São Paulo.

Geraldo de Barros
Furniture designs for the Hobjeto furniture company, 1967
Móveis criados para a fábrica Hobjeto, 1967
Möbel, 1967 entworfen für die Möbelfabrik Hobjedo
(Photograph: German Lorca)

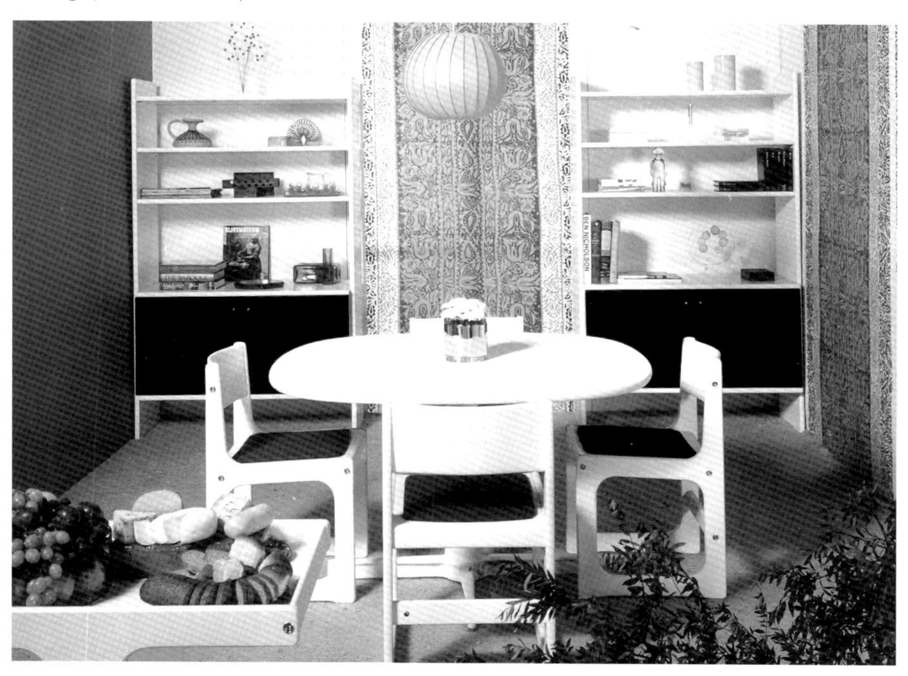

painting and once more took up the geometric patterns he had developed in the fifties. He had his paintings executed for him by an assistant in the furniture factory, and presented his return to Concrete Art at the *XV Bienal Internacional de Arte de São Paulo*. The same year, a selection of his rediscovered photographs were shown at the Venice Biennale in the exhibition *Venezia '79/La Fotografia*.

In 1980, his art moved towards greater radicalisation in the application of

Em 1975, sua filha Fabiana, ao fazer arrumações numa velha caixa, encontra as fotografias dos anos 40. Quando ele vê as fotos de que tinha se esquecido, Geraldo se anima e prepara uma série de novas tiragens. Na mesma época, retoma contato com os amigos pintores do grupo concretista e com o meio artístico. Depois de anos de intensa atividade de desenho na Hobjeto, ele se encanta com as recentes descobertas e faz novos projetos.

Im selben Jahr wird ein Teil der wiederentdeckten Fotografien auf der Biennale von Venedig in der Ausstellung ›Venezia '79/La fotografia‹ gezeigt.

Ab 1980 erfährt seine Kunst durch Übernahme industrieller Fertigungsweisen eine zunehmende Radikalisierung durch den industriellen Fertigungsprozeß in der Malerei. Zwischen 1983 und 1990 läßt er eine Serie von mehr als 200 Laminat-Bildern herstellen. Diese geometrischen Bilder folgen den Prinzipien der Konkreten Kunst und werden von seinem Assistenten José Soares fast industriell ausgeführt. Mit diesem Werk vertritt de Barros sein Land 1986 auf der Biennale von Venedig.

Seit 1988 leidet Geraldo zunehmend unter sukzessiven Schlaganfällen. Er kann sich nur noch im Rollstuhl fortbewegen, und das Sprechen bereitet ihm große Schwierigkeiten. Viele Stunden verbringt er sitzend, was ihn aber nicht daran hindert, Skizzen für neue Gemälde anzufertigen und weitere Projekte zu planen.

1993 präsentiert er erstmals in Europa die gesamte Serie seiner ›Fotoformas‹ im Musée de l'Élysée de Lausanne. Das neuerwachte Interesse an seinem Werk ermutigt ihn, trotz seiner Behinderung und voller Energie weitere Werke in Angriff zu nehmen.

So realisiert er 1996 mit Hilfe einer Assistentin mehr als 250 Schnittbilder von Negativen, die er unter seinen Familienbildern und Reisefotos ausgewählt hatte.

Diese Serie, die *Sobras*, mit denen er noch einmal sein gesamtes Leben und seine gesamte Karriere mit der ihm eigenen absoluten Freiheit Revue passieren läßt, beschäftigt ihn bis zu seinem Tod infolge einer Lungenembolie im April 1998.

Übersetzung aus dem Französischen von Nikolaus G. Schneider

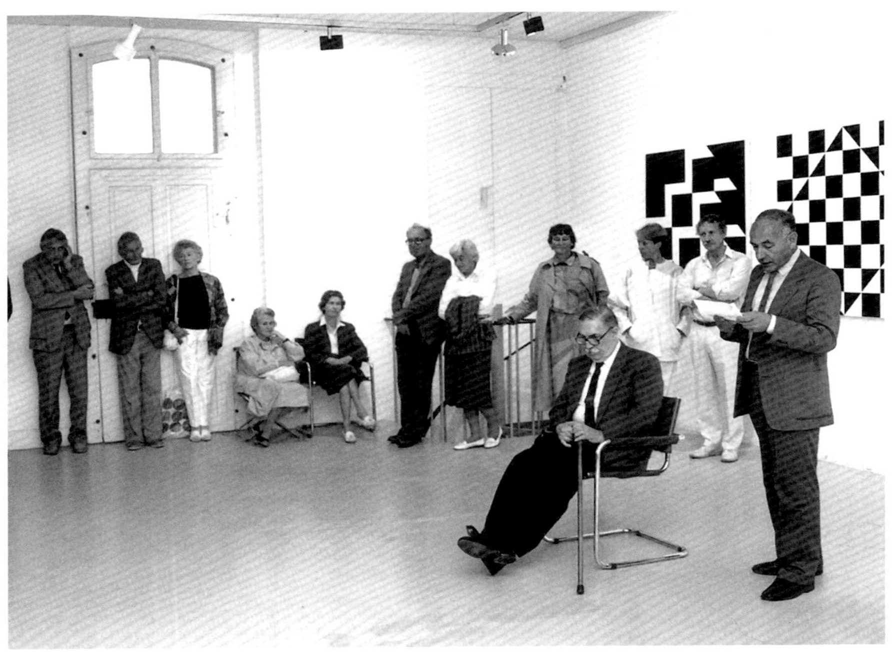

Eugen Gomringer speaking at the opening of Geraldo de Barros's exhibition at Tschudi Gallery, Glarus, Switzerland, 1986
Eugen Gomringer discursa sobre o artista, na abertura da exposição na Galeria Tschudi, Glarus, 1986
Vortrag von Eugen Gomringer bei einer Ausstellungseröffnung in der Galerie Tschudi, Glarus, 1986

industrial methods to painting. Between 1983 and 1990, he had a series of more than two hundred paintings made from laminated plastic mounted on agglomerated wood. These geometric compositions, based on the principles of Concrete Art and executed along almost industrial lines by his assistant, José Soares, were the ones chosen by de Barros when asked to represent his country at the Venice Biennale in 1986.

Em 1979, quando a crise econômica do país afeta também a fábrica Hobjeto, Geraldo sofre uma isquemia cerebral, a primeira de uma série de quatro. É obrigado a se retirar da fábrica. Ao mesmo tempo, abandona a pintura figurativa para retomar os motivos geométricos desenvolvidos nos anos 50. Com as pinturas sendo executadas por um assistente na fábrica de móveis, Geraldo retorna à Arte Concreta na XV Bienal de São Paulo.

By 1988, Geraldo was seriously handicapped by the succession of cerebral ischaemias. He was bound to a wheelchair and had great difficulty communicating. In the long hours he spent sitting alone, he continued making sketches for new paintings and drawing up new projects.

In 1993, for the first time in Europe, the entire *Fotoformas* series was presented at the Musée de l'Élysée in Lausanne, and his work took on a more international dimension. This new interest in his work encouraged him to continue working, despite his handicap, with great urgency and energy.

In 1996, he carried out, with the aid of an assistant, more than two hundred and fifty cut-outs of minute photographic negatives selected from his family pictures and travel photographs. The *Sobras* series, in which he looked back over his life and career with the total liberty that had always been his, kept him active until the time of his death, from a blood-clot in the lung, in April 1998.

Translated from the French by Mark Hutchinson

No mesmo ano, parte das fotografias encontradas são mostradas na Bienal de Veneza na exposição *Venezia '79/La Fotografia*.

A partir de 1980, sua arte evolui para a radicalização dentro do processo industrial aplicado na pintura. Entre 1983 e 1990 ele manda executar uma série de mais de 200 quadros em plástico laminado colado sobre madeira compensada. Esses quadros, cuja composição geométrica segue os princípios da Arte Concreta, são executados segundo um processo semi-industrial por seu assistente José Soares. Com esse trabalho, Geraldo representa o Brasil na Bienal de Veneza em 1986.

A partir de 1988, Geraldo está muito enfraquecido pelas sucessivas isquemias cerebrais. Vive em cadeira de rodas e comunica-se com muita dificuldade. Passa longos momentos sozinho, sentado, o que não o impede de continuar a fazer croquis para novos quadros ou esboçar novos projetos.

Em 1993, apresenta pela primeira vez na Europa a série completa de suas "Fotoformas" no Musée de l'Elysée, em Lausanne. Sua obra toma uma dimensão nova, mais internacional. O interesse recente por ela estimula-o a continuar a criar, com urgência e energia, apesar da deficiência.

É assim que, a partir de 1988, com a ajuda de uma assistente, ele realiza mais de 250 recortes de minúsculos negativos de fotografia selecionados entre as fotografias de família e de viagens.

Essa nova série, intitulada "Sobras", onde Geraldo passa em revista sua vida e sua carreira, com a total liberdade que sempre lhe foi característica, ajuda-o a viver até a morte, de embolia pulmonar, em abril de 1998.

Tradução Cecilia Leuenberger

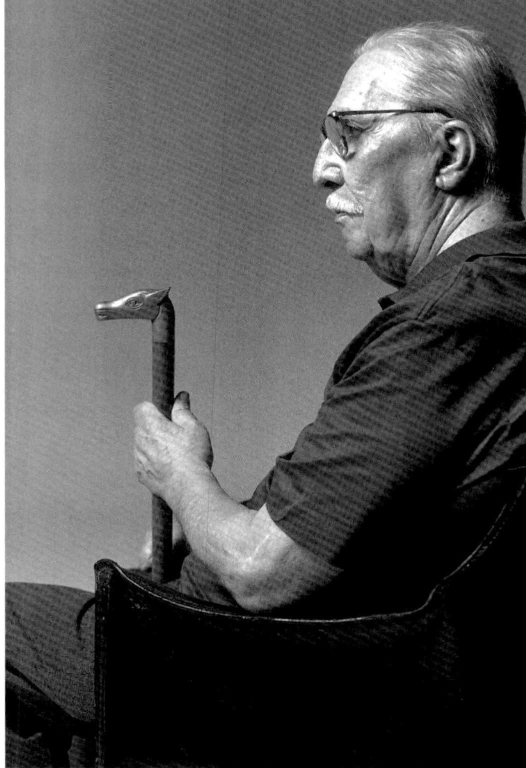

Geraldo de Barros, 1998
(Photograph: Bob Wolfenson)

**Sobras 1996–1998
(pp. 88–127)**

Geraldo de Barros's *Sobras* (*Leftovers*)
series was made with the assistance
of Ana Moraes. The works were created
from fragments of negatives, which were
cut and then mounted on glass plates
using black masking tape. In some cases,
uncut negatives (p. 116, top), double
exposures (p. 100), and mounted film
ends (pp. 118–19) were used.

The following works, as well as the
entire archive of negatives, are from
the photographic collection at the
Museum Ludwig, Cologne.

The dimensions given are that of the
image. All paper dimensions measure
30.2 x 23.7 cm.

 86 10.9 x 10.6 cm

 87 9 x 15.9 cm

 88 (top) 14.2 x 10.8 cm
     (bottom) 10.5 x 15.8 cm

 89 10.9 x 14.2 cm

 90 (top) 10.8 x 15.6 cm
     (bottom) 10.9 x ca. 11 cm

 91 (top) 10.6 x 13.5 cm
     (bottom) 10.4 x 15.8 cm

 92 (top) 10.6 x 15.8 cm
     (bottom) 12 x 11 cm

 93 10.5 x 15.8 cm

 94 (top) 13.4 x 10.7 cm
     (bottom) 10.9 x 13.3 cm

 95 15.3 x 10.8 cm

 96 10.9 x 15.2 cm

 97 10.9 x 15.2 cm

 98 (top) 10.3 x 15.7 cm
     (bottom) 10.3 x 15.7 cm

 99 (top) 9 x 15.8 cm
     (bottom) 10.8 x 15.3 cm

100 9.9 x 15.7 cm

101 (top) 10.9 x 15.6 cm

     (bottom) 15.8 x 10.9 cm

102 (top) 10.5 x 15 cm
     (bottom) 10.5 x 15.5 cm

103 14.6 x 10.7 cm

104 (top) 10.7 x 13.1 cm
     (bottom) 10.9 x 11.9 cm

105 (top) 10.6 x 15.9 cm
     (bottom) 10.3 x 15.6 cm

106 (top) 10.7 x ca. 12 cm
     (bottom) 10.8 x 15.3 cm

107 (top) 10.8 x 12.4 cm
     (bottom) 10.8 x 12.6 cm

108 12.5 x 10.8 cm

109 (top) 10.7 x 14.9 cm
     (bottom) 9.2 x 15.9 cm

110 (top) 9.6 x 15.8 cm
     (bottom) 7.2 x 15.6 cm

111 (top) 10.4 x 16 cm
     (bottom) 10.3 x 15.8 cm

112 (top) 7.5 x 15.7 cm
     (bottom) 6.7 x 15.8 cm

113 15.3 x 10.8 cm

114 (top) 10.9 x 15.3 cm
     (bottom) 8.5 x 15.9 cm

115 10.9 x 13.2 cm

116 (top) 14.9 x 10.6 cm
     (bottom) 6.5 x 15.7 cm

117 (top) 10.8 x 15.5 cm
     (bottom) 9.6 x 15.9 cm

118 10,7 x 15.9 cm

119 (top) 16 x 6.6 cm
     (centre) 5.1 x 16 cm
     (bottom) 10.4 x 16 cm

120 (top) 7.7 x 15.8 cm
     (bottom) 10.5 x 15.5 cm

121 10.8 x 12.8 cm

122 9.4 x 15.9 cm

123 10.8 x 15.5 cm

124 (top) 10.3 x 15.7 cm
     (bottom) 10.9 x 13.4 cm

125 (top) 10.7 x ca. 15 cm
     (bottom) 16 x 10.5 cm

Exhibitions

Solo Exhibitions

1947
Teatro Municipal de São Paulo

1950
Fotoformas, Museu de Arte de São Paulo
Assis Chateaubriand

1951
I São Paulo International Art Biennale
(Acquisition Prize)

1953
II São Paulo International Art Biennale
(Acquisition Prize)

1954
Museu de Arte Moderna, São Paulo

1965
Atrium Gallery, São Paulo
Museo de Arte Moderno Buenos Aires

1967
IX São Paulo International Art Biennale
(Acquisition Prize)

1977
12 Anos de pintura (*Twelve Years of Painting*), Museu de Arte Moderna,
São Paulo

1979
XV São Paulo International Art Biennale

1986
Thomas Cohn Gallery, Rio de Janeiro

Fernando Milan Gallery, São Paulo

XLII Venice Biennale

1987
Tschudi Gallery, Glarus, Switzerland

1989
Jogos de dados (*A Throw of the Dice*),
Museu de Arte Contemporânea
de Campinas, São Paulo

1990
Jogos de dados (*A Throw of the Dice*),
Museu de Arte Moderna, São Paulo

1991
Jogos de dados (*A Throw of the Dice*),
Mercato Del Sale Gallery, Milan

O espaçao do artista quando jovem,
(*The Universe of the Young Artist*),
Paço das Artes, São Paulo

XXI São Paulo International Art Biennale
(Second Prize)

1993
Casa das Rosas, São Paulo

Geraldo de Barros, peintre et photographe
(*Geraldo de Barros: Painter and Photographer*), Musée de L'Elysée, Lausanne

1994
Geraldo de Barros, fotógrafo (*Geraldo de Barros: Photographer)*, Museu da
Imagem e do Som, São Paulo

1995
Fotoformas, Camargo Villaça Gallery,
São Paulo

1996
Geraldo de Barros, pioneiro (*Geraldo de Barros: Pioneer*), Centro Cultural
do Banco do Brasil, Rio de Janeiro

Geraldo de Barros: Fotoformas,
Fundaçao Cultural de Curitiba

Geraldo de Barros, photographies
(*Geraldo de Barros: Photographs)*,
Alexandre Mottier Gallery, Geneva

1998
Geraldo de Barros, Sicardi Sanders
Gallery, Houston, Texas

FotoFest 1998, Houston, Texas

Geraldo de Barros, homenagem, Museu
da Imagem e do Som, São Paulo

1999
Geraldo de Barros, Galeria Brito Cimino
Arte Contemporânea, São Paulo

Group Exhibitions

1946
Salão Nacional de Belas Artes (*National Exhibition of Fine Arts*), São Paulo

*10^0 Salão do Sindicato dos Artistas
Plásticos* (*Tenth Exhibition of Syndicated Artists*), São Paulo

1947
Salão Nacional de Arte Moderna
(*National Exhibition of Modern Art*),
São Paulo

1950
Salão de Arte Moderna
(*Exhibition of Modern Art*), Salvador

1951
5éme Salon del Balneario de Panticosa

Salon de Photographie, Paris and Nantes

1952
Cercle d'art photographique, Lyon

Ruptura, Museu de Arte Moderna,
São Paulo

Fourth Centenary of the City (First
Prize in Graphic Design), São Paulo

1954
Gravure brésilienne (*Brazilian
Engravings*), Kunstmuseum, Bern

Kunstgewerbemuseum, Zurich

Musée Rath, Geneva

1955
Salão Paulista de Arte Moderna
(*Exhibition of Modern Art*), São Paulo

Arts primitifs et modernes brésiliens
(*Primitives and Moderns: Brazilian Art*),
Brazil, France, and Switzerland

1956
Salon de mai, Palais Tokyo, Paris

I^a Exposição Nacional de Arte Concreta
(*First National Exhibition of Concrete Art*),
Museu de Arte Moderna, São Paulo,
Ministério da Educação e Cultura,
Rio de Janeiro

1957
Arte moderna no Brasil (*Modern Art in
Brazil*), Museo de Arte Moderno, Buenos
Aires, and Museo de Santiago, Chile

1960

Konkrete Kunst: 50 Jahre Entwicklung
(*Concrete Art: Fifty Years of
Development*), Helmhaus, Zurich

1966

Rex Time (*Descoberta da América,
Flash-Back, Rex Kaput*), Rex Gallery
and Sons, São Paulo

1971

Mobiliário brasileiro (Brazilian Design),
Museu de Arte de São Paulo Assis
Chateaubriand

1976

O jovem desenho dos anos 40 (*Early
Drawings of the 1940s*), Pinacoteca do
Estado de São Paulo

1977

Projeto construtivo brasileiro na arte
(*Constructive Project in Brazilian Art*),
Pinacoteca do Estado de São Paulo, and
Museu de Arte Moderna, Rio de Janeiro

1978

*Primera muestra de la fotografia
latinoamericana contemporanea,*
(*First Exhibition of Contemporary
Latin American Photography*),
Museum of Modern Art, Mexico City

1979

Venezia 1979/ La fotografia, Venice

1982

Do modernismo à Bienal
(*From Modernism to Biennale*),
Museu de Arte Moderna, São Paulo

O design no Brasil – história e realidade
(*Design in Brazil: History and Reality*),
Sesc Pompéia, São Paulo, Museu de
Arte de São Paulo Assis Chateaubriand

1984

Geometria 84 (*Geometry 84*), Paulo
Figueiredo Gallery, São Paulo, Museu
de Arte Moderna Belo Horizonte

Tradição e ruptura (*Tradition and
Rupture*), Fundação Bienal de São Paulo

1985

VII Exposição de belas artes Brasil
(*VII Exhibition of Brazilian Art*), Tokyo,
Atami, and Kioto

1989

Acervo, Galeria São Paulo

Gabinete de Arte Raquel Arnaud,
São Paulo

1992

Bilderwelt Brasilien, Kunsthaus, Zurich

Latinamerika 1992, Danemark.

Coleção de Fotografia Pirelli (*Pirelli
Photographic Collection*), Museu de
Arte de São Paulo Assis Chateaubriand

1993

*1ª mes internacional da fotografia
NAFOTO* (*First Month of the NAFOTO
International Photography Exhibition*),
Sesc Pompéia, São Paulo

1994

Bienal Brasil século XX (*Brazil Biennale:
The 20th Century*), Fundação Bienal de
São Paulo

Joaquim Païva Photo Collection, Center
for the Arts at Yerba Buena Gardens,
San Francisco

1996

4º Studio de Tecnologias de Imagem
(*Fourth Studio of Technology and
Images*), Sesc Pompéia, São Paulo

O mundo de Mário Schenberg
(*The World of Mário Schenberg*),
Casa das Rosas, São Paulo

Neuerwerbungen Photosammlung
(*New Photographic Acquisitions*),
Museum Ludwig, Cologne

Brazil: The Thinking Photography,
Rochester Institute of Technology,
New York

Collection Musées Suisses,
Musée de l'Elysée, Lausanne

1997

Exposition d'été (*Summer Exhibition*),
Collections 1950–1995, Musée d'Art
Contemporain, Grenoble

Autoportraits (*Self-Portraits*), Musée
historique, Château de Nyon, Nyon

1998

*The Joaquim Païva Collection, FotoFest
1998*, Houston, Texas

1999

Fotografias – Coletiva (*A Collective
Exhibition of Photography*), curated by
Eduardo Brandão, Galeria Brito Cimino
Arte Contemporânea, São Paulo

Collections

Museu de Arte de São Paulo Assis
Chateaubriand

Museu de Arte Contemporânea de
São Paulo, MAC – USP

Pinacoteca do Estado de São Paulo

Museu do Itamaraty, Brasília

Museu da Imagem e do Som,
São Paulo

Fondation Bienale of São Paulo

Collection of the Venice Biennale

Museu de Curitiba, Parana

Musée de l'Elysée, Lausanne

Tschudi Gallery Collection, Glarus,
Switzerland

Collection of the Union de Banques
Suisses, Geneva

Fonds d'Art Contemporain de la
Ville de Genève, Geneva

Fonds d'Art Contemporain de
l'Etat de Genève, Geneva

Musée d'Art Contemporain de Grenoble

Ludwig Museum, Cologne

Archivio Della Nuova Scrittura, Milan

Collection Max Bill, Zurich

Private Collections